シリーズ みんなで育てる家庭養護 里親・ファミリーホーム・養子縁組

アセスメントと養育・家庭復帰プランニング

編集代表 **相澤 仁**

編集 **酒井 厚・舟橋敬一**

明石書店

シリーズ刊行にあたって

　里親家庭で暮らした経験のある人が、当時をふりかえり「手をかけること、手をつなぐこと、手を出さないこと、などなど。野の花のような里親さんの手は、私に長い人生を歩んでいくための生きる力を育んでくれたに違いありません」と語ってくれています。家庭養護のもとで暮らした経験のある多くの子どもたちは、里親家庭やファミリーホームなどにおける養育支援を通して、同じように生きる力を育み人生を歩んでいます。

　未来を担うかけがえのない子ども一人ひとりが心身ともに健やかに成長発達し、健幸な人生を送ってもらうことを願い、家庭の中に受け入れ、養育支援する里親・ファミリーホームなど、家庭養護は極めて重要なシステムです。

　周知のとおり、2016（平成28）年の児童福祉法の改正により、子どもが権利の主体であることが明記されました。また、国および地方公共団体の責務として、家庭において養育されるよう保護者を支援するとともに、それが困難や適当でない場合には家庭と同様の環境（里親、ファミリーホーム、養子縁組）における子どもの養育を推進することになり、家庭養護優先の原則が法律上に規定されました。

　この改正法の理念を具体化するため、厚生労働省に設置された検討会で「新しい社会的養育ビジョン」がとりまとめられ、里親への包括的支援体制（フォスタリング機関）の抜本的強化と里親制度改革、永続的解決（パーマネンシー保障）としての特別養子縁組の推進、家庭養育優先の原則の徹底と年限を明確にした取組目標など、その実現に向けた改革の工程と具体的な数値目標が示されました。

　これらを受けて、都道府県においても「社会的養育推進計画」を策定し、家庭養護の推進に取り組んでいます。こうした抜本的な改革が行われたにもかかわらず、それを実践していくための里親、ファミリーホームおよびそれを支援する関係機関・関係者などに対する総合的なテキストは出版されていないのが現状です。

　このシリーズでは、こうした制度改正などの動向を踏まえ、里親、養親および支援する関係機関・関係者を対象の中心に据えた、実践に役立つ、子どもとともに学び、ともに生活し育ちあう、といった臨床的視点を入れた養成・研修のテキストとして作成しました。これまでの子どものケアワーク中心の個人的養育から、今後目指すべき方向性としての親子の関係調整などを含めた関係機関との連携によるソーシャルワーク中心の社会的養育を基本に据えた、子どもの権利擁護や子どものニーズに合った実践のための基本的な考え

方・あり方について言及し、里親、養親および関係機関・関係者による養育や支援の一助となることを目的として作成しました。

　具体的に言えば、里親家庭やファミリーホームなどで生活する子どもやその家族とかかわる方々に、子どもを健全に育成するには、自立を支援するには、あるいはその家族を支援するにはどのようにかかわればいいのか、そのために地域や関係機関とどのように連携・協働すればいいのか、その一助となるために作成しました。

　実践において迷ったり、考え直したいときなどは、ぜひともこのシリーズを開いてみてください。子どもや家族とのかかわりにおける悩みや迷いを解決するためのヒントが得られることでしょう。どうぞ、このシリーズを、みなさんが家庭養護を必要としている子どもの健全育成や自立支援およびその家庭支援について、深く検討していくための資料として活用してください。

　当然のことながら、子どもの健全育成や自立支援およびその家庭支援をするために必要な内容がすべて網羅されているわけではありませんので、当事者である子どもはもとより、里親、ファミリーホームおよび関係者のみなさんのニーズにお応えできない面もあります。

　あくまでも参考書のひとつですので、みなさんが里親家庭やファミリーホームで生活している子どもやその家族とよりよいかかわりをするためにはどのように対応したらいいのか、それについて検討するためのしくみや基本的な考え方・ポイント、実践上のヒント、エピソードなどについて提供しているものです。その点について十分に認識のうえ、ご理解、ご活用ください。

　このシリーズが、研修テキストなどとして活用され、里親家庭やファミリーホームなどで暮らす子どもの健全育成や自立支援について考えるための契機となれば幸いです。

　最後になりましたが、本シリーズの刊行にあっては、編集・執筆全般にわたってご指導をいただいた編集委員の方々をはじめ執筆者の方々はもちろんのこと、本シリーズの刊行をご快諾いただき、刊行全般にわたりご教示いただいた明石書店の方々、深澤孝之氏、辛島悠氏、ならびにご協力いただいた方々に、この場を借りて心より深謝申し上げます。

編集代表　相澤　仁

はじめに

　厚生労働省が行った最近の調査によると、2018（平成30）年の2月時点における里親家庭は4216世帯あるそうです。その方々に、里親になった動機を尋ねた結果では、一番多かったのは「児童福祉への理解から」（41.7％）、つぎに多かったのは「子どもを育てたいから」（30.8％）で全体の3割を占めていました。

　里親になられた方の中には、里子との出会いが初めての子育てという方も少なくないかもしれません。子育ては、誰にとっても簡単なものではないですから、子どもを育てたい意欲が高くても、ときに迷い悩むこともあるでしょう。子どもたちにはそれぞれに個性があり、幼児の頃や小学生の時分、思春期など発達段階によっても様子が異なります。かつては里親の皆さんも経験した発達の道筋ですから、当時の自分と比較して考えるのもよいですし、それを子どもと話すことで互いに学び合うこともあると思います。その一方で、家庭養護の対象となる養育環境で育ってきた里子たちには、精神的な面や社会的な関わりにおいてよりケアが必要とされる場面もあり、子どもたちの様子をしっかりと把握することが求められます。

　こうした点を踏まえ、本書では、里親など家庭養護を実践する方々が子どもたちの発達を理解し、状態像を把握し、児童相談所や里親支援機関と協力して、子どもの自立や実家庭への復帰につながる支援を行う際に必要な内容を4部構成でまとめました。第Ⅰ部の第1章と第2章では、生後まもなくから青年期頃にかけての心理社会的な面や問題行動の発達と、それに伴う社会的適応に関する基礎的な情報を、理論的な枠組みや実際の研究知見をもとに説明しています。また、第3章では、社会的養護のもとで育つ子どもたちの発達を考えるうえで重要な視点を紹介しています。第Ⅱ部では、子どもたちの様子を把握し実際の支援につなげる際に必要なプランニング（支援計画）のあり方と、子どもや周囲の環境を評価するアセスメントについて解説しています。第4章と第5章では、子どもの自立を促す養育プランと実家庭への復帰を目指すプランについて、策定のプロセスや課題となるポイントを整理しました。第6章から第8章にかけては、子どもたちの状態やニーズを把握するために必要なアセスメントの観点と具体的な方法、得られた情報からケースを理解し支援の目標を立てるまでの留意点を説明しています。第Ⅲ部を構成する第9章から12章では、ケースの理解を深めるための作業とプロセスが記載されています。具体的には、ケース概要票の作成や、支援者同士が話し合うカンファレンス、プランに沿った支援の確

認や事後評価、ケースを記録することの意義について解説しています。そして第Ⅳ部では、第Ⅰ部からⅢ部までの内容を踏まえた実践として、養育プラン（第13章）や家族支援プラン（第14章）に基づき実際に支援したケースを報告しています。また付録では、支援の専門家が、近年に起きた痛ましい虐待事例をアセスメントやプランニングから捉えなおした手記を掲載しております。

　本巻のカバーイラストの花はカランコエと言います。その花言葉には、「たくさんの小さな思い出」という意味があります。本巻で扱うアセスメントとは、子どもに関する無機質な情報をただ集めるものではありません。子どもたちが楽しんで笑い、悲しんで泣き、保護者や友人とともに過ごして喜んだ日々の思い出が積み重ねられ、今に至った様子を知るためのものです。そしてプランニングは、子どもたちがそれらの思い出を糧に、幸せな未来に向かって進むための最善の道しるべを示すものと言えるでしょう。

　本書が、家庭養護に関わる皆さまにとって、子どもの支援に関わる際の一助となれば幸いです。

　2021年7月

酒　井　　厚

目　　次

第1部　子どもの成長と発達の様子

第1章　子どもの発達と社会への適応

■**コラム**　子どもが一人前になるということ──４つの自立　　29

第2章　ライフステージと子どもの発達

第3章　社会的養護で育つ子どもたち

第**II**部　養育と家庭復帰のプランニング

第**4**章　養育・支援プラン（自立支援計画）作成の基本

第**5**章　家庭支援プラン（家庭復帰計画）の作成の基本

第III部 ケースの捉え方

第9章 ケース概要票の作成

第10章 ケースカンファレンス

第11章 支援の実施・モニタリング・事後評価（見直し）

第12章 記　録

第Ⅰ部

子どもの成長と
発達の様子

子どもの発達と
社会への適応

Key Word
発達に影響する要因／個性の発達／適応の道すじ／逆境体験からの回復

1. 子どもの発達に影響するもの

　本書では、家庭養育をスムーズに進めていくために、子ども自身の発達や適応の状況と子どもを取り巻く環境についてどのように"見立てる（アセスメント）"のがよいのか、アセスメントの結果を目の前の子どもの養育にどのように活かしていくのか、もとの家庭への復帰についてはどう見通していくか、詳しく解説している。アセスメントと養育・家庭復帰へのプランニングにあたっては、主人公である子どもの心身の発達や社会的な適応の状態がどのようなものなのか、それらは現在に至るまでにどのような経過をたどってきたのか、今後どのような展開がありえるのか、できる限り丁寧に必要な情報を集めて理解を深めることが大切である。本章では、そのために役に立つ子どもの発達と適応に関する基礎的な考え方について見ていく。

❶ さまざまな発達理論

　受精に始まり老衰に至るまで、私たちの心身は休むことなく発達する。子ども時代はとりわけ大きく変化し、その速度も急である。たった1つの受精細胞がわずか9か月程度の間に胎内で3000グラムの新生児にまで成長し、1歳までに体重は約3倍、身長も約1.5倍になる。1歳半を過ぎれば片言を話し始め、ひとりで歩くこともできるようになる。小学校に入学する前に必要な母国語の文法も語彙もひととおり獲得し、中学生になれば数学の方程式も解けるようになっている。魔法のような速さで進む子どもの発達は、いったいどのようなメカニズムで進むのだろうか。

　20世紀に入って、心理学の領域ではさまざまな発達の理論が提案されてきた。古典的な理論として、遺伝子に決定される順序や速度によって発達が進むとして遺伝の役割を重視するゲゼル（Gesell, 1880-1961）の成熟論、それとは対極的に、"子どものこころは白紙のようなもので、どんな行動も生後の環境と学習によって形成することが可能である"と考えるワトソン（Watson, 1878-1958）やスキナー（Skinner, 1904-1990）らの行動主義理論が唱えられ、発達を推し進めるものは"遺伝か環境か"という論争が長らく続いた。また、20世紀半ばには、"認識の枠組（シェマという。例えば、羽があって空を飛ぶもの＝トリ、口に入れて食べられるいろいろな美味しいもの＝マンマ、など類似する特徴を抽出して形成される概念のこと）"を駆使して子どもが能動的に外界からの情報を処理することで、より高次のシェマ＝認識の枠組（例えば、トリは空を飛ぶものが多いけど、ニワトリのように空を飛ばないトリもいることを知って、トリという概念の範囲を拡大する）を獲得していくことが人間の認識や思考の発達である

とするピアジェ（Piaget, 1896-1980）の認知発達理論が提案され、子どものこころの中の認識世界の発達にも科学の目が向けられるようになった。また、子どもは周囲のおとなとの共同行為（例えば、親子で一緒に料理や掃除をしたり、漁に出て舟の操縦を教わったりすること）の中で社会的事象や文化を自分の中に取り入れながら認識や思考を発達させていくとするヴィゴツキー（Vygotsky, 1896-1934）の社会教育論的な発達理論、おとなのすることを観察したりそれを模倣したりする子どもの主体的・自発的な学習を重視したバンデューラ（Bandura, 1925- ）の社会的学習理論、アイデンティティ（自我）の自律的な発達段階を提唱するエリクソン（Erikson, 1902-1994）の発達理論も有名である（中澤 2010）。

　子どもの発達に影響する仲間集団での体験を重視するハリス（Harris, 1938-2018）の集団社会化理論では、多くの実証的な発達研究の総覧から、子どものパーソナリティの発達にとって生みの親は遺伝的影響（遺伝子の継承）以上の効果を及ぼすことはほとんどできず、子どもが家庭外で体験する同年齢の仲間集団の中での体験の影響力（例えば、サッカーチームなど子どもが所属する集団の中で、他のメンバーと同じように考えたりやふるまったりすることでそのチームの規範や価値観を取り入れて仲間と類似したパーソナリティが発達していったり、逆に、他のメンバーとは異なる自分の能力や役割を自認することで、メンバーとは異なる方向にパーソナリティが発達していったりすること）が大きいと結論づけている（Harris, 1998）。

❷ 現代における発達の考え方

　以上のようなさまざまな理論の中で論じられてきた“遺伝子”、“生育環境”、“生後の周囲の人々との相互作用（コミュニケーション）”、“子どもの主体的な環境への関わりや自律へのニーズ”、そして“仲間集団の中での体験”は、いずれも発達に影響する重要な要因群である。現在では、子どもの心身の発達には、子ども自身の遺伝子・脳神経系を含む生物学的要因と感情・意欲などの心理学的な要因、適応を支えてくれる親や教師友だちなどの身近な対人関係要因、発達を促してくれる自然・住居・遊び場・園や学校・教材や遊具などの物理的な環境要因、そして地域や行政・公的な制度といった社会的要因が複雑な関係性を持ちながら影響を及ぼしていて、子どもを中心とした多様な要因間の相互作用の中で発達が展開していく、といった総合的な見方が主流となっている。

　20世紀後半以降の胎児や新生児・乳児を対象とした実験的な研究から、胎児期においても、既に機能し始めている聴覚によって母親の声を記憶していて、出生後に聞く違う人の声と胎内で聞き慣れた母親の声とでは異なる反応を示すことや、新生児ももう目が見えていて、しっかりと目覚めている時に目の前で示される実験者の表情や舌出し行動の模倣ができることなど、発達のごく初期であってもさまざまな外界に対する反応や学習が可能であることが分かってきた（明和 2019）。空腹になると泣いて人を呼び、来てくれてお世

話をしてくれる人とのコミュニケーションを通して、その人の顔や声、匂いなどの特徴を記憶することもできるし、"自分が泣くことによって授乳が始まり、空腹が満たされ温かなコミュニケーションが供給される"という一連のエピソードの流れを"自分起点に"学習する能力が備わっていることも分かり、それまで考えられていたよりずっと"有能な（コンピテントな）赤ちゃん"の姿が明らかにされてきた。

　子どもが体験から学ぶ力は、ごく幼い頃から、従来考えられていたよりもずっとすぐれていて、かつ自発的なものである。幼い子どものこころの世界は、自分が泣いたり笑ったりすることで周囲の人々がどう反応してくれるか、誰が来てくれてどんなお世話をしてくれるのか、ひとつひとつのエピソードをその小さな脳にインプットしながら、どんどんと広がっていく。"眼鏡をかけておひげがあるパパ"という言語的認識は幼児期にならないとしっかりしないが、生後半年以内の乳児も"その見え方の・そのニオイの・その声のこの人"を記憶し、困った時に泣けば来てくれて自分を救ってくれる大切な人として"アタッチメント"（➡第2章参照）を形成していく。生後半年間のお世話をしてくれる人との関わりは特に大切で、毎日関わる親や祖父母、日中多くの時間を一緒に過ごす保育士の先生がどう接してくれたかが、子どもの"人間"という存在に対する最初の概念化に深く関わる。無視されたり暴力的に関わられたりすることがたびたびあれば、乳児は自分が泣いてその人を求めることが正しいのかどうか分からなくなって混乱し、アタッチメント形成は大きく歪む。人生のスタートの時期を温かな関わりの中で安心して過ごせることが、子どもにとっては何よりの"誕生のお祝い"となる。

　一方、小さな子どもは当然ながら、おとなと同じようにふるまうことはまだできない。言葉によって自分の状況や気持ちを伝えたり、したいことを我慢して先延ばしできるようになったり、人にも"気持ちがあること"に気づき、思いやりを持って他者に接することができるようになるには、それなりに長い発達の時間が必要である。いろいろなことがまだできない"子どもであること"が寛容に許され、持っている能力やパーソナリティを伸び伸びと発揮しながら遊んだり勉強したりすることのできる、健やかで安全な養育環境を維持することが発達にとってもっとも重要である。それはとても単純明快な事実ではあるが、多くの実証研究を重ねる中で、極度の貧困や虐待、ネグレクトなどによって養育環境が大きく歪められた時のネガティブな影響が明らかになるに至って、ようやく人類が辿り着いた科学的結論でもある。残念ながら現状では、どの国・地域においても、すべての子どもたちに安定した養育環境を調達できるには至っておらず、子ども期での逆境体験（adverse childhood experiences）の影響性に関する研究も近年ますます盛んになってきている（Nakagawa, 2016；菅原 2019）。

2. 子どもの個性の発達

❶ 発達初期の行動特徴

　一人ひとりの子どもに見られる行動上の個性は、いつから見られるのだろうか。生後3〜4日目から実施可能な新生児の行動評価尺度（Brazelton Neonatal Behavioral Assessment Scale; Nugent, 2013）では、表1-1のような6つの特性に個人差がみられ、生後数週間程度の間はその個人差が安定していることが知られている。検査では、例えば、まどろんでいる新生児にとって少し不快な光刺激や皮膚刺激が与えられるが、すぐに慣れて静かなまどろみに戻る児もいれば、慣れず泣き出してしまう児もいる（表1-1、ハビチュエーション）。しっかりと目覚めている時に目の前に提示された初めて見る赤いボールをしげしげと眺め、それが動けば追う児もいれば、短時間で注意がそれて目を閉じる児もいる（オリエンテーション）。泣き方（興奮性）やなだめられ方（鎮静性）にも一人ひとりの特徴がみられる。新生児には新生児なりの行動上の個性があり、それは新生児とコミュニケーションする新生児室の看護師や親たちにも認識されるものであることが分かっている（菅原 2003）。こうした発達初期から見られる行動特徴を、発達心理学では"気質（テンペラメント）"と呼んでおり、乳児期から測定可能な測定尺度（表1-2-1）や、それをもとにした気質の類型（表1-2-2）も提案されている。

❷ 環境との適合性

　新生児期の行動特徴に限らず、気質やパーソナリティには良し悪しはない。置かれた環境との相性がよければ結果は"吉"と出て適応は良好なものになるが、折り合いが悪ければ"凶"と出てしまうこともあり、最悪の場合には、きょうだいの中でひとりだけが親の虐待の対象となってしまうこともある。子どもの気質的な特徴をよく知り、その子が置かれる環境や状況とのマッチングを考えて、よりスムーズに過ごせるよう工夫することが望ましい。

　例えば、初めて出会う人や状況にしりごみしがちな引っ込み思案の子どもの場合（表1-2-1の③接近－回避の特性次元を参照）、幼稚園や小学校の入学式の前に親子で園や学校の様子をお散歩がてらに何回か見学したり、入学前イベントに参加したりして"慣らし"の期間を十分に取るとか、入園・入学直後の時期はいつもに増して疲れてしまうので、家ではリラックスして過ごせるよう配慮してあげることが必要である。とても活発で（表1-2-1の①活動水準）、かつ気の散りやすい（表1-2-1の⑧気の散りやすさ）性質であれば、長い時間

表1-1　新生児の行動特徴を表わす6つの特性

① ハビチュエーション	：不快刺激への慣れやすさ
② オリエンテーション	：外界の刺激への反応性
③ 運動のコントロール性	：運動のコントロール、成熟性
④ 興奮性	：刺激に対する状態向上性、泣きやすさ
⑤ 鎮静性	：興奮した状態からのなだまりやすさ
⑥ 自律系の安定性	：皮膚の色、驚愕、ふるえなどの頻度

出所：Nugent（2013）をもとに筆者作成。

表1-2-1　乳幼児の気質の9つのカテゴリー

気質特性次元	定義
① 活動水準	子どもの活動に現れる運動のレベル、テンポ、頻度、および活動している時間とじっとしている時間の割合、活発さの頻度
② 周期の規則性	食事、排泄、睡眠―覚醒などの生理的機能の規則性の程度
③ 接近・回避	初めて出会った刺激―食べ物、玩具、人、場所など―に対する最初の反応の性質。積極的に受け入れるか、それともしりごみするか
④ 順応性	環境が変化した時に、行動を望ましい方向へ修正しやすいかどうか。慣れやすさの程度
⑤ 刺激に対する閾値	はっきりと見分けられる反応を引き起こすのに必要な刺激の強さ。感受性の程度
⑥ 反応強度	反応を強くはっきりと現わすか、穏やかに現わすか
⑦ 気分の質	うれしそうな、楽しそうな、友好的な行動と、泣きや、つまらなさそうな行動との割合
⑧ 気の散りやすさ	していることを妨げる環境刺激の効果。外的な刺激によって、していることを妨害されやすいか、どうか
⑨ 注意の範囲と持続	注意の範囲は、ある特定の活動にたずさわる時間の長さ。持続性は、妨害がはいった時にそれまでしていたことに戻るか、別の活動に移るか

出所：Thomas & Chess（1977）をもとに筆者作成。

表1-2-2　乳幼児の3つの気質の類型

気質群	特徴
Easy Child 育てやすい子	② 生理的リズム（空腹になる時間、眠くなる時間など）が規則的 ④ 変化に対する高い適応性を示す（離乳食がやりやすい） ⑦ 機嫌がよい時が多い →　親は子育てに自信を持ちやすい
Slow-to-Warm-Up Child ウォームアップに時間のかかる子	④ 環境が変化すると、最初は適応できないが、時間をかけると次第に慣れることができる ③ 知らない人に出会うと恥ずかしがり引っ込み思案なところがある
Difficult Child 難しい子	② 生理的リズムが不規則 ④ 変化に対する不適応性、遅い適応性 ⑦ 不機嫌になりやすく、その気分を強く表出する →　親にとっては、育てる時に難しいと感じることがある

注：丸数字は表1-2-1の気質特性次元を表している。

出所：Thomas & Chess（1980）をもとに筆者作成。

座っていることが苦手で、電車での長時間の移動中や病院などの待合室では騒いでしまうこともあり、あらかじめ絵本やおやつを持参して上手に時間を過ごすことが叱り過ぎないことに役立つだろう。

　小学校高学年になると、自分の行動を状況に合わせて社会的に“望ましい”あり方に自己制御する力が発達するが、それ以前の時期では、周囲のおとながそれぞれの子どもの個性を考慮しながら、置かれた環境や状況からはみ出しすぎないよう支えの手を差し伸べることが、幼い子どもにとってはとてもありがたく、また、自分の個性を持っていろいろな環境で生きていく知恵について子どもなりに学んでいくことにもつながる。

❸ 子どもの個性のルーツ──人間行動遺伝学の研究から

　子どもの個性のルーツの1つは、前述のように、子どもが生まれ持っている遺伝子にある。ご存じのように、私たちの身体は約60兆個といわれる膨大な数の細胞から成り立っていて、ひとつひとつの細胞には核と呼ばれる中心部分があり、その中に、私たちの肉体（もちろん脳も含まれる）をどのように形成するかに関わる遺伝子情報（DNA：デオキシリボ核酸）が搭載されている。DNA自体は化学物質であり、1つの核の中の総量は約30億塩基対（二重らせん構造なので、総量は60塩基）といわれており、これもまた膨大な数になるが、その30億塩基対の配列の中に、島のように長短さまざまな一定のまとまりをもった遺伝子が2万数千個点在していて、この遺伝子こそ、髪の毛や瞳の色、血液型、身長や体重、知能やパーソナリティなどの司令塔である大脳神経系を含め、私たちの肉体のすべてを形成するタンパク質の合成に関する情報を有している。微小な細胞の核内、というミクロの世界の中で、生命そのものや個性に関する精緻な情報発現が司られていることにただただ驚くほかないが、2万数千個の遺伝子それぞれの塩基配列の99.9％は人類に共通なものであるといわれている（ヒトに近縁のチンパンジーとの間でも、塩基配列という点においては約1.2％の差異しかない）。残りのわずか0.1％の配列に、遺伝子ごとにいくつかのバリエーション（遺伝子多型という）があり、それが、私たちのさまざまな個性のルーツになっているという（田島他 2012）。

　私たちの個性のルーツが、遺伝子配列上の個人差＝遺伝子多型にあるという大枠については理解されるようになってきたものの、現代の科学では、私たちの知能や認識、思考、感情、行動といった複雑な心理的機能における個人差と特定の遺伝子多型群との関連についての研究は端緒についたばかりであり、未だ確かなことはほとんど分かっていない。今後、急速に研究が進んでいくことと思われるが、人間行動遺伝学の領域では、こうした特定遺伝子の働きに関する研究が始まる以前より、ほぼ100％同一の遺伝子セットを持って誕生する一卵性のふたご・みつごを対象とした研究から、さまざまな心理的機能における

遺伝と環境の影響性についての検討をおこなってきた。

　通常の受精では、1個の母親の配偶子（卵子）と1個の父親の配偶子（精子）が受精し1組のあらたな遺伝子セットが作られた後に発生が開始するが、ときにその発生を開始した1つの受精卵が2つまたは3つに分離することがある。この時に誕生する一卵性のふたご（またはみつご）のきょうだいは、ほぼ100％同一の遺伝子セットを持っている。もしもこの一卵性のきょうだい間にパーソナリティや知能、容姿などに違いが生じるとすれば、それは各人が個別に体験した環境の影響の効果であると解釈することができる。人間行動遺伝学の領域では、こうしたふたごを対象とした世界中で実施された数多くの研究から、性格（遺伝率は約40～50％）や学業成績（遺伝率は約55％）、知能検査で測定される一般知能（遺伝率は約77％）、外国語の能力（遺伝率は約50％）、精神的健康（抑うつ傾向の遺伝率は約40％・発達障害は約70～80％・統合失調症は約80％）、自尊感情（遺伝率は約30％）、性役割（遺伝率は約40％）など、さまざまな側面についての遺伝と環境の相対的な影響率が報告されてきている。これらの結果を総覧すると、遺伝率がゼロである特性についての報告は未だ1つもなく、人間の心理的な機能のあらゆる側面について、遺伝と環境の双方が影響力を持っていることが分かる（安藤 2011）。

　近年の人間行動遺伝学が明らかにした"人間の個性の形成には遺伝と環境の両者が必ず関わっている"という科学的事実は、当該の子どもの現在の姿を理解しようとする時には、とても重要な視点となる。子どもを環境によってどのようにでも染まりうる白紙のような存在ととらえるのではなく、遺伝子にもルーツがある個性のありようを尊重しながら、どうしたらその場や状況にあった適切なふるまい方ができるのか、子どもと一緒に考え、サポートし、見守ることが、子どもにとっても親切な養育者の態度であるといえよう。

3. 子どもの適応について

❶ 子ども期の適応を考える枠組み──発達精神病理学

　自殺や犯罪、いじめ、うつ病や拒食、引きこもりや不登校など、子どもたちに発現する不適応的な問題はどのようなメカニズムで生じてしまうのだろうか。20世紀の後半に先進諸国で少子化が進むなか、子ども期のメンタルヘルスの健全維持をめざして、精神医学や臨床心理学、健康心理学を中心にさまざまな研究がおこなわれるようになった。なかでも、胎児・乳児期からの個人の発達とそれを取り巻く養育環境との相互影響性に着目し、

不適応が発現するまでのプロセスと発現後の経過について、遺伝子や大脳神経系を含め科学的に解明しようとする発達精神病理学の領域での研究の進展が著しい。

　発達精神病理学（Developmental Psychopathology）は1990年代に発達心理学の分野内に成立した新しい学際的な領域である（Cummings et al., 2000；Chicceti, 2016）。子どもでも大人でも、ある日突然うつ病になったり犯罪や非行を実行したりするわけではなく、必ずどこかにその予兆があり、事態の改善が追いつかない中で病理が深まっていき、ある時点でついに診断基準を満たすような重症度に達したり、違法行為などの問題行動が具体化したりする。発達精神病理学では、さまざまな精神疾患や問題行動の種類ごとに、問題が顕現化する前の段階から研究をスタートさせ、誰に問題が生じたのか、あるいは、予兆があっても問題が生じずに済んだのは誰なのか、それぞれにどのような経過のパターンがあったのか、可能な限り丁寧に追っていく縦断的な疫学調査（問題発現の発生率を高めるリスク要因の特定や、リスク要因があってもその具現化を防ぐ防御要因を明らかにするための調査）を主要な方法論の1つとしている。

　発達精神病理学では、子どもの育ちの経過の中で生じるさまざまな"発達の道すじ（developmental pathways）"に注目し、適応と不適応への道すじを分けるのはどのような要因なのか、多くの実証的な検討がおこなわれてきた。図1-1に発達精神病理学における子どもの適応的な発達と不適応発現に至るプロセスが示されているが、そのプロセスにおいてもっとも重要なのは、日々の子どもの情緒的安定（emotional security, Cummings et al., 2016）であり、それは、子ども自身の遺伝的・生物学的・心理的要因と、子どもをサポートする重要な他者（親、仲間、教師等）の関わり、そして子どもを取り巻く地域や自然、行政制度などの社会的な環境の影響を受ける。子どもの日々には、失敗やケンカなど子どもを落ち込ませる小さな出来事はたくさん生じるが、近くにいる養育者や保育士／教師などの重要な他者が寄り添ってくれて気持ちが癒され、情緒的な安定を取り戻してまた遊びや学びの活動に向かえるならば、子どもは社会的な有能さを発揮しながら適応的な発達を遂げていくことができる。周囲のおとなが子どもにとっての確実な避難場所（困った時、つらい時になぐさめを得られるところ）と安全基地（元気を取り戻して再び外界に送り出してくれるところ）として機能してくれているかが重要であり、その支えなしに子どもたちは情緒的安定を維持することは叶わない（Cooper et al., 2002）。悲しみや怒り、つらさ、絶望、無力感などのネガティブな感情が長く続くことは子どもたちの気持ちを折り、大脳神経系にダメージを与える。極度の貧困や虐待、家族の重い精神病理、ドメスティック・バイオレンスなどの両親間の不和、いじめやハラスメントなどから、子どもを救い出して情緒的安定を回復できる環境を用意することが必要であり、同時に、養育者が子どもの安全基地としての機能を取り戻せるよう、親子に対する強力なサポートを社会が供給しなくてはならない。

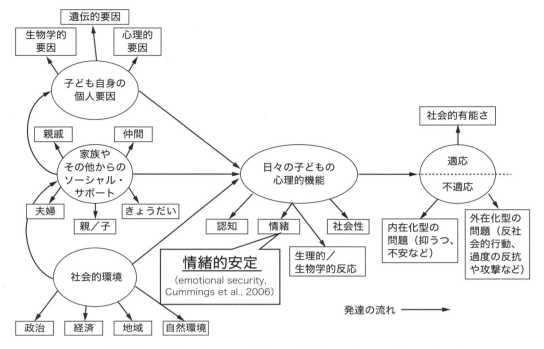

図1-1　発達精神病理学的アプローチの枠組み：適応的な発達と不適応理発生のプロセス
出所：Cummings et al.（2000）をもとに筆者作成。

❷ 適応と不適応に至る発達の道すじ

　誕生から晩年までのライフ・スパンでの適応と不適応に至る発達の道すじ（developmental pathways）について、発達精神病理学では、図1-2のような"木のモデル（Tree Model；Cumminge et al., 2000）"を提唱している。地面に近いところは誕生から発達初期の頃を表わし、枝の先端は晩年期を表わしている。幹の中央は適応的な状態、左右の広がりは不適応状態を示しており、誕生から死まで一貫して良好な適応が連続するBの道すじもありえるが、それは数多ある道すじの1つに過ぎず、人口割合もそれほど大きくはないだろうと発達精神病理学では予想する。人生の比較的早い時期で不適応へと逸脱しそのまま人生を終えるAの道すじ、同様に早期で逸脱したものの急に日光が当たるようになったり誰かが添木してくれたりするなど大きなポジティブな転機（ターニング・ポイント）が訪れて適応へと戻ったCの道すじ、順調な人生を歩んできたものの晩期に不適応へと逸脱するDの道すじなど、多様なルートがあると想定する。この領域では、具体的な実証研究を通して、良好な適応を実現するために必要な要因は何かを明らかにし、支援の実践に役立てることを最大の目的としている。

　ケリグら（Kerig et al., 2012）は、子どもの適応の良好さに影響する家庭内外の養育環境要

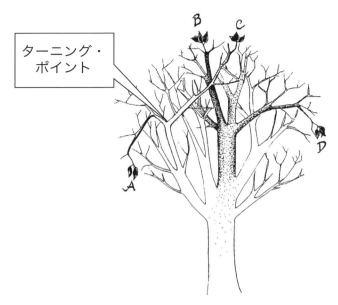

ターニング・
ポイント

訳者注）　A：精神疾患に至る連続して不適応
　　　　　B：良好な適応状態の連続
　　　　　C：発達の道すじにおける回復
　　　　　D：晩期での逸脱

図1-2　木の幹にたとえた発達と適応の道すじ
出所：Cummings et al.（2000）をもとに筆者作成。

因について、精神病理や問題行動の発現確率を高める要因（リスク要因）と、そのような
リスク要因があったとしても子どもの良好な適応を維持・形成することに貢献する要因
（防御要因）を以下のように整理している：

＊家庭内のリスク要因……両親間の葛藤、虐待、家庭内暴力、親の精神病理、家庭の低
　　　　　　　　　　　　収入（低収入・貧困）
＊家庭内の防御要因………温かく安定した養育、家族のまとまりの良さ、有能なおとな
　　　　　　　　　　　　の役割モデルの存在、親による監督とモニタリング（子どもが
　　　　　　　　　　　　何をしているか・考えているかの情報収集や見守り）、親が子どもの
　　　　　　　　　　　　性質を肯定的に価値づけること
＊家庭外のリスク要因……仲間からのいじめ、厳し過ぎる教師、貧困地域であること、
　　　　　　　　　　　　人種差別、社会的偏見、地域での暴力に曝されること
＊家庭外の防御要因………良い友だち関係、信頼できる良きおとなの指導者・助言者、
　　　　　　　　　　　　ポジティブな文化的価値観や民族アイデンティティ、多様性
　　　　　　　　　　　　に対して寛容な文化

　さまざまな困難を抱えたケースであっても、ケリグらが上記であげている家庭内外の防御要因のどれかが働きだせば（例えば、担任教師が子どもの困難に気づき、信頼できる良きおとなの指導者・助言者としてどうすればよいか子どもと一緒に考え、援助機関につなげていくなど）、少しずつでも適応の道すじのルートは変更され、良好な適応への路線変更に貢献する。複雑に絡まった要因間の悪循環を一挙に解きほぐすことは至難の業であるが、困難に至った道すじを丁寧にたどり、子ども自身の主体的な回復力の発達を期待しつつ、動かせるところから根気強く改善の方向に向かうことが重要であろう。

❸ 養育環境の中での慢性的な逆境要因

　子どもの心身の発達や健康を損なう環境ストレッサーには、災害や犯罪被害、交通事故などの急性の外傷的体験とともに、前節で見た貧困、親の精神病理、両親間の不和・暴力、虐待、劣悪な学校・地域環境など、長期にわたって継続する慢性的な逆境要因（chronic adversities）がある。慢性的な逆境要因は、その深刻さや持続期間、重複数（例えば、貧困なうえに虐待されているなど）によって影響が異なるが、いずれも日常生活の中で持続的なストレスを子どもたちに与え続け、子どもが幼いほど自力で抜け出すことが困難なものばかりである。こうした慢性的逆境要因の発達への影響性については、これまで児童精神医学や発達精神病理学の領域で多くの実証的研究が蓄積されてきた（Friedman & Landsdale, 2005）。

　慢性的逆境要因は、個々ばらばらに子どもに振りかかってくるのではなく、時間の流れの中で複雑に絡み合いながら子どもを巻き込んでいく。例えば、父親がうつ病を発症し、そのために就労継続が困難になって家庭の経済状況が悪化し、それに伴う夫婦間の不和の深まりによって離婚に至る。離婚後に専業主婦だった母親が就労を再開するものの、低賃金のパート職にしか就けず、長時間労働のワーキングプア状況に陥り、過労と時間不足ために子どものケアやコミュニケーションが不十分になってしまう。離婚に続く貧困とケアの劣化によって、子どもの情緒的な安定性を欠く日々が長期にわたり、学力低下や友だち・先生との関係維持が難しくなっていく。ついに退学に至ったり、非行行動が具現化したりする、といった負の連鎖が進行してしまうことがある。当該の子どもの問題を解決するためには、親や家庭の状況についてもできる限り詳細な情報を収集して改善を図っていく必要があり、どのような背景があったのか、丁寧に見ていくことが必要であろう。

❹ 逆境体験からの回復

　人生の早期に親との離別や死別、前節で見た慢性的逆境を体験した子どもたちの適応の良好さの維持や回復に役立つ体験として、ヘイズグルドとモリス（Hays-Grudo & Morris, 2020；菅原 2021）は、以下の 10 項目をあげている：

・誰かに無条件に愛されること（相手が自分を養育してくれることに疑念を持たなくて済む体験）

・援助や助言が必要な時に、信頼して頼ることのできる、親ではないおとながひとりは存在していること

・十分な食事と清潔で安全な住居に住んでいること

・家庭の中に、明確で公平なきまりや約束ごとがあること

・少なくともひとりの親友を持つこと（信頼し、一緒に楽しめる友人関係の体験）

・必要なことを教えてくれる学校に通学できていること

・定期的に誰かを援助した体験（病院や保育・福祉施設などでのボランティア）や、他者を援助するコミュニティでのプロジェクト（フードバンクや子ども食堂等）への参加体験

・組織的なスポーツグループ（サッカー、野球等）や体育活動（体操、ダンス等）への定期的な参加体験

・ボーイスカウトやガールスカウト等の市民的・社会的な活動への活発な参加体験

・ひとりで、あるいはグループでおこなう熱中できる趣味（芸術的/創造的、知的なもの）を持つこと

　以上の体験リストは、逆境を体験した子どものたちの回復に関する多くの実証研究から抽出されてきたものであり、どんな個性の子どもたちにとっても先の長い人生を力強く歩んでいくための糧となる体験である。とくに、"誰かに無条件に愛されること"や"援助や助言が必要な時に、信頼して頼ることのできる、親ではないおとながひとりは存在していること"は子どもを支える基盤となる体験となる。すべてを受け止めてくれて、何があっても揺らがずに見守ってくれるおとなが身近にいることは、子どもの良好な適応への道すじへのギアチェンジに必須のものである。前節であげたケリグ（2015）の"温かく安定した養育、家族のまとまりの良さ、有能なおとなの役割モデルの存在、親による監督とモニタリング、親が子どもの性質を肯定的に価値づけること"も家庭生活の中では大切なポイントである。また、やがて独り立ちして生活していくために、秩序があってきちんと生活が営まれている家庭の中で、秩序を共有するメンバーとして暮らすこと、職業自立できるための学修が可能な学校に通えていること、社会や仲間に関わり人の役に立った経験をすること、人生を楽しむための活動を持てることも子ども時代の大切な体験である。

　人生早期に厳しい逆境を体験した子どもたちが、新しい環境に馴染んで心を開いていく過程においては、ときには時間がかかったり、難しいことが起こったりすることもある。しかし、多くの研究が示しているように（Joseph et al., 2014；Van IJzendoorn, 2015）、逆境を体験した子どもたちも良質なペアレンティング（親としての関わり）を示してくれる里親に対して安定したアタッチメントを形成し、愛情の基盤を獲得した子どもたちの社会への

適応はより良好なものになる。子どもの問題行動が顕著な場合には、専門家との連携の中で、問題の背景を丁寧に紐解いて理解したり、適切な関わり方を工夫したりして、事態が好転することを祈りつつ、待っていてあげてほしい。これから読み進めていただく本書の各章は、里親のみなさんと子どもたちの幸せな暮らしの始まりや継続に役立つことばかりであり、ぜひゆっくりとお読みいただきたいと思う。

（菅原ますみ）

▶参考・引用文献

安藤寿康（2011）『遺伝マインド──遺伝子が織り成す行動と文化』有斐閣

Chicceti, D.（2016）Developmental Psychopathology. 3rd.ed., vol1. 〜 vol.4. John Wiley: New York

Cooper, G., Hoffman, K., Powell, B., & Marvin, R.（2011）The circle of security intervention. In J. Solomon and C. George（Eds.）, *Disorganized attachment and caregiving*. New York: Guilford Press.

Cummings, E.M., Davies, P.T., & Campbell, S.B.（2000）*Developmental Psychopathology and Family Process: Theory, Research, and Clinical Imprecations*.（菅原ますみ監訳（2006）『発達精神病理学──子どもの精神病理の発達と家族関係』ミネルヴァ書房）

Friedman, R. J., & Chase-Landsdale, P. L.（2005）「子どもに不利益をもたらす慢性的に持続する逆境要因」In Rutter's Child and Adolescent Psychiatry, 5th Edition. Wiley.（マイケル・ラター、エリック・テイラー編、日本小児精神医学研究会訳（2007）『児童青年精神医学』明石書店）

Harris, J. R.（1998）*The nurture assumption: Why children turn out the way they do*. Free Press（ジュディス・リッチ・ハリス著、石田理恵訳（2000）『子育ての大誤解──子どもの性格を決定するものは何か』早川書房）

Hays-Grudo, J. & Morris, A. H.（2020）*Adverse and protective childhood experiences: A developmental perspective*. American Psychological Association.

IJzendoorn, M. H., Bakermans-Kranenburg, M. J. & Scott, S.（2015）「施設ケアと里親養育」In Rutter's Child and Adolescent Psychiatry, 6th Edition. Wiley.（アニタ・タパー他著、長尾圭造他監修・監訳（2018）『ラター児童青年精神医学（原書第6版）』明石書店）

Joseph, M. A., O'Connor, T. G., Briskman, J. A., Maughan, B. & Scott, S.（2014）The formation of secure new attachments by children who were maltreated: An observational study of adolescents in foster care. *Development and Psychopathology*, 26, 67-80.

Kerig, P. K., Ludlow, A., & Wenar, C.（2012）Developmental Psychopathology 6th.ed. McGrawHill.

明和政子（2019）『ヒトの発達の謎を解く──胎児期から人類の未来まで』ちくま新書

Nakagawa, D. J.（2016）Childhood disrupted: How your biography becomes your biology, and how you can heal. New York: Atria Books.（ドナ・ジャクソン・ナカザワ著、清水由貴子訳（2018）『小児期トラウマがもたらす病 ACE の実態と対策』パンローリング）

中澤潤（2010）『発達心理学の最先端──認知と社会化の発達科学』あいり出版

Nugent, J.K.（2013）The competent newborn and the neonatal behavioral assessment scale: T. Berry Brazelton's legacy Journal of Child and Adolescent Psychiatric Nursing, 26, 173-179.

菅原ますみ（2003）『個性はどう育つか』大修館書店

菅原ますみ（2019）「小児期逆境体験とこころの発達──発達精神病理学の近年の研究動向から」『精神医学61』1187 〜 1195頁

菅原ますみ（2021）「小児期逆境体験に関する発達研究の動向──影響緩和要因に注目して」『Precision Medicine』4(6), 75 〜 81頁

田島靖浩、佐竹一紘、塚本めぐみ、村瀬隼人、三谷勇仁、中川大（2012）「一塩基多型と個人差」『生物機能開発研究所紀要13』69 〜 74頁

Thomas, A. & Chess, S.（1977）*Temperament and development*. Brunner/Mazel

Thomas, A. & Chess, S.（1980）*The dynamics of psychological development*. Brunner/Mazel（アレクサンダー・トマス、ステラ・チェス著、林雅次監訳（1981）『子供の気質と心理的発達』星和書店）

子どもが一人前になるということ──4つの自立

子育ての"ゴール"はどこにあるのだろうか。子どもの発達には、認知的な領域（思考や言語に関する能力）・社会情動的な領域（対人関係能力や自分の感情・行動をコントロールする能力）・身体的領域（身体サイズの増加、各種の粗大および微細な運動能力、性的機能の成熟等）といった多側面がある。個人差はあるものの、年齢的には、世界各国が成人の年齢基準として採用している18歳頃には各領域の成熟度が成人レベルに達し、"子ども期の発達"は終焉を迎える。心身の発達が一段落したところで子育てもゴールを迎える……と考えたいところではあるが、現代社会における"おとな"の定義はもう少し複雑であり、"一人前のおとな"として認められるためには、心身の発達を基盤としながら、さらに表のような4つの領域での自立を達成する必要がある。

表　子どもが一人前になるために必要な"4つの自立"

生活自立：	基本的生活技術の獲得 （家庭内外での"お手伝い"からのスタート）
経済自立：	就職の実現と維持 （学校での知識技能の修得、進路選択、職業訓練）
心理的自立：	行動について自己決定し自己責任が取れること （幼少期よりの養育者とのアタッチメント関係を基盤に芽生えていくもの）
市民的自立：	社会的規範や公共性の獲得（シティズンシップ）と政治的権利と義務の遂行 （幼少期よりのしつけを通した社会的ルールの獲得、マスメディアや学校での社会に関する学習、ボランティアやインターンシップ等による社会活動の経験）

生活自立の領域では、衣食住（食事作りや食器洗い、洗濯や衣替えなどの衣服の管理、住居の掃除や整理整頓・修繕、庭の手入れ等）や、子育て・老人の介護などに関わる基本的な生活の技術や知恵を獲得することが必要となる。気持ちのよい健康的な暮らしを"自力"で営むことができるようになることは、男女ともに超高齢化した私たちの長い人生にとって決定的に重要であり、各人の健康寿命に影響するだけでなく、国家としての医療費節減にもかかわる事項である。現在の学歴社会では、どうしても勉強が優先されてしまい、家庭でのお手伝いを通じた生活自立に向けたトレーニングは不足しがちになる。年齢段階にふさわし

い内容でのお手伝いを意識的・計画的に体験させることは、子どもの家族に対する責任感の涵養にもつながり、"ありがとう"という家族からの感謝の言葉は、人の役に立ったといううれしい体験となる。スタートの時期としては、幼児期がふさわしく、この時期の子どもは親と一緒に活動することが大好きなので、一緒に取り込んだ洗濯物をたたんだりおもちゃを片付けたり、楽しみながらできる小さなことから始めると無理がない。少しずつトレーニングを続けていけば、小学校高学年には調理もできるようになり、中学生の頃には献立を考えて買い物をし、家族全員の食事をひととおり用意することも可能になる。生活自立の達成は、養育者が意識して"お手伝い"として家庭内労働を割り振り、教え、身につけられるようにサポートしないかぎり、いくつになっても始まらない。トレーニングをしてこなかった人は、成人期に達しても、老人期に至っても、自分の食事さえ作ることが叶わない。自分で作る習慣のある人はそのプロセスの苦労が分かるので、人が作ってくれたものに対する感謝の気持ちを持つこともできるようになる。目の前の子どもが生活を大切にし、幸福な人生を送るために必要なトレーニングとして、"お手伝い"を位置づけてほしいと思う。

　他にも、自力で賃金が得られるようになること（経済的自立）、他者との親密な関係性を維持しながらも、大事なことは自己決定・自己責任を全うできるようになること（心理的自立）、自分と社会とのかかわりを理解し、法と社会秩序を遵守できるようになること（市民的自立）といった側面での自立が一定の年齢までに達成される必要があり、いずれも幼少期からの保育・教育機関や養育者の日々のかかわりが大きな役割を果たしている。経済的自立に対しては子どものライフ・ワークへの夢を応援し、実現に向けて援助すること、心理的自立では安定したアタッチメント関係を形成・維持することが必要である。市民的自立に関しては教師や養育者自身が公共秩序を守り、選挙など政治的な権利と義務を行使する姿を見せることと同時に、幼少期からの社会的ルールの伝授をしつけなどの行為を通して適切に教えていくことが求められる。

　４つの自立は、それぞれゴールの時期が異なるが、いずれも就学が終了する頃までには

ひととおり達成できていることが望ましい。進学や就職で家を離れても健康的に自活することができ、進路選択を含めて自分のことは相談やアドバイスを受けながらも自分で最終決定することができる。法や職場の規律を守り、税金を払ったり選挙に行ったりして社会人としての責務をしっかりと果たせるようになる。親密な親子の関係性は生涯続いていくが、子育てそのものは、こうした子どもの自立の達成とともにゴールを迎える。

（菅原ますみ）

第 **2** 章

ライフステージと
子どもの発達

Key Word

発達の危機／アタッチメント／養育／友だち関係／認知能力／アイデンティティ

1. ライフステージと心理社会的な発達

　人は、生まれてすぐに言葉を話せるわけではない。生後間もない頃は、身体も思うように動かすこともできないし、寝ている時間のほうが圧倒的に長い。母馬のお腹から出た仔馬がすぐに立ちあがろうとし、まもなく歩き出す姿を見ると、人は随分と頼りない状態で生まれてくると思えてしまう。人は二足歩行のために産道が狭くなり、脳が発達して身体に対して頭が非常に大きくなったため、未発達な状態で生まれるのだという。動物学者のA. ポルトマン（ポルトマン 1961）は、これを「生理的早産」と呼んだ。

　一方、言葉は話せないものの、生まれて数週間の赤ちゃんは、人の語りかけに身体を動かして応え、目の前の人が顔を近づけて口を開けたり舌を出したりすれば、真似することもできる（ただし、赤ちゃんの目を見て動作をゆっくりすることが必要）。また、生後数週間の頃は、あらゆる発音を聞き分けることができ、どの国の言葉も使える素地を持っているとされる。

　他の動物に比べて未発達な状態でありながら、他者とコミュニケーションを図る能力を備えて生まれてくる。それが人の赤ちゃんであり、それゆえ人の発達は周囲の他者との関わりの中で育まれると考えられよう。

　人の発達と一言でいっても、その内容は多岐にわたり、身体の動かし方や言葉の使用、物事の知識や考える力、人との関わり方などさまざまである。心理学者のE. H. エリクソン（エリクソン 1977）は、生涯という長い期間を通じて、人の心理社会的な面、すなわち人が他者や自分自身と関わりながら、社会生活を送るための考え方やスキルをどのように発達させていくのかについて独自の理論を展開した。具体的には、人生を8つの段階（ライフステージ）に分け、それぞれのステージには、図2-1に示すような個人が経験する発達上の危機（あるいは課題）があり、それを乗り越えることで発達が促されるというものである。例えば、人生最初の乳児期（0〜1歳頃）は、他者への基本的な信頼を形成できるかどうかが危機であり、養育者との関わりにおいて、心身ともに欲求が満たされれば信頼を形成することができるとされる。また、図2-1が碁盤の目で表されているように、それぞれの危機は各ステージに特徴的なものではあるが、その後の人生で繰り返し現れるものでもある。乳児期では養育者との関わりから他者への信頼を形成できても、後の段階で友人や恋人といった重要な他者との関係がうまくいかずに、基本的な信頼が揺らぐこともあるだろう。反対に、幼い頃に虐待を受けて他者に心を開けなくても、その後の良好な出会いで克服できることがある。

		1	2	3	4	5	6	7	8
Ⅷ	高齢期								統合性 対 絶望
Ⅶ	成人後期							世代性 対 停滞	
Ⅵ	成人前期						親密性 対 孤立		
Ⅴ	青年期					同一性 対 同一性拡散			
Ⅳ	児童期				勤勉性 対 劣等感				
Ⅲ	幼児後期			自主性 対 罪悪感					
Ⅱ	幼児前期		自律性 対 恥・疑惑						
Ⅰ	乳児期	基本的信頼 対 不信							

図2-1　エリクソンのライフステージと心理社会的危機
出所：エリクソン（1977）をもとに筆者作成。

　人は、こうした危機と向き合いながら、生涯を通じて心理社会的に発達していくと考えられる。ここでの心理社会的な発達とは、「子ども・若者ケアプラン（厚生労働省 2018）」のガイドラインにおける、「健康な心身を育む」「自分を大切にする」「他者を尊重し共に生きる」「考えて対処する」「基本的な生活を営む」「自分らしく生きる」の6つの機能が発達していくことと同じといってよい。

　本章では、エリクソンのライフステージのうち、「子ども」時代に相当する青年期までに注目し、ステージごとに発達の様子を概観する。また、表2-1に示すように、各ステージに特徴的な危機の具体的な内容を取り上げながら、子どもの心理社会的な機能が健やかに発達するのを支える養育のあり方について考えてみたい。

表2-1　心理社会的な発達における危機の具体的な内容と養育のポイント

ライフステージ	発達の危機に関わる具体的な内容	養育のポイント
胎児期（〜誕生）	生命の維持、身体的な発育、神経系の発達	母体にリスクがかかるような行為（タバコ・アルコールなど）を避ける
		夫婦でサポートし合い母親の心身の健康を保つ
乳児期（誕生〜1歳頃）	アタッチメントの形成、探索活動の維持	子どものシグナルに対して高い感受性と応答性を持つ
		子どもが周囲の世界に働きかけることを楽しむ
		子どもの行動的な特徴を理解する
		必要な場合に養育のサポートを求める
幼児前期（1〜3歳頃）	自律性の維持、自己調整力の発達、自己効力感の維持	子どもが気持ちを主張すること、抑えることを促す
		子どもの意見を尊重してルールを決める
		子どもにしてほしいことははっきりと伝える
幼児後期（4〜6歳頃）		子どもが自らすることを見守る、できたことをほめる
		他の子どもたちとの交流をサポートする
児童期（6〜12歳頃）	勉強への取り組み、友だち集団への適応	子どもの学校での様子に関心を示し、話してもらう
		子どもの勉強の状態を知り、自律性を高める関わり方をする
		子どもの友だち関係の様子を把握する
		友だち関係に問題があれば介入する、必要であれば教師と連携する
		子どもを受容し、自尊心を支える
青年期（13歳〜）	アイデンティティの発達、親密な他者関係の形成	第二次性徴期の特徴を理解し、自立心を大切にする
		子どものプライバシーを尊重しながら、交友関係には注意を払う
		子どもと生活のルールを決めて守ることを求める
		トラブルに巻き込まれた子どもが相談し、安心できる雰囲気をつくる

2. 発達初期の成長

❶ アタッチメント関係の形成

　エリクソンによる人生最初の危機は、他者に基本的な信頼を形成できるかどうかである。この基本的信頼に近い概念に、精神分析学者のJ. ボウルビィによるアタッチメント理論（ボウルビィ 1976）がある。アタッチメントとは、乳児が生後まもなくからの養育者とのやりとりを通じて形成する情緒的な絆とされる。

　生後3か月頃までの乳児は、自他が未分化な状態であり、他者の弁別もほぼ見られないため、誰が話しかけても同じように応答してくれることが多い。そのうち乳児は、お腹が空いたり眠かったり、怖かったりした時に、声を出したり泣いたりするといつも応えてく

れる人に向けて、そうしたシグナルを出すようになっていく。8か月頃に見られる人見知りは、養育者を他の人と区別していることの1つの現れであり、1歳になる頃にはアタッチメント関係が形成される。多くの場合、乳児と養育者の間には安定したアタッチメント関係が形成され、乳児は養育者に意識的に近づき、怖いことがあったら助けを求め、何かあれば守ってもらえるという安心感を基に、周囲の世界に働きかけることができる。あたかも、乳児が養育者を安全な基地と考え、そこを基点に探索の旅にでかけるようである。

　一方で、アタッチメント関係が不安定な状態で形成される場合もあり、乳児が養育者に自ら近づこうとせず、関心を示さない回避型や、養育者がいなくなることに強い不安を示し依存的になるアンビバレント型といったパターンがある（Ainsworth et al., 1978）。また、乳児のアタッチメント行動が組織化しておらず、養育者に近づいても顔を向けなかったり、突然すくんでしまうなどの特異な行動を示す無秩序型もある（Main et al., 1985）。

❷ 養育と子どもの気質

　このように、乳児と養育者のアタッチメント関係にはいくつかのパターンが存在する。安定した関係性を築くためには、養育者が乳児のシグナルを敏感に察知し、乳児が感情をうまく表せるように応えることが大切であり（表2-1）、乳児が周囲の世界に積極的に働きかけることを楽しむゆとりも必要であろう。

　また、人には生まれた時から気質に基づく行動面の個人差が見られる。例えば、活動水準が高く、睡眠や食事習慣が規則的で環境に適応しやすい「扱いやすい」子もいれば、感情の起伏が激しく、睡眠などが不規則で適応が困難な「気難しい」子や、活動水準が低く適応に時間がかかる「ゆっくり」な子もいる（Thomas & Chess, 1977）。養育者の関わりやすさは、乳児の気質によって異なり、「気難しい」子であれば思い通りにいかずストレスを感じることも多くなる。養育者のストレスが過剰に高まれば、安定したアタッチメントの形成が難しいばかりか、養育が悪化して虐待に発展してしまうかもしれない。

　そのため、養育者には、乳児の行動的な特徴を理解しそれに合わせて関わることが求められる。同時に、養育を1人で行うことが難しいと感じた場合には、家族や専門家、行政サービスなど周囲からのサポートを積極的に求め、受け入れることも重要である。

❸ 胎児への愛情と子どもの発達

　さて、エリクソンの発達段階には含まれていないが、養育者と子どもの関係は赤ちゃんがお腹の中にいる時から始まっている。妊娠期における母親の状態や胎児への愛情は、胎内での発育とともに、生まれてからの子どもとの関係性や、子どもの行動的特徴に関わることが報告（Cataudella et al., 2016）されている。それゆえ、胎児期の発達やそれに関わるリ

スクについても記しておきたい。

　胎児は、妊娠14 ～ 24週頃には触覚が発達し、ほぼ全身が刺激を感受できるという。妊娠5か月頃には、母親の声に反応してお腹を蹴ったり、羊水を甘くして反応を見る実験を行うと飲む量が増えるなど、聴覚や味覚が備わっていることが分かっており、母体の中ですでに感覚を分化させているといえよう。

　胎児は、胎盤とへその緒（臍帯：さいたい）によって母親とつながり、栄養とガスの交換をしながら生命を維持している。そのため、母親が身体に良くないことをすると悪い影響を受けてしまう。例えば、母親がタバコを吸うと抹消神経が収縮するため、胎盤に送り込む血液が少なくなり、胎児に酸素がうまく届かなくなる。また、胎児性アルコールスペクトラム障害（fetal alcohol spectrum disorders）と呼ばれる症状があり、妊娠中にお酒を飲んだ母親の子どもは、妊娠中や産後の身体的な成長や、認知や行動面で問題を生じる可能性が高くなる。とくに近年では、ADHDや学習障害といった発達障害や、精神的健康上の問題との関連も指摘されている（Kingdon et al., 2016）。

　妊娠中の女性は、睡眠が十分にとれないなど何かとストレスを感じやすい。初産であればなおさら、夫婦ともに親になることへの喜びと不安で精神的に落ち着かないこともある。妊娠中の夫婦を対象にしたこれまでの研究（Cataudella et al., 2016）では、夫婦関係の良好さが母親の胎児への愛情を高めること、夫婦がサポートし合いお互いに親として成長していくことで、母親の心身の健康が維持され、胎児の健やかな発達につながることが示されている。

3. 就学前の子どもにとって大切なこと

❶ 周囲の世界への関心

　先述のように、人の赤ちゃんは、他者の語りかけに身体を動かして応えるなど、生後まもなくから人に興味を強く持つ存在である。それと共に、まだ体をうまく動かせない時から、自分の周りにあるものに興味を示し積極的に働きかけていく。手近にあるおもちゃを口に入れようとしたり、テーブルの上にあるお皿を押して落としてしまったりなど、「ゆりかごの中の科学者（Gopnick et al., 1999)」である彼らは色々と試してみたくなる。

　発達心理学者のJ. ピアジェ（ピアジェ 1972）は、世の中のことを認識したり考えたりする認知能力が、4つの段階を経て進んでいくと考えた。誕生から2歳頃までは、先ほどの

例のように、五感と原始反射◆1を利用して自分の周囲の物事や現象を知ろうとする時期であり、「感覚運動的思考段階」と呼ばれる。2歳以降になると、子どもは言葉を使って頭の中でイメージしたり、名前をつけて整理するなどの行為がだんだんとうまくなり、複雑なことも考えることができるようになっていく。これを「表象的思考段階」と呼び、最初の2〜6歳頃の「前操作期」では、語彙が爆発的に増え、色々なことを試しながら経験を増やしていく。またこの時期には、家庭外の他者と関わる機会も増えていき、未発達な部分を多く残しつつも社会へのデビューをかざる頃である。こうした特徴がある乳児期の終わりから幼児期にかけて、養育者が子どもの発達を支える際に大切と思われる点を紹介する。

❷ 自律性と自主性を支える

　人は、ゆりかごの中にいる時から科学者であるから、"自分でできる"ことはしてみようとする。図2-1にあるエリクソンの危機を見てみると、幼児前期（1〜3歳頃）は「自律性VS恥・疑惑」、幼児後期（4〜6歳頃）は「自主性VS罪悪感」となっている。これらはそれぞれ、身辺自立（トイレット・トレーニングなど）を含めて身体の自律性を感じることができるかどうか、周囲の他者が行うさまざまな活動に関心を示し、自主的に取り組むことができるかどうかが試されることを意味している。つまりこの時期には、自分でできるか、自分でしようと思えるかが問われており、うまく乗り越えられなければ、子どもは自分で何かをしたり、自由に振る舞うことに自信を持てずに躊躇してしまうと考えられる。

　いわゆる第一次反抗期である2〜3歳頃は、ごはんや着替えなどを自分だけでしたがる子どもが多い。自我が芽生えてきたという点では喜ばしいことなのだが、養育者の助けも断るほどであるといささか関わりづらい。しかし、注意ばかりして子どもの行動を強く統制してしまうと、自分でしようとする意思は弱まってしまうかもしれない。そこで養育者としては、"誰でも通る時期"と思って付き合ったほうがよいのだが、寛容になりすぎて自己主張があまりに強くなると、今度は友だちとうまく付き合えるかなどが心配になってしまう。

　そのため、子どもには自分の考えや気持ちをうまく表現する自己主張と、欲求を我慢する自己抑制の両面を養うことが大切である（柏木 1988）。具体的には、**養育者は子どもに情緒的に温かく接しながらも、言葉で期待と要求をはっきりと示し、簡単なことでもルールを決めて、行動面での統制を一貫して行うのが望ましいとされる**（表2-1）。また、行動を統制する場合には、子どもが起こしたことの重要度によって、危険なことであれば厳しく注意するが、それ以外は諭すように言い聞かせるなど変える工夫も必要である。

　心理学では、こうした養育の仕方を権威的と呼んでいる。一方で、子どもへの温かさを

あまり示さず厳しく統制するのは権威主義的、反対に、甘やかし気味の関わり方を許容的としている。権威的な関わり方は、上記の自己主張や抑制に限らず、子どもの健やかな発達にとってもっとも良い養育であることが繰り返し報告されている。

幼児後期になると、言葉や身体をさらに操れるようになることで、"自分で何でもできる"といった自己効力感が高まっていく。これは幼児楽観性と呼ばれており、この時期の子どもには、（パズルでも運動でも）取り組んでいる課題に失敗しても、次はできると思って何度もチャレンジしていく傾向が見られる。

養育者としては、子どもができなかった時、「なぜできないのだろう」と不安になるのではなく、「今度はできるかな」と思って期待して関わったほうがよい。そのため、課題を少しやさしくしたりするよりは、まずは気が済むまでやらせてほしい（表2-1）。しかし、子どもが自分の能力をあまりに超えたことをやろうとすれば、運動などでは大きな怪我をすることもあるから、取り組むことのレベルは選ぶ必要がある。また、子どもができてもできなくてもほめることは重要であり、ほめる時には具体的に伝えるほうが良いとされる。ただ「頑張ったね」だけではなく、「今日はこの間より何分も頑張ったね」のほうが、子どももきっとやる気が増すだろう。

❸ 遊びの意義

子どもたちの遊びが、何かを学ぶためにあると考えるのは無粋かもしれない。しかし、遊びが感情のコントロールや、社会的スキルを発達させていく一助になっていることは確かなようである（Lillard et al., 2013）。

遊びはその形態から、1人での遊び、きょうだいや友だちの近くで（とくに関わることなく）同じ遊びをする平行遊び、一緒に遊んではいるがイメージにズレがあったり役割の違いがあまりない連合遊び、イメージが共有されて役割の違いもでき、ルールに沿って行う共同遊びに分けられる。平行遊びは2歳頃、連合遊びは3歳頃、共同遊びは4歳頃からといった具合に、年齢に応じて複雑な遊びが多く見られるようになり（Howes & Matheson, 1992）、加齢に伴い遊び方のバリエーションは多様になっていく。

子どもたちは、きょうだいや友だちと遊ぶ経験を通じて、遊び自体を発達させながら、言葉や社会性も学んでいくと考えられる。とくに、遊びで生じるいざこざは、子どもが友だちとの関わり方を考えるうえで良い機会となっている。例えば、使いたいおもちゃを他の子に一人占めされていたら、遊べないからつまらない。おままごとや戦隊ヒーローなどのごっこ遊びで、みんながやりたい役をやっていては、やりとりにならず楽しくない。こんな時、友だちからおもちゃを奪ったり、役の取り合いでいざこざが生じることがあるが、大人のサポートも借りながら、それを解決する経験を積み重ねて、自分の気持ちを主張し

たり、我慢したり、話し合って順番を決めたりするなどの社会的なやりとりが発達していくのである。しかし、子ども同士のいざこざを早く収めようとする大人は、代わりのおもちゃを用意したり、順番を決めるように指示的に関わってしまうことがある。養育者としては、子ども同士のいざこざは発達の機会と思い、激しいケンカになるのは止めるとしても、自ら解決していく様子を見守る姿勢が必要であろう（表2-1）。

　また、4〜5歳頃からは、他者がどうしてそう思うのかを考える「心の理論」が備わっていく（Wimmer & Perner, 1983）。遊びは、こうした他者の気持ちを推測することの発達にも関わると考えられ、社会的な関係性を支える重要なものであるといえよう。

4. 学校での学び

❶ 10歳の壁

　児童期（6〜12歳）になると、子どもの認知能力は、先述のピアジェの段階では表象的思考段階の「具体的操作期」へと発達する。具体的操作期になると、子どもは実際に知っている物や経験したことの情報を使えば論理的に考えることができ、勉強の問題を解いたり、自分に起きた出来事を筋道を立てて理解できるようになる。また、11〜12歳頃にはつぎの「形式的操作期」へと移行し、直接に経験していない抽象的なことであっても論理的に考え、仮説を立てて推論できるようになっていく。

　しかし、子どもによってはこの2つの時期の移行がうまくいかず、いわゆる「10歳の壁（9歳の壁ともいう）」に悩んでしまうことがある。その理由には、この移行期に、分数や小数などの抽象的な思考を必要とする課題が多くなること、身振り手振りや図などの手がかりに支えられた学習から書き言葉中心のものに代わること、自分がどうやって考えたかを整理して評価するメタ認知能力が必要になることなどがあげられる（渡辺 2011；脇中 2013）。

　また児童期では、友だち関係のあり方にも大きな変化が見られ、これまでよりも集団化した関係性の中で、社会的な関わり方が求められるようになる。この節では、主に学校での勉強と友だち集団に注目し、養育者として気をつけるべき点をお話ししたい。

❷ やる気を育む

　エリクソンによれば、児童期の危機は「勤勉性VS劣等感」と表現され（図2-1）、子どもは想像力と好奇心を持って知識を得ようとするかどうかが問われるとされる。

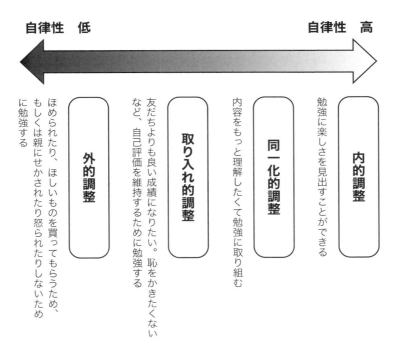

図2-2　子どもの自律性に応じたやる気の違い
出所：酒井（2013）を改変。

　子どもが先ほどの「10歳の壁」で悩んでいる時、養育者としては、子どもがつまずいている部分を見つけ、例えば難しい問題を解く場合に、具体的な例に置き換えて考えさせるなど勉強の仕方を教えていくことが必要となる（表2-1）。また、勉強にはやる気が必要であるが、だれもが積極的に楽しんで取り組むことができるわけではない。勉強に向かう気持ちが弱ければ、難しい問題に取り組もうとはしないし、幼児期のように楽観的ではないから、失敗経験が続くとますます勉強から遠ざかってしまう可能性がある。

　子どものやる気は、自律的に取り組もうとしている程度で図2-2のように4つのレベルに分けて考えることができる（Deci & Ryan, 2002）。一番左の「外的調整」は、ご褒美などの報酬を得ることや罰を受けないために取り組む状態であり最も自律性が低いレベルであり、「取り入れ的調整」、「同一化的調整」、「内的調整」の順に高くなっていく。養育者としては、まずは子どもの得意・不得意を理解するとともに、勉強へのやる気がどのような状態かを把握することが必要であろう。そして勉強を教える際には、課題を自由に選ばせながら、少し難しい適度な課題を与えて挑戦させることが良いようである（Grolnick et al., 1997）。また、普段から親との会話が多い子どもほど、勉強への自律性が高いことが分かっており（Benesse教育研究開発センター 2009）、勉強に限らず色んなことを話すように心がけることも大切である。こうした関わりを続けていけば、子どもも最初はほしい物や怒られ

ないために勉強していたとしても、徐々にやりがいを感じて積極的に取り組むようになっていくと考えらえる。

❸ 友だち関係を把握する

　今から25年前、J. R. ハリスという女性が、児童期からの子どものパーソナリティや社会化の発達についての論文（Harris, 1995）を書いた。その論文は「親の影響は思っているより小さく、友だち集団からの影響のほうが大きい」という内容であり、一般向けの本になるとすぐに大きな反響を呼んだ。20か国以上で翻訳されたこの本は、日本でも『子育ての大誤解──重要なのは親じゃない』というタイトルで今も販売されている。

　ハリス氏の主張の根拠は割愛するとして、多くの研究（Newcomb et al.,1993；Farley & Kim-Spoon, 2014）が、友だち集団が子どもの心理社会的な発達や適応に影響を与えることを示している。小学校3〜4年生ぐらいになると、子どもは教室の中で何人かの友だちとインフォーマルな集団を形成するようになる。子どもたちは、集団のメンバーである友だちとうまく付き合っていくために、互いを尊重し協調的であろうとする。一緒にいる時間が長ければ、メンバーとの比較を通じて、他者の考えや自分の個性を知る機会も多くなるだろう。こうして、子どもたちは社会性を学んでいく。

　また、子ども同士で集団が形成されると、共有する考え方や特徴が生まれ、それが自分の特徴を表す要素の1つになる。これは社会的アイデンティティ（Sherif, 1988）と呼ばれ、自分の集団への所属意識を強めるとともに、他の集団との違いを意識することにもつながっていく。

　自分の集団と他の集団の違いを意識しすぎると、集団間で対立が生じる可能性がある。男子と女子の集団で分かれてもめるぐらいならまだ良いが、スクールカースト（森口2007）などと言われるように、集団間に上下関係ができてしまうといじめに発展する恐れがある。近年のいじめは、図2-3のように小学校でとくに増えてきており、その背景には子ども一人ひとりの社会性の未熟さやストレスが原因にあると考えられている。同時に、教室内で上記のような集団間の関係性が作られてしまい、加害者を恐れて、いじめを知りながら何もしない傍観者になる子どもが増えることで、問題は見えづらくなり長期化してしまう。

　こうした深刻な事態を避けるために、養育者には日々のコミュニケーションから、子どもの学校での様子や友だち関係を把握することが求められる（表2-1）。子どもはいじめられて苦しんでいるかもしれないし、いじめる側の集団にいて悩んでいるかもしれない。いじめを止められずに困っている場合もあるだろう。子どもが友だちのことで悩んでいるようであれば、まずは話してくれたことへの感謝を伝え、耳を傾け、温かく受け入れ、安心

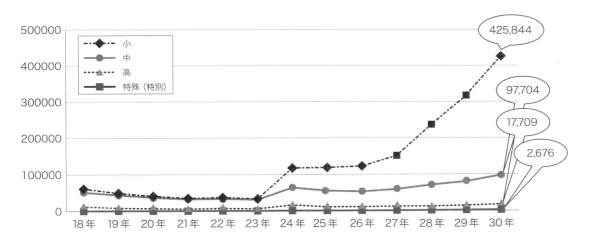

図2-3　いじめの認知件数の推移
出所：文部科学省（2019）をもとに筆者作成。

感と自尊心を保つように心がけることが大切である。そのうえで、子どもがどうしたいと思っているかを一番に尊重しながら、悩みについて一緒に考え、教師との連携も視野に入れて解決の方法を模索していかなければならない。

5. 大人へのステップ

❶ 青年期とは

　青年期は、第2次性徴が起こる小学生の終わりから中学生頃に始まり、20代まで続く時期である。青年期の初期には、子どもの身体は性ホルモンの影響を受けて生殖器官が成熟し目に見えて大人びていく。ホルモン分泌に伴い、情動のコントロールに関わる視床下部の機能がうまくいかなくなり、イライラすることが多くなるともいわれる。また、認知発達の面では形式的操作期に入り、未経験のことも論理立てて考えられることで、将来の自分を現実的に思い描くようになる。さらに、この時期を通じて、子どもは家庭よりも家庭外での生活の比重が高くなり、親友や恋人と親密な関係を築くようになっていく。

　このように青年期では、子どもは心身ともに大人になっていき、多少なりともストレスを感じる中で自分と向き合い、家庭から自立する作業を始める頃といえよう。この節では、大人へのステップを歩み始めた中学生から高校生ぐらいの発達的な特徴とともに、養育者

としての関わり方について考えてみたい。

❷ アイデンティティの発達を見守る

　人が自己を捉える観点は、家族や友人といる時の自分や、男性・女性としての自分、日本人としての自分などさまざまである。青年期に入った子どもは、こうした色々な文脈での自分について、親や友だちと話しながら、あるいは同世代の考えを代弁してくれる本や音楽などのメディアに触れながら、あれこれ考えるようになる。エリクソン（図2-1）は、この時期の危機を「同一性VS同一性拡散」と表現し、子どもが自己をさまざまな点から考えて統合し、自分らしさを受け入れることができるかどうかが問われるとした。ここでの同一性とは、アイデンティティを達成することを意味し、言い換えれば、どんな自分も私であり（斉一性）、私という存在はこの世で1人だけであり（独自性）、昔も今もこれからも私である（連続性）と感じられるかどうかである。

　J. E.マーシャ（Marcia, 1966）は、アイデンティティの発達を、将来の職業などアイデンティティに関する事柄を問い直し探る経験（探求）と、何か積極的に関わるものがあるか（コミットメント）の2つの次元から捉え、その高低の組み合わせから、図2-4に示す4つの状態に分類している。この中で、青年期の子どもの多くは、探求は高いがコミットメントがそれほど高くない「モラトリアム」の状態を経験し、その後に探求もコミットメントも高い「達成」へと向かっていく。また、例えば家業を継ぐことを考えているため、探求は低いが早い段階からコミットメントが高い「早期完了」の子もいるだろう。一方、探求もコミットメントも低く、アイデンティティの探索が行えていない「拡散」の状態の子は、社会から距離を置いて不登校や引きこもりになったり、自分を否定するかのように非行に

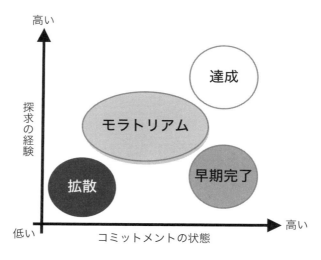

図2-4　アイデンティティの発達に関する4つの状態

走る可能性も考えられる。

　青年期は、子どもがストレスを感じながら自己に向き合う繊細な時期であり、そのため、養育者は子どもに思いやりをもって関わることが不可欠である。一方で、子どもは大人になる実感がわいてくるのに社会的には子ども扱いされる状況に反発し、養育者に反抗的な態度を見せることもあり、やはり権威的な態度で関わることは重要であろう（Steinberg et al., 1994；Pinquart, 2017）。子どもの自律性を促して自立心を尊重しながらも、生活に関わることについてはお互いに話し合ってルールを決め、それを守るよう求めることが肝要である（表2-1）。

❸ 交友関係をマネージメントする

　青年期になると、子どもは自分が頑張っている勉強や課外活動、将来の目標などを同じくする相手を友だちに選び、多くの時間を共有してさまざまなことを語り合うようになっていく。友だちに自分の体験や出来事を話すことは、自分がどんな人物かを振り返り、アイデンティティの発達を促す機会にもなる（McLean, 2005）。また、この時期は恋愛に関心を持つ子どもも多く（コラム：異性への関心、63頁を参照）、恋人とお互いの存在を認め合う経験を重ねながら、心理的に成熟していくと考えられる。

　しかし、友だちや恋人との関係は、いつでも健全な方向に進むわけではない。友だち集団に影響されて、興味本位で飲酒やタバコに手を出したり、万引きなどの犯罪を起こす可能性も否定できない。また、性的関係を持ったことで、女子では望まない妊娠のリスクを負うこともある。

　青年期を迎えた子どもに対して、養育者がプライバシーを尊重しようとする気持ちはよく分かる。ただ、子どもが家庭外で過ごすことが多くなる中で、普段から交友関係を知ろうとしなければ、トラブルの予防や対処どころか、起きたことに気づくのも難しいかもしれない。中学生のスマートフォン普及率の推計が7割を超える今日（内閣府 2020）、子どもたちはSNS等を通じてさまざまな交友関係を築くことができる。養育者として、彼らの世界が広がることは喜ばしいが、トラブルに巻き込まれ、被害者ばかりでなく加害者になってしまう恐れがあることも考えなければならない。

　今から8年前、マサチューセッツ州の母親が、13歳の息子にスマートフォンをプレゼントした時につけた「使用契約書」が話題になった（abcNEWS, 2012）。これは母親が子どもにあてた18の約束事であり、「このテクノロジーを使って嘘をついたり、人を馬鹿にしたりしないこと。人を傷つけるような会話に参加しないこと」などとても具体的である。また最後の約束事では、青年期の危うさを理解し、信頼と愛情に満ちた次のような言葉を伝えており、年頃の子どもと関わる際の1つの答えを教えてくれている。「あなたは失敗す

る。その時はこの携帯をあなたから奪います。その失敗について私と話し合います。また１からスタートします。あなたと私はいつも何かを学んでいる。私はあなたのチームメイトです。一緒に答えを出していきましょう」。

6. まとめ

　本章では、エリクソンの心理社会的な発達段階に沿って、主に乳児期から青年期にかけての子どもの特徴と、養育のポイントについて考えてきた。子どもの年齢によって関わり方は少しずつ変わるとしても、養育者が子どもに関心を示し、日々のコミュニケーションから信頼関係を築き、大人として規範を示しながら、自主性を促す姿勢が重要であることは一貫している。また、養育者自身が、子どもとの関わりにストレスを感じたり、自信を失ってしまいそうになる時もあり、その気持ちを理解しサポートしてくれる存在を持つことも、やはり大切である。

（酒井　厚）

▶注
1　乳児期に大脳皮質が成熟するまでの間に見られる、脳幹と脊髄に反射中枢を持つ生得的な行動のこと。口の周りに指などをあてると口を開けて顔をそちらに向ける口唇探索反射、足を床につけ起立した姿勢で前傾させると歩くように足を動かす自動歩行などがある。

▶参考・引用文献
abcNEWS（2012）Mom Has Son Sign 18-point Agreement for iPhone.　http://abcnews.go.com/US/massachusetts-mom-son-sign-18-point-agreement-iphone/story?id=18094401（2020年6月18日閲覧）
Ainsworth, M. D. S., Blehar, M. C., & Waters, E., Wall, S.（1978）*Patterns of Attachment: A Psychological Study of the Strange Situation*. Hillsdale, Lawlence Erlbaum Associates.
Benesse教育研究開発センター（2009）「小学生の夏休み調査──小学生の保護者を対象として」
ボウルビィ J. 著　黒田実郎、大羽蓁、岡田洋子訳（1976）『母子関係の理論Ⅰ──愛着行動』岩崎学術出版社
Cataudella, S., Lampis, J., Busonera, A., Marino, L., & Zavattini, G. C.（2016）From parental-fetal attachment to a parent-infant relationship: a systematic review about prenatal protective and risk factors. *Life Span and Disability*, 19, 185-219.
Deci, E. L., & Ryan, R. M.（2002）Overview of self-determination theory: An organismic dialectical perspective. In E. L. Deci & R. M. Ryan（Eds.）, *Handbook of self-determination theory research*（pp.3-33）. Rochester, NY: University of Rochester Press.

エリクソン E.. H. 著　仁科弥生訳（1977）『幼児期と社会Ⅰ』みすず書房

Farley, J. P., & Kim-Spoon, J.（2014）The development of adolescent self-regulation: Reviewing the role of parent, peer, friend, and romantic relationships. *Journal of Adolescence*, 37, 433-440.

Gopnick, A., Meltzoff, M.A., & Kuhl, P.K.（1999）*The scientist in the crib: Mind, brains and how children learn.* New York: William Morrow

Grolnick, W. S., Deci, E. L., & Ryan, R. M.（1997）Internalization within the family: The self-determination theory perspective. In J. E. Grusec & L. Kuczynski（Eds.）, *Parenting and children's internalization of values: A handbook of contemporary theory*（pp.135-161）John Wiley & Sons Inc.

Harris, J. R.（1995）Where is the child's environment? A group socialization theory of development. *Psychological Review*, 102（3）, 458-489.

Howes, C., & Matheson, C. C.（1992）Sequences in the development of competent play with peers: Social and social pretend play. *Developmental Psychology*, 28, 961-974.

ピアジェ J. 著　滝沢武久訳（1972）『発生的認識論』白水社

柏木恵子（1988）『幼児期における「自己」の発達──行動の自己制御を中心に』東京大学出版会

Kingdon, D., Cardoso, C., & McGrath, J. J.（2016）Research Review: Executive function deficits in fetal alcohol spectrum disorders and attention-deficit/hyperactivity disorder-a meta-analysis. *Journal of Child Psychology and Psychiatry*, 57, 116-131.

厚生労働省（2018）「子ども・若者ケアプラン」

Lillard, A. S., Lerner, M. D., Hopkins, E. J., Dore, R. A., Smith, E. D., & Palmquist, C. M.（2013）The impact of pretend play on children's development: A review of the evidence. *Psychological Bulletin*, 139, 1-34.

McLean, K. C.（2005）. Late adolescent identity development: narrative meaning making and memory telling. *Developmental Psychology*, 41, 683-691.

Main, M., Kaplan, N., & Cassidy, J.（1985）Security in infancy, childhood, and adulthood: A move to the level of representation. Monographs of the society for research in child development, 66-104.

Marcia, J. E.（1966）. Development and validation of ego-identity status. *Journal of Personality and Social Psychology*, 3, 551-558.

森口朗（2007）『いじめの構造』新潮社

文部科学省（2019）「平成30年度 児童生徒の問題行動・不登校等生徒指導上の諸課題に関する調査結果について」https://www.mext.go.jp/component/a_menu/education/detail/__icsFiles/afieldfile/2019/10/25/1412082-30.pdf（2020年6月18日閲覧）

内閣府（2020）「令和元年度青少年のインターネット利用環境実態調査調査結果（速報）」https://www8.cao.go.jp/youth/kankyou/internet_torikumi/tyousa/r01/net-jittai/pdf/sokuhou.pdf（2021 年 6 月27日閲覧）

Newcomb, A. F., Bukowski, W. M., & Pattee, L（1993）Children's peer relations: A meta-analytic review of popular, rejected, neglected, controversial, and average sociometric status. *Psychological Bulletin*, 113, 99-128.

Pinquart, M.（2017）Associations of parenting dimensions and styles with externalizing problems of children and adolescents: An updated meta-analysis. *Developmental Psychology*, 53, 873.

ポルトマン A. 著　高木正孝訳（1961）『人間はどこまで動物か』岩波書店

酒井厚（2013）「仲間関係のなかで育つ子どもの社会性──第9回学習へのやる気 CRN子ども未来紀行」https://www.blog.crn.or.jp/report/02/183.html（2020年6月18日閲覧）

Sherif, M.（1988）*The robbers cave experiment: Intergroup conflict and cooperation.* Middle town, CT: Wesleyan University Press.

Steinberg, L., Lamborn, S. D., Darling, N., Mounts, N. S., & Dornbusch, S. M.（1994）Over-time changes in adjustment and competence among adolescents from authoritative, authoritarian, indulgent, and neglectful families. *Child Development,* 65, 754-770.

Thomas, A., & Chess, S.（1977）*Temperament and development*. Brunner/Mazel.

渡辺弥生（2011）『子どもの「10歳の壁」とは何か──乗りこえるための発達心理学』光文社

脇中起余子（2013）『「9歳の壁」を越えるために──生活言語から学習言語への移行を考える』北大路書房

Wimmer, H., & Perner, J.（1983）Beliefs about beliefs: Representation and constraining function of wrong beliefs in young children's understanding of deception. *Cognition*, 13, 103-128.

第3章

社会的養護で育つ子どもたち

Key Word

小児期逆境体験／アタッチメント／トラウマ／喪失

はじめに

　第2章では、一般的な発達において、子どもの様子を見る視点やそれを支える養育のあり方について見てきた。本章では発達期に影響を与える要因によって社会への適応が困難になる場合を説明する。

　社会的養護で育つ子どもたちに時折見られるつまずきパターンが2つある。小児期の逆境体験と発達障害の存在である。そのパターンに巻き込まれることなく子どもたちの話に耳を傾け、その人間性とこれからの発達を信じて関わり続けるために、この2つの理解が助けになる。

　社会的養護で育つ子どもたちが経験してきた小児期の逆境体験とは、不安定なアタッチメント、身体的虐待などのトラウマ体験、両親の離婚などの喪失体験である。これらは、子どもの自律神経系や感情のコントロール、自分と他人やそれを取り巻く世界をどう見るかという世界観、そして、物事への対処能力の3つに影響を与える。その結果、子どもたちは、この世界を否定的な色眼鏡で見て、たえず危険を感じながら、安全とつながりの欲求を満たすために、未熟な対処行動を取り続けている状態に居つづけることになる。はたから見れば、関係を作ることを拒もうとしているように見えたり、攻撃的であるように見えたりするかもしれないが、これらを、かつて経験した状態にとどまっていると考えることで、子どもの行動や反応が理解しやすくなり、なにより、改善への方向を見いだすことができるのである。

　一方、発達障害とは、発達期に人間の能力の1つの側面が、年齢相当に発達していないことで社会生活や学習に困難をきたす状態である。通常の指示や指導ではうまく伝わらないことが多く、繰り返される叱責や人間関係の悪化のために自尊感情が低下し、無気力になったり、敵対的な関わりとなる場合があるが、発達特性に合わせた対応でより適応的な発達を期待できる。

1. 自律神経系の調整

　自律神経系とは環境や行動に合わせて、身体の状態を整えてくれる神経系である。ソファーでくつろいでいる時と走っている時、あるいは暑い時と寒い時では呼吸や心拍、手足への血液循環も変わってくるのであるが、頭で意識することなく自律神経系が調整してくれているため、環境が変わっても、行動が変わっても、身体の状態を保って、考えたり話

したりすることに支障が出ないようになっている。この調整は、身体を緊張方向に持っていく交感神経とくつろぐ方向に持っていく副交感神経のバランスによって環境と行動に合わせたちょうどいいレベルが実現されていく。そして特に、危険を感じた時には、逃げるか戦うかという行動、これを闘争逃走反応というが、状態に合わせて、心拍を上げ、瞳孔を広げる等、交感神経の働きが高まる。そして、闘争逃走では対処困難なほど圧倒されると副交感神経による急ブレーキがかかり、フリーズ状態となる。呼吸も脈拍も極度に低下するエネルギーの温存状態である。進化論的に、爬虫類まではこのアクセルと急ブレーキの2つで危機対応へのバランスを取っているのであるが、哺乳動物においては、ファーストラインとして人とのつながりを作るという対処システムができあがった。ヒトでは生まれた後で、この緩やかなブレーキとなる働きが副交感神経の一部として発達していくのである。

　自律神経系の調整を考えることがなぜ重要なのだろうか。一言でいえば、自律神経系の安定がなければ、より高次の脳機能が働く余地がなく、発達が滞ってしまうからである。闘争逃走反応は自律神経の状態に依存した自動的なものなのだ。そこに思慮が入る余地はない。脇道から何かが飛び出してきた時にはとりあえず避ける。それが自転車で、母親が子どもを乗せていて、ちょっとふらふらしているようだ。疲れていて、周りもよく見えていなかったんだろうなといった思いやりのような考えが出てくる余地はないし、そんなことを考えていたらその自転車とぶつかってしまう。ところが絶えず危機回避の状態でいると、長期的な目標を持って計画を立てて、自分の衝動をむしろ抑えて、物事に取り組んでいくことはできない。その場しのぎの行動になってしまって、長期的なスパンで学習したり、技術を培ったりができなくなってしまうのである。危険の察知とその回避、あるいは攻撃のみの行動となるのだ。日常生活の中で、例えば学校の教室でも、大切なのは算数の計算などではない。先生の声が低く、大きくなること。自分を辱めるような注意。周りからの怒ったような視線。その程度であっても危険を察知するのに十分である。いったん危険を察知して、闘争モードに入れば、怒鳴って机を倒してしまうかもしれない。危険を感じている状態であればあるほど、人は原始的な状態にとどまる。信頼を育むことや明日に備える行動は安心を感じてこそ成立する状態なのである。そして、安心には安心の、危険には危険の自律神経系の状態があって、この神経系が危険を感じている状態であれば、外界が十分に安全であってもその子どもにとっては危険を意味するのである。

　自律神経系が安全を感じにくいというのは1つには危険を察知するセンサーの誤作動である。通常の環境では危険が近づいていることを意味しない、さまざまな刺激を危険の知らせとして感知してしまうということ。もう1つは調整能力の問題である。つまり、一度危険を察知した後の自律神経系の状態が落ち着くことなく、警鐘を鳴らし続けている状態

にとどまったり、フリーズ状態から出られなくなったりすることである。生育環境の中で、安心を感じることが少なかったことと調整の練習をする機会を与えられてこなかったことによる。

　自律神経系の調整の最早期の練習はアタッチメント対象との間で行われる。子どもは養育者を見ながら、なにが危険で何が安全かを学んでいく。一度危険を感じて交感神経の活動が高まっても、守られたり慰められることによって穏やかになる経験を繰り返すことで調整を練習していく。また、子どもの遊びは、擬似的な危険を楽しむことで、自律神経系の調整範囲を広げていくことに役立っている。感情の認知と調整も自己の状態理解と調整の洗練された形である。ところが、これらの自己調整がうまく育ってきたとしても、危険察知の感度を一瞬であげてしまうのが、トラウマ体験である。危険が去った後も身体が危機対応を解除しきれない状態がトラウマ反応といわれるものである。そのトラウマ体験に関連したどんな些細な手がかりも危険と見なすように身体が反応するようになるからである。

- -

2.　世界観

- -

　世界観というのは、自分自身をどう見るか、他人をどう見るか、この社会をどう見るかということをさす。なぜこれが重要になるのだろうか。例えば、朝小学校に登校して、教室でいきなり肩を叩かれたとする。もしほどほどの自尊心を持ち、友達への信頼も持っているお子さんなら、おはようの挨拶だろうと思って、おはようを返すだろう。ちょっと痛かったなら、「痛いなー。なんでそんなにテンション高いの？」くらいは言うかもしれないが、おそらく笑顔ではあるだろう。ところが、自分は誰からも受け入れられていないと感じている子どもで、他人は危険と思っている場合であれば、殴られたと思って、「なにすんだよ！」と殴り返すかもしれない。驚いて止めに入った周りの子どもも自分を攻撃していると信じて、その子たちも殴ってしまうかもしれない。きつく叱られることになり、先生も敵だと思うことになるだろう。このように状況が同じでも、世界観が異なると、本人にとってはまったく正反対の出来事になり、世界観にぴったりの出来事に発展していくのである。さらに大切なことは、人はこの世界観が最終的に確信されるように行動してしまうということなのである。

　この世界観の原型となるのが、アタッチメント対象との間で作られる内的作業モデルと

いうものである。自分が誰で、どんな存在であるとか、周りの人がどんな存在であるとか、アタッチメント対象とのやり取りの中で形成されていくと考えられている。また、一度できあがった世界観が健全であったとしても、この世界観を一瞬で変えてしまうのがトラウマ体験である。「世界は危険である」「他人は信用できない」「自分は無力だ」といった信念が一瞬にして築かれてしまう。危険な世界で無力な自分が何の助けも期待できないで生きていかなければならない気持ちに居続けることになるのである。

　人間にとって、予測ができることが一番の安心であるから、すでに持っている世界観を維持しようと必死になる。優しく接してこようとしている人にも攻撃的に振る舞い、結局は怒りをかってしまうのだが、やっぱりね、やっぱり、この世界は危険に満ちていて、誰も自分を大切にしようとはしないと確信するわけである。自分に一番馴染んだ、予測可能な状況を手に入れるのは安心の1つの形なのである。人は自分の世界観を証明するように生きているといえなくもない。

3. 未熟な対処行動

　子どもが示す行動の問題の中には、過去の特殊な環境の中で身につけた対処行動と考えられる場合が少なくない。目的はかつて満たされなかった基本的欲求である。というと、安全や生理的欲求が思い浮かぶかもしれないが、同様に大切なのが心理的な欲求である。つまり、つながりを求めること、自分自身の能力を感じること、主体性を感じることの3つである。普段放置されていて、身体的虐待を受けている時のみ関わりを感じていた子どもが、自ら虐待を呼ぶ行動をして、主体的に身体的虐待という関わりを得ていたと考えられることがある。そのため、里親や社会福祉施設のケアワーカーから虐待を受けたり、セラピストからも拒絶されたりすることになる。つまり、もともとの環境では意味を持つ行動であるが、安全な環境に移り、他人との関わりを得るのにふさわしくない状況になっていても行動パターンは残る。それが自分の欲求の満たされる形だったからである。その欲求が新しい形で満たされる可能性のあることを知るためには新たに学習する必要があるのである。

4. アタッチメントシステム

　アタッチメント行動とは、子どもが不安を感じた時に守ってもらおうとする行動である。そこで安心を得たら、子どもはそこから離れて、好奇心に従う探索行動をとり、不安を感じたらまた戻る。この循環をサークルオブセキュリティーという。アタッチメントシステムの中で冒険と安心を自分で行き来しながら、興奮、緊張する方の交感神経と落ち着いて弛緩する方の副交感神経のバランスを取っている。養育者が安定していることでこのことは主体的に調整できる。ここで守ってもらうために選ばれた養育者がアタッチメント対象である。乳幼児期の、つまり人生最初期の精神発達は、このアタッチメント対象との関係性の中で育まれていく。

　アタッチメント対象の役割として、すぐに思い浮かぶのは衣食住など日常的なお世話と愛情を持った関わり、危険なものに対して制限をして、安全を確保することがある。そして、精神的な影響を考える時に重要なことは、子どもの感情表現に答える共感や慰めを通して感情の理解を深め、分化を促し、そのコントロールする力を伸ばすことである。自律神経系のコントロールは養育者との関係の中で育まれていくが、遊びを通しても育まれていく。つまり、子どもの遊びは安心の中での危険を作って、それをまとめていくといった自律神経系の調整を練習する役割がある。

　もう 1 つ大切なアタッチメント対象の役割は、あなたが誰なのか、私が誰なのか、私は愛される価値のある存在なのか、世の中がどうなっているのかが、このアタッチメント対象との関係をもとに作られる。これが内的ワーキングモデルである。そしてすべての体験がこのメガネを通して解釈されることになるのである。例えば、母親が 1 歳の子どもを知人の家に初めて連れて行くとする。子どもは知らない知人を見て、尻込みをする。あるいは泣き出すかもしれない。そうして母親にしがみつく。ところが、母親がその知人と仲良く話をして、笑いあったりしていると、その人が安全なのだと分かって、子どもも近寄って行ったりする。母親を通して安全を知ったのである。また、極端な例になるが、慢性的な病気の説明や治療がトラウマ体験となるかどうかに一番関係しているのが、親がその治療に不安を感じているかどうかだったという報告もある。この場合は恐ろしいということを親を通して知ったことになる。親が周りの人、世界に関して感じていることはストレートに子ども自身の感じ方となるのだ。さらに、アタッチメント対象がその子とどう関わったかが、その子が自分自身をどう考えるかに直接つながってくる。つまり、関わってもらえなかった子は自分が愛される価値のない人間だと感じ、アタッチメント対象から、怒ら

れて、暴力を振るわれたりしたら、自分は悪い子であると感じる。バランスのとれた見方というのは不可能であり、まず、親が絶対である。絶対的な親が暴力を振るっているのだから自分が悪いに違いないのだ。

　アタッチメントが不安定になると人との関係のあり方はどのようになるのだろうか。不安定型のアタッチメントとして以下の3つのタイプが指摘されていて、他人との関わり方を見る時に参考になる。

回避型：不安を抱えてアタッチメント行動に出ることで養育者から拒絶されたり、無視されたりすることを通して、養育者への働きかけを回避することを学ぶ。そのことで関係性が保たれてきたため、他人とのつながりをむしろ恐れるようになる。

両価型：養育者が自分の都合で関わってきて、子どもからの反応を求めたりするため、子どもが十分に安心を得て満たされるということはない。一貫性のない関わりからつながりを得るため、執拗な働きかけを行う。操作的といわれる。

無秩序型：アタッチメント行動に対して、暴言や暴力を受けてきたため、養育者が安心の対象であると同時に恐怖の対象となってしまう。つながりを求めながら避けるような、混乱した行動が見られる。

　ここでアタッチメントの問題による症状をまとめておく。

基本的信頼感：他者への信頼感は養育者からの注目を受けて、自身の欲求に応えてもらうことが繰り返されることで育まれてくるものである。その働きかけがなければ、他者への信頼は育ってこない。「他人は信用できない」という前提で物事を見ていくと、人間関係に困難をきたしやすく、人の中にあって気持ちの安らぐことがない。

感情の認知とコントロール：生理的反応を感情として理解するには、「悲しかったね」「腹が立ったね」「楽しいね」など、養育者に共感してもらって、その状態に名前をつけ、言葉として映し出してもらう必要がある。その経験が乏しいと感情は未分化なまま残ることになる。また、否定的な感情を慰められて落ち着いた体験がなければ、今自分はこういうことでこんな気持ちになっているんだ、でも、こうやって収まっていくんだという理解が作られてこないため、自分で感情をコントロールする力も育ってこない。そのため、感情は安定せず、変化が激しい。楽しい活動の最中でも、些細なきっかけで、怒りをあらわにし、肝癪を起すこともみられる。

社会性：自分と他人、社会に関する理解は養育者との関係の中で、育まれてくる。同調してもらうこと、体験を共有してもらうこと、共感してもらうこと、期待に応えてもらえ

ることを通して、意図を理解する力、共感する力、信頼が育まれていく。これらひとつひとつの体験が損なわれると、社会性の発達に困難がでてくる。他者との距離感がつかめなかったり、引きこもりがちで、周囲とあまり交流を持たないといった現れ方をすることもある。

<u>主体性</u>：自分が要求し、養育者の助けで、物事が予測通りに動き、それを認めてもらう経験をとおして、自己効力感や有能感を育てていくことが、主体性の基礎となる。養育者の意思に従うしかない経験の中では主体性は低下せざるを得ない。

　米国精神医学界による精神疾患の分類と診断の手引き第5版（DSM-5）の中には、不十分な養育の極端な形、つまり、子どもの世話をする人が頻繁に変わったり、身体的、情緒的欲求が無視され続けたりすることによって5歳以前に始まる著しく障害された、十分に発達していない対人関係として、2つのカテゴリーが取り上げられている。対人的相互反応の乏しい反応性アタッチメント障害と無分別な社交性を示す脱抑制型対人交流障害である。これらはアタッメント対象が存在しない、アタッチメント未成立な状態に当たる。しかしながら、前述したようにアタッチメント対象の役割は広範に及ぶため、この文脈で症状を理解し、対応の方向性を考えることが有用な子どもは少なくない。

---

5. トラウマ体験

　トラウマ体験とは個人の能力とその人間関係では対処できないような圧倒的な体験である。自然災害や交通事故、犯罪被害などのように単発の体験もあれば、子ども虐待のように日常生活の中で繰り返される体験もある。このような体験によって、自律神経系が防衛反応の状態にとどまり、その場で確信した「この世界は安全ではなく、自分が無力である」という否定的な世界観を持ち続けることになると、さまざまな心理的影響が見られることになる。

❶ トラウマ体験による症状

①再体験

　生命を脅かすほどの圧倒的体験はすでに終わっているのであるが、今ここにいても、些細なきっかけで、感覚や感情がトラウマ体験の場面に引き戻される。そのため、安全なは

ずの日常的な出来事や他人とのやり取りをトラウマ体験の一部として経験していることも
ある。それは周りから見れば、場にふさわしくない反応であったり、攻撃的な行動になる
かもしれない。

②感情面

　安全であるはずの場所での突然の予期できない体験であるため、強い不安、恐怖感をい
だき、それが持続する。また、対処の範囲を超えていたことから、無力感を感じ続ける。
失ったものやその理不尽さゆえに、悲しみや怒りの感情を長く持ち続ける。心はその体験
にとどまった状態となるため、感情を自分自身で治めていくことや、調節が困難となる。
そのため、些細と思われる出来事に反応して、怒りを爆発させるなど、感情が突然変化す
ることもある。感情が耐えられないほど強い場合にはその感情を切り離すことになり、周
囲からはなにも感じていないように見えたり、表面的には状況に不似合いな落ち着きを見
せていることもある。

③認知面

不信感：安全な日常の中で突然体験された出来事であったり、自分にとって大切な人から
　　の被害であったりすることから、この世界は危険であり、他人は自分に対して、危害を
　　加えるものであると思い込んでしまう。
無力感：起こった出来事に対して何もできなかった自分は無力であり、世界に対して何も
　　働きかける能力を持たないと考える。そのため、自己効力感を失い、意欲も低下する。
　　自尊感情が持てなくなる。
罪悪感：本来なぜ起こったのかに理由はないのであるが、自分が悪かったからと自己の責
　　任にしてしまうことがある。いくばくかのコントロール感を得るために、罪悪感を引き
　　受けるといえなくもない。明らかに虐待を受けて保護されながらも自分が悪かったから
　　という子どもは少なくない。
自己価値感の低下：無力感と罪悪感を感じ続けることで、「自分は大切にされるに値しな
　　い」とか「自分には生きる価値がない」といった極端な考えを持つに至ることもある。
　　このように自己評価は低下し、感情のコントロールの低下とあいまって、自傷行為や自
　　殺傾向も見られることがある。低下した自己評価に見合ったスケープゴート役を引き受
　　けることもある。

④行動面

回避：交通事故に遭った人が車を避けたり、雨に日に犯罪被害にあった人が雨に日の外出

を避けるなど、トラウマ体験を想起させるものを避ける。それは本来、危険を回避する学習であるはずだが、現実にそぐわない過剰な回避となる場合もあって、生活空間、人間関係、活動に大きな制限をきたすことになる。

<u>過覚醒、注意の転動、衝動性</u>：神経系が危機対応の状態にとどまっており、他人の表情や声の変化、ちょっとした物音など、些細な刺激から危険を感じ取ってしまう。周囲の環境にアンテナを張っている状態であり、一度危険を感じれば、逃避や攻撃に転じてしまう。深い考えを持たない危機対応の行動であるから、周囲には衝動的に映る。

<u>連続性の低下</u>：危機対応の状態では、その時その時の刺激に反応していくことしかできない。生活環境の中で、気まぐれな関わりがなされ、一貫した対応が取られてこなかったとすると、予測したり、次に備えることは困難である。つまり、一瞬を生きることに精一杯であり、自分のどのような行動がこの結果をもたらしたのかを考えたり、現在の行動がどのような結果をもたらすのかが考えられない。

<u>学習の障害</u>：無気力であったり、学習の場にあっても集中力を欠如しており、じっくり考えたり、知識を積み重ねていくという学習経験も欠如する。そのため学習に困難が見られることが少なくない。

❷ PTSD

　トラウマ体験の後、上述のトラウマ反応が長期間続いて見られる場合、心的外傷後ストレス障害（Post Traumatic Stress Disorder: PTSD）という。DSM-5 では、トラウマ体験暴露後の以下の4症状の持続が診断基準となっている。

①侵入症状

　出来事の苦痛な記憶が繰り返し、コントロールのつかない形で思い出されたり、関連する悪夢を見る。関連する何らかにきっかけで、心理的苦痛や生理的反応が引き起こされる。子どもでは体験に関連した遊びの繰り返しとして現れることもある。

②持続的回避

　出来事に関連する苦痛な記憶や考え、感情と、それを呼び起こすあらゆるもの、つまり、人、場所、活動、物を回避する。

③認知と気分の陰性の変化

　「私が悪い」「世界は危険だ」「他人は信用できない」などの否定的信念を持ち続ける。恐怖や怒りなどの陰性の感情が続き、幸せや愛情などの陽性の感情を持続的に持つことが

難しくなる。

④過覚醒症状

　周囲の些細な変化や刺激に過度に警戒したり、過剰に反応したりする状態になる。小さなもの音に驚いたり、絶えず落ち着かずそわそわしたり、イライラしていたりする。攻撃的になったり、自己破壊的になることもある。睡眠障害が認められることもある。

❸ 解離性障害

　トラウマ体験があまりに脅威的である場合、子どもが取れる対処法は限られており、否認すること、考えることの抑制、そして解離である。解離とは、体験の中の感覚、感情、記憶などを自分から分断してしまうという方法である。ストレスを受けるような環境下でも自分は遠い森の中にいたとか、自分の魂が抜け出て虐待されている自分を上から見ていたなどのエピソードを聞くことがある。また、出来事自体を全く覚えていないこともある。これらは自分を守ってきたメカニズムであるが、解離を使わざるを得ない状況が続き、些細なストレスや葛藤状況で解離が起きるようになると徐々に日常場面に一般化されるようになって、生活に困難をきたす。いつまでも自分の中にコントロールのつかない部分を持ち続けることになるためである。

- -

6. 喪失体験

- -

　ゆがんだアタッチメントであっても離婚や保護など養育者との分離は喪失体験となる。また、慣れ親しんだ環境からの変化も喪失と考えられ、子どもを不安定にさせる。不安や怒りなどの情緒的な反応が遷延することもあれば、離れた事実を受け入れられず、養育者が迎えに来ることを期待し続けていたり、養育者を理想化して、新しい人間関係を作っていくことに支障が出たりすることもある。

　子どもが喪失体験を乗り越えるためのサポートに参考になるのが、大切な人を亡くした時の悲嘆のプロセスにおいて取り組む必要のある課題である。ウォーデンは以下の４つを提案している。①喪失の事実を受容する。②心理的痛みを味わう。③新たな生活に踏み出しながら、故人との永続的なつながりを見出す。④故人のいない状況に心理的に適応する。しかるに、繰り返される離婚や保護など子どもの予測がつかないタイミングで、しかも分

かりにくい状況で喪失が体験される。なぜ保護されたのか理解していない子どももいる。親の居場所が分からない場合も少なくない。年月がたって、死を知ることもある。その間、悲しみを味わうサポートが与えられにくい。また、自分を虐待したり、虐待から守れなかった親が過去の自分にとってどのような存在であって、現在どのような存在なのか整理するのは困難な作業である。しかし、新しい生活に適応していくには、この親との関係を整理することが不可欠である。また、新たに慣れていくべき生活環境も安定しなければ、前に進むべき基盤が得にくい。つまりこれらの作業をするのに困難な状況におかれており、喪失体験が未完了のまま残されることになりがちである。

　ひとつひとつの喪失に対して、理解してもらうことを意識して説明し、悲しむことの大切さを知って、寄り添い、思い出にすることを助けるために話を聞き、前に進むことを考えて新しい生活を支援すること。そのひとつひとつが喪失のケアにつながることを理解したい。

7. 発達障害

　発達障害とは、発達期に人間の能力の1つの側面が、年齢相当に発達していないことで社会適応や学習に困難をきたす状態である。周囲の人の行動と反応を理解しながら自然に常識を身につけており、叱責すれば、しかるべき行動を取ってくれることを期待する通常の指導ではうまく伝わらないことが多い。叱責が繰り返され、低い評価を受け続けることで自尊感情が低下したり、無力感を抱いたりする。良い人間関係が築けず、他者への信頼感を失うこともある。良い適応状態の中でこそ健康的な発達が期待できるため、発達特性に合わせた対応が必要となる。困難のある領域によって以下のように分けられるが、もちろん相互に重なる場合もある。

知的能力障害：概念的、社会的、および実用的な領域、つまり全般的に知的機能の遅れがある。

自閉スペクトラム症：暗黙の了解を共有することが困難であるため、会話がかみ合わないなど、コミュニケーションに困難がある。そのため言葉を文字通りに解釈する形の誤解もある。こだわりが強く融通が利かない。急な予定の変更でパニックになる場合もある。エアタオルのあるトイレに入れないなど、感覚過敏の問題も見られる。例えば、先に出

した、朝小学校に登校して、教室でいきなり肩を叩かれた状況を考える。定型発達のお子さんであれば、おはようの挨拶だろうと思って、おはようを返すだろう。ところが、自閉スペクトラム症で感覚過敏があると、大きな力で殴られたような脅威を感じて、しかも、挨拶という意識が乏しく、ひどいことをしたその相手を殴ってしまうかもしれない。そこで、教室の先生が危ないと思って身体を抑えると、さらに恐怖を感じて暴れる。その結果、その先生を殴ってしまうかもしれない。周りから見ると、挨拶したらいきなり殴りかかってきたということになるかもしれないが、本人にとっては恐怖体験で、殴ったのは正当防衛である。なのに、きつく叱られることになり、謝罪を強要されることになるので、先生も敵だと思うことになる。つまり、もともと困難な対人関係が一気に悪化するのである。ここで大切なのは周りが本人の感じ方を理解することと本人が周りの意図を理解することだったのであるが、それが自然になされることは難しく、それぞれに相手のことを説明をする通訳者の存在が必要になる。

注意欠如多動症：注意の分配と行動のコントロールに困難がある。周囲の刺激に反応して、行動を起こすことに躊躇がない。次の行動に移った時にはこれまでやっていたことが意識からなくなる。1つの目標に対して計画性を持ってやり遂げることは難しい。次から次へと、やったことへの叱責をしているときりがなくなり怒られるだけのコミュニケーションとなってしまうため、短く肯定的な（「～しない」ではなく「～する」の形）の指示を与えて、できたところをすぐに認める働きかけを作っていくなど対応の工夫を要する。

特異的学習障害：知的な遅れがなく、概念の理解など良好であるのに読み、書き、算数など、特定の学習要素に困難がある。他児と同じ一般的な学習方法ではうまくいかないということであれば、代わりとなる有効な方法が許容されるよう環境を整える必要がある。

おわりに

　子どもの行動を理解する時に考えておく2つの可能性として、小児期逆境体験の影響と発達障害があることを見た。小児期逆境体験の影響で大切なことは、これが育ちの中で作られてきた症状であり、新たな育ちの中で回復し得るということ。発達障害に関して大切なことは、発達特性に合った対応をしていくことで適応は良くなるということである。落ち着きがなく注意が持続しないとか衝動的であることなど表面的にはこれら2つによる症状は似通っている。しかし、すでに見たように小児期逆境体験によるものは逃走闘争反応かシャットダウンが持続している状態として理解できるものであり、ADHDによるものは必要な注意を払い続けたり、衝動を抑制する力の発達的な困難であって、両者は異なるものである。小学校で肩を叩かれたことに反応して暴力を振るった例も、表面的にはどちらも些細なきっかけでの暴力であるが、成り立ちは異なる。実際にはこれらが重なって起

こることで複雑になっている場合も少なくないが、その場合であっても、これら2つの要因を考えて、それぞれに応じた対応の組み合わせが望まれる。

（舟橋敬一）

▶参考・引用文献────────────────────────────────

青木豊、松本英夫編著（2017）『乳幼児精神保健の基礎と実践──アセスメントと支援のためのガイドブック』岩崎学術出版社

ケイン，キャッシー・L、テレール，ステファン・J著、花丘ちぐさ、浅井咲子訳（2019）『レジリエンスを育む──ポリヴェーガル理論による発達性トラウマの治療』岩崎学術出版社

ブラウシュタイン，マーガレット・E、キニバーグ，クリスティン・M著、伊東ゆたか監訳（2018）『実践子どもと思春期のトラウマ治療──レジリエンスを育てるアタッチメント・調整・能力の枠組み』岩崎学術出版社

米国精神医学会著、髙橋三郎、大野裕監訳（2014）『DSM-5　精神疾患の診断・統計マニュアル』医学書院

Worden, J. William（2010）*Grief Counseling and Grief Therapy: A handbook for the mental health practitioner 4th ed.*, Springer Pub Co.

異性への関心

　皆さんは、お子さんと普段関わる中で、やっぱり男の子だなとか、女の子らしいなと感じることはあるだろうか。

　性別による好みや行動の違いは幼い頃から見られ、1歳半に満たない子どもであっても、男子はミニカーや短剣など男の子好みの、女子は人形や宝石類など女の子好みのおもちゃで遊ぶ時間が長いという（Todd et al., 2017）。また、3歳ぐらいからは、遊び相手に同性の子どもを選ぶ傾向が見られ、男子は比較的多くの男友だちと一緒に活動的に遊び、女子は親しい少人数の女の子友だちとおしゃべりを楽しむといった違いが見られる（Rose & Rudolph, 2006）。

　こうして男女により遊びや友だち選びが異なる傾向は、小学生でより強くなり、女子と仲良くしている男子は他の男子から敬遠され、逆もまた然りである。たとえ好きな異性の子がいて仲良くなりたいとしても、教室で何か事が起こると、同性の仲間に合わせなければならず、男子と女子で立場を分けた言い合いになりやすい。その意味では、小学生ぐらいまでの子どもたちは、お互いに反発する形で異性に関心を持っているといえる。皆さんも、自分が子どもだった頃を思い出していただければ覚えがあるかもしれない。

　中学生になっても、同性同士で友だちグループを形成しやすいのはそれほど変わらない（Maccoby, 1990；Rose & Rudolph, 2006）。一方で、第二次性徴を迎えるこの時期は、身体が大人びて性的に成熟し、異性に恋心を抱く子どもが多くなる。中学生の場合は、表面的な特徴で恋人を選ぶ傾向が強く、外見にこだわったり、自分の好きな子が友だちからどう評価されるかを気にするようなことがある。だが高校生になると、相性や親密さといった内面も重視するようになっていき、恋人を頼り、また頼られることで、互いの自尊感情を高める効果もあると報告されている（Collins, 2003）。

　日本性教育協会（2019）が、2017年に全国の中学生から大学生約1万3000人を対象に実施した調査によると、以下の図に示すように、中学生でデート経験があるのは男子が27.0％、女子が29.2％、高校生では男子が54.2％、女子が59.1％であった。彼らの親世代（40代）がその年齢だった1987年の値に比べてみると（男子：11.1％、女子：15.0％）、

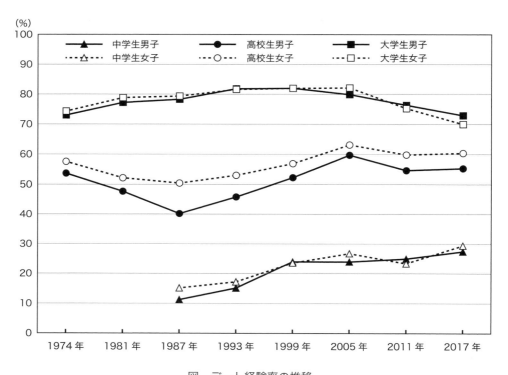

図　デート経験率の推移
出所：日本性教育協会（2019）より。

中高生ともに増えているのが分かる。

　思春期の恋愛は、親密な関係や精神的な成熟を促す機会になるばかりでなく、無責任な性行動につながることを否定できない。日本性教育協会（2019）の集計では、2017年に調査に参加した中学生男子の3.7％と女子の4.5％に、高校生男子の13.6％と女子の19.3％に性交経験がある。思春期の子どもの性交経験に関わる要因には、家庭での養育者との問題や学校への不適応、友だちグループからの影響などいくつかあり、女子の場合はとくに、身体的な成熟が早く、恋人が年上の場合に可能性が高まるようである（Halpern et al., 2007）。もし未成年で妊娠したら、社会的に未熟な立場で1人の尊い命に責任を持つことになり、親子ともに難しい状況に置かれることはいうまでもない。

　しかし、日本の性教育は、家庭も学校も諸外国に比べて遅れているとの報告（橋本他2011；堀部・渡邉2012）があり、実際に、全国の約9500名の中学2、3年生に行った調査（橋本他2011）からは、性知識の問題への平均正答率が男女ともに4割に満たず、とくに「射精」「月経周期」「排卵日」といった性機能と、避妊に関わる項目の正答率が2～3割台と低くなっていた。

　養育者の立場からすれば、家庭での性教育は気恥ずかしくてやりづらい。子どもにどこ

まで話すべきか分からないし、きっかけをつかめないこともあるだろう（堀部・渡邉 2012）。しかし、友だちやメディアから得る性に関する情報は、不確かで偏っている場合もあり、内容によっては子どもを不安にさせるものもある。多くの場合、子どもにとっては、恥ずかしさや悩みも含めて、無条件に安心して相談できる相手が養育者であることは間違いない。

　養育者としては、子どもがいつでも相談できるように、思春期になり反抗的な態度が目立っても、日々のコミュニケーションを図ることは大切である。また、性について話す時には、自分の当時の話をするほうが、大人目線で説教くさくなるより随分とましであろう。子どもにとって大事なのは、いつでも受け入れてくれること、そして自分と同じ立場から考えてくれることなのだから。

（酒井　厚）

文献

Collins, W. A. (2003) More than myth: The developmental significance of romantic relationships during adolescence. *Journal of research on adolescence*, 13(1), 1-24.

Halpern, C. T., Kaestle, C. E., & Hallfors, D. D. (2007) Perceived physical maturity, age of romantic partner, and adolescent risk behavior. *Prevention Science*, 8(1), 1-10.

橋本紀子、篠原久枝、田代美江子、鈴木幸子、広瀬裕子、池谷壽夫、艮香織、小宮明彦、渡部真奈美、茂木輝順、森岡真梨（2011）「日本の中学校における性教育の現状と課題」『教育学研究室紀要：「教育とジェンダー」研究』9, 3 ～ 20頁

堀部美穂、渡邉正樹（2012）「家庭における性教育の促進要因と抑制要因──札幌市における小学校6年生を持つ母親に対する調査結果より」『学校保健研究』53(6), 549 ～ 562頁

Maccoby, E. E. (1990) Gender and relationships: A developmental account. *American psychologist*, 45(4), 513.

日本性教育協会（2019）『「若者の性」白書──第8回 青少年の性行動全国調査報告』小学館、15頁

Rose, A. J., & Rudolph, K. D. (2006) A review of sex differences in peer relationship processes: potential trade-offs for the emotional and behavioral development of girls and boys. *Psychological bulletin*, 132(1), 98.

Todd, B. K., Barry, J. A., & Thommessen, S. A. (2017) Preferences for 'gender-typed' toys in boys and girls aged 9 to 32 months. *Infant and Child Development*, 26(3), e1986.

第II部

養育と家庭復帰の
プランニング

第 4 章

養育・支援プラン
（自立支援計画）作成の基本

Key Word

包括的アセスメント／統合的な情報把握／課題と強みの理解・解釈／養育支援方針の設定

1. 子ども・若者の自立支援のための養育・支援プランの目的と意義

❶「包括的アセスメント」に基づいた養育・支援プランの目的

　要保護児童や社会的養護を必要とする子どもの中には、心身にさまざまな症状を示す、あるいは問題とみなされるような行動をとる子どもが少なくない。子どもに関わる大人の多くは、そうした症状や問題行動を目の当たりにすると、すぐに改善させようとやっきになり、指示や注意、指導に走りがちである。しかし、そうした働きかけだけでは、なかなか改善されず、逆にそれらが子どもへのプレッシャーとなって、事態が悪化する場合も生じてしまう。

　症状や問題となる行動の背景には、その子ども特有の原因と、それが症状や行動となって表れるメカニズムが存在する。その原因やメカニズムを明らかにし、その改善に向けた支援を行わなければ根本解決には至らない。

　また症状や問題となる行動の中には、すぐには把握できないものもある。学校での暴言や暴力、学力の低下、不登校、非行などは、多くの目にも留まりやすいが、いじめ、性的被害、家庭内虐待などは重要な問題であるにもかかわらず、なかなか見えにくい。また子どもの不安や恐怖、うつ症状、解離症状なども、子どもに寄り添い、十分に留意しなければ見逃してしまう症状でもある。特に要保護児童や社会的養護を必要とする子どもたちは、過去に苛酷な養育環境を生き抜いてきたことによって、心身に重い課題を抱えている。そうした本質的な課題から生まれる症状や問題は多岐にわたり、極めて複雑である。まずはこのことを十分に認識しておかなければならない。

　一方で、どの子どもにも、生まれながらに持った能力、魅力、素質、さらには苛酷な環境の中であっても、培われた知恵や技術など、子ども自身を支える力を必ず兼ね備えている。支援者には、こうした子どもの強みにも目を向けて、子どもを肯定的に見つめる姿勢が重要で、症状や問題と強みの両面を含めた子どもの全体像をしっかりととらえることが重要である。

　子どもは多様であり、１人として同じ子どもはいない。支援者は、こうした多様性と個別性を踏まえて、関わる子どもの全体像をとらえ、理解し、子どもの回復と健全な育ちを支えるための具体的な支援（養育）方針を設定することが求められる。この作業を「包括的アセスメント」（見立て）と呼ぶ。つまり養育・支援プランを立てるということは、「包

括的アセスメント」の作業そのものとなる。

❷ 養育・支援プランの意義

　「包括的アセスメント」は、さらに以下のような意義を持つ。

①子どもの本来的ニーズに適ったものであること

　包括的アセスメントは子どもに適した養育・支援プランを設定するに止まらない次のような重要な意義を持つ。要保護児童や社会的養護ケースの多くは、実の家族から理解され、受け止められるという体験が圧倒的に乏しい子どもたちである。子どもたちは、自分が正しく理解され、受け止められることを心の底から希求している。包括的アセスメントを行うことは、**養育者や支援者が子どもを全人格的に理解し受け止めようとする行為である**。したがってこの行為自体が、子どもたちが求めている本来的ニーズに適った重要な行為となる。このことを十分に認識しておきたい。

②子どもへの説明の根拠となり、自身を理解していく過程となる

　養育・支援プランは、養育者が子どもに一方的に押し付けてはならない。なぜそのプランが必要であるかを、子どもや家族に説明し、コンセンサスを得ることが前提である。その説明の根拠となるものが包括的アセスメントである。さらに、養育・支援プランは子どもの願いや意見が反映されなくてはならない。このことは子どもの権利擁護の観点からも強く求められているが、さらには包括的アセスメントの作業への子ども自身の参加につながるものである。支援者と子どもが一緒に包括的アセスメントを行うことが可能になれば、それは子どもが自分自身を理解していく過程ともなり、重要な支援行為となりえるものとなる。

　また関係機関などに対して、なぜその養育・支援プランを設定したかを説明する際にも、その根拠として提示する中心となるものは、包括的アセスメントの内容となろう。

③チームアプローチに必須

　子どもには1人の養育者だけが関わるわけではない。保育士や教師、医療保健機関の職員、フォスタリング機関の支援者等さまざまな支援者が子どもに関わっており、養育者はこれらの支援者とチームを組んで養育にあたらなくてはならない。しかし、養育や支援者ごとで、子どもに対する理解や対応がばらばらであればチームとしての支援は成り立たない。そればかりか関わる人が増えるたびに混乱し、結果として子どもの症状や行動に振り回されて、養育が立ち行かなくなってしまう。**養育者を中心に支援チームとして「包括的**

アセスメント」を行うことで、チームはそれぞれの役割を担いながら、同じ方向を向いて統合されたものとなり、支援力は確実に向上する。さらにこうしたチームの一員であることで、各支援者は支えられている実感を得て、安心感と余裕を持って子どもに関わることが可能となる。

---

2. 養育・支援プラン策定の基盤となる「包括的アセスメント」の構成内容とプラン策定までの展開

　養育・支援プランの策定過程は、「包括的アセスメント」の展開そのものとなる。「包括的アセスメント」は、次の３つの柱で成り立つものである。

① 　総合的な情報の把握

② 　背景にある本質的な課題と強みの理解・解釈

③ 　養育・支援プラン（養育・支援方針）の設定

　包括的アセスメントの展開は、①総合的な情報の把握→②課題と強みの理解・解釈→③養育・支援方針の設定という流れが基本となる。つまりさまざまな情報を踏まえて、問題や症状の背景にある課題の理解や解釈を行い、理解・解釈を踏まえて、養育方針（支援方針）を設定するという流れである（図4-1）。

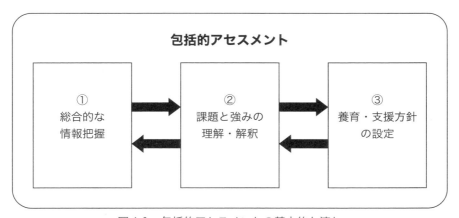

図4-1　包括的アセスメントの基本的な流れ

　実際は、総合的な情報把握から課題と強みの理解・解釈の検討に進んでも、そこで改めて把握したい情報があることに気付き、再度情報の確認や把握に戻ることは何度も生じ得

る。同じく、支援方針を検討する際にも、こうした課題を抱えているのではないかと、再び理解や解釈を検討し直すことになる。つまり、①から③を行きつ戻りつしながら、最終的に養育方針が設定されていく展開となる。

　実は、この展開は、養育者や支援者が子どもと関わっている時に、常に生じているものである。さまざまな場面での子どもの様子を目の当たりにすることで、そのつど新たな情報を得て、その意味を考え、その分理解を深めようとしているはずである。それを踏まえて、今の方針のままでよいのか、変更の必要はないか考え、悩むことさえあるはずである。こうした頭の中の動きを自覚することが重要である。「包括的アセスメント」はその段階での仮説に過ぎない。時間の経過とともに、情報も増え、より適切に理解し、より良い支援方針へと進化していくものである。初めに立てた養育・支援プランに頑なにこだわり、硬直化してしまったら子どものためにはならない。

　そのため最低でも、子どもと関わる最初の段階、関わり始めて数か月後、さらに半年後、1年後などには、養育・支援プランの見直しは必須となろう。その際は養育者だけでなく、子どもに関わる支援者が集まって検討することが有益である。**専門職も交えてチーム全体で検討すること**で、理解と方針はより的確なものとなる。こうした検討の場をケースカンファレンスと呼ぶ。

　ケースカンファレンスは、その時点での重要な情報を整理し、専門的理論や知見等をもとに、課題と強みを皆で検討しあい、新たな方針を見出していく場となる。カンファレンスは「包括的アセスメント」を濃密に展開させる場なのである。

3. 総合的な情報の把握

　ここからは「包括的アセスメント」の3つある各段階の内容について、まずは「総合的な情報の把握」から説明する。情報把握は包括的アセスメントの土台である。ケースに関するあらゆる情報が有益となるが、次の情報は基本としておさえておきたい情報となる。
　①子どもの状態像
　②家族の状況
　③子どもの生育歴
　④子どもと保護者の現状認識と願い
　⑤心理検査と医学的所見

以下、各項目について述べる。

❶ 子どもの状態像の把握

子どもの状態像は、身体的、心理的、社会的の３つの側面からとらえることが基本である。

身体的側面は、身体的発育の程度、身体的障害や疾病の有無など、身体に関係する情報を把握する側面である。

心理的側面は、記憶、思考、知識、概念形成、言語発達などの認知機能に関すること、情緒発達や精神症状など心的機能に関する情報を把握する。幼少期からの身体的虐待やネグレクトなどの不適切な環境は、アタッチメント形成不全や心的トラウマ等の課題を抱える。このことが認知・言語発達の遅れ、さまざまな精神症状、情緒・行動上の問題を生じさせている可能性がある。

社会的側面は、他者との関係性や年齢相応の社会性を把握する視点である。虐待やネグレクトなどによって、養育者との安定した関係が築かれずにきた子どもたちは、人との関係の築きにくさ、友人とのトラブル、集団不適応、社会的スキルの欠如などの問題が生じやすい傾向にある。一方、被虐待児の中には、保護者以外の人と安定した関係を築いてきた子どももいる。こうした過去の良好な対象関係を捉えることは重要で、その人物は、その後の子どもの支援にとって貴重な応援者となる可能性を持つ。

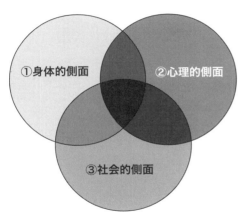

図4-2　状態像を捉える３つの側面

３つの側面は図4-2のように重なり合っている。基本的な生活習慣や子どもの表情や服装などは３つの側面のいずれにも関係している。虐待等の不適切な環境におかれてきた子どもたちの多くは、食事、睡眠、排せつ、衛生習慣、常識的感覚など、基本的な生活場面でさまざまな症状や問題を示している。これらに関する情報は、子どもを理解するうえで極めて重要である。

❷ 家族の状況

子どもにとって家族は、社会性の発達とともに、保育所、学校、地域社会へと広がっていく世界の一番中心にある生活の場である。ゆえに家族が子どもに及ぼす影響の大きさは計りしれない。したがって家族の状況を把握することは、子どもが示す問題や症状の背景

を検討するうえで必須となる。

　家族の状況については、以下の視点から把握することが有益である。

①**家族構造の把握と安定性**：ジェノグラムを描くことで、家族構成とその変遷が分かり、一貫し安定しているか不安定で流動的な家族構造かなどが読み取れてくる。

②**保護者を中心とした家族成員の特徴と家族関係**：保護者と家族成員の年齢、職業、障害や疾病、精神障害、アルコールなどの嗜癖、価値観、人柄などを把握することに加えて、支配服従の関係、DVの有無、家族間の冷たさなど家族関係の質を把握する。

③**生活環境、生活機能、生活文化**：居住地域の環境、経済状況、居住種別（持ち家、賃貸住宅など）と間取り、家族特有の生活文化、年齢相応の子育てやしつけの様子など把握する。さらに生活リズムや24時間の基本的生活の状況を家族と確認しあうことで、日常のどの時間帯や生活場面で問題が生じやすいかを検討することは、具体的な支援の手立てを検討するうえで、極めて役に立つ。

④**家族への支援者**：エコマップを描くことで、家族に関係ある人や機関とその関係性を把握する。

❸ 子どもと保護者の生育歴と生活歴

　人間は生物的にも心理的にも、そして社会的にも成長発達を積み上げた人生史の途上としてそこに存在している。それは、人やものなどとの関係性の歴史であり、出来事の積み重ねや体験の歴史でもある。**子どもの生育歴を把握することは、子どもを理解するうえで欠くことはできない作業となる。**さらに子どもの歴史は、保護者の歴史のうえに重なり合い、交叉するように展開している。ゆえに対象となっている子どもの生育歴のみならず、可能な限り保護者の生い立ちや生活歴の把握に努めることが重要となる。

　生育歴の把握は、胎児期、乳児期、幼児期前期、幼児期後期、学童期、思春期、青年期といった発達段階に応じた発達状況、疾病や受診歴、転居、疾病、死別、離婚、失業、疾病、犯罪など家族成員が遭遇したエピソードの経緯、不適切な養育、DV、親の精神疾患、離婚、いじめなどの慢性的なストレスや逆境状況、虐待、事故、災害被害、事件などトラウマチックなエピソード、保育所や学校での適応状況や対人関係の様子、精神症状や問題行動の発生と経過などを把握する。

　同時に子どもにとっての良い出会い、体験、思い出など、子どもの育ちを支えてきた要件についても把握することは重要である。こうした過去のよい体験を子どもと共有していくことは子どもを支える大きな力となる。

❹ 子どもと保護者の現状認識と願い

　子どもと家族が現状に対する認識と今後どうしてほしいか、どうなりたいかなどの願いを把握することは、支援を届けるうえで必須である。支援する者が、必要な手立てを提供しようとしても、それが当事者の要求や願いと食い違っていたら、子どもや家族はそれをすぐには受け入れられない。当事者の要求や願いを把握し、当事者に届く支援は何か、どうすれば届けることができるかを検討することが重要である。中には、現状を正しく認識できず、要求や願いを上手に表現できない子どもや保護者もいる。支援者は、言語化されない要求や願いに思いをはせ、真のニーズを汲み取るよう努めなければならない。

❺ 心理検査と医学的所見

　心理検査には、円城寺式発達検査、新版K式発達検査などの発達検査や、WISC-Ⅳなどの知能検査、ロールシャッハテスト、文章完成法、HTPなどの投影法検査、さらにトラウマ症状を評価するTSCC（Trauma Symptom Checklist for Children）、子どもの問題行動を評価するCBCL（Child Behavior Check List）、子どもの解離症状を評価する子どもの解離症状チェックリストCDC（The Child Dissociative Checklist）、子どもの不適切な性的行動を評価する子どもの性的行動インベントリーCSBI（Child Sexual Behavior Inventory）などの心理評定などがある

　こうした心理検査に加え、精神医学的診断やそれに伴う服薬内容などは、包括的アセスメントを行う際の重要な情報として位置づけられる。

　しかし検査結果や精神医学的診断は、その子どもの一部の特性や病状を理解するものであり、それだけでは全体像を理解したことにはならない。より多角的な情報からの包括的アセスメントによる全人的な子どもの理解のうえに養育・支援プランを構築することが重要となる。

4. 子どもの抱えた課題とケースの備えた強みの理解・解釈

　把握された発育の遅れやゆがみ、精神症状、不適応行動などの多岐にわたる症状や問題行動について、家族の状況、生育歴、心理検査、医学的所見などの情報に結び付けて、背景にある本質的な課題は何か、どのようなメカニズムで症状や問題が発生するのかを検討する。

　一方、対象となる子どもと家族は、課題だけではなく、必ずよいところも備えている。苛酷な環境を生き抜いてきた底力、健康的に育っている側面、ポジティブな考え方や姿勢、よき資質や能力、社会生活を送るうえで有益な知識や技術など、こうした肯定的な側面を把握し、それらの持つ意味を検討し、理解することは、極めて重要である。

　また過去から現在にいたる中で子どもを守り、健康的で肯定的な側面の育ちを支えてきた（いる）人や機関などの支援者の存在もケースの力として位置づけるべきである。これらの支援者を今の養育・支援に結びつけることで、支援体制がより強力となる。

　こうしたケースの備えた力を見出し、活用することは、子どもの課題の回復や生きる力の促進、家族の改善、親子関係の修復などをエンパワーすることにつながる。

❶ 本質的な課題の理解・解釈の視点

　把握された情報を総合し、それをもとに本質的な課題を検討することになる。その際には、次の3つの可能性を常に頭において検討するとよい。

①生来的あるいは長期的な障害や疾病など

　生まれながらに持った傷害や疾病、あるいは虐待などによって長期的に抱えざるを得ない疾病や障害を吟味する。ここには障害や疾病による身体機能の障害と知的障害や発達障害などの認知機能の障害がある。こうした疾病や障害などが明らかになった場合、それらを受け止め、日々の暮らしが無理のないよう、健康的な生活が送れるよう、子どもを取り巻く人的環境や物理的環境がどのような配慮をすべきか、あるいはリハビリ等の手立てをどのように行うかなどを検討する。

②過去の環境的要因によるもの

　過去の養育や生活環境が今の子どもの状態に影響しているとみる視点である。例えば、乳幼児期からの親の精神疾患、DV、アルコール依存などの目撃や虐待等の親子関係の問題によって、初期の発達課題である基本的信頼感の獲得とアタッチメント形成の阻害、虐待等による心的トラウマの問題、大人の不適切な生活習慣、暴力、性的行動モデルの取り入れ、重要な人との分離体験やさまざまな喪失による影響などを検討することになる。その際、心的発達理論や虐待等の逆境体験の影響に関する専門的知見を踏まえるべきである。独断的な理解や解釈を避けることが重要で、精神科医や心理職などの専門家に相談し、アドバイスを受けるか、共に検討することが有益である。

　過去に起因する課題が認められた場合、子どもに適した健康的な生活環境を新たに提供し、そこに治療教育的支援も組み入れて、過去の不適切な養育環境等からの影響を低減さ

せ、健康的な育ちや心身の機能回復を目指していくことになる。

③現在の環境によるもの

　子どもの問題行動や症状の背景には、現在進行形の何らかの状況が影響している場合がある。何らかの状況とは、生命の危機、基本的な人権の侵害、さまざまなストレス、他者からの強要や教唆による恐怖などさまざまである。例えば、不安げな表情の背景にある家庭内での養育者からの辛辣な対応、頻発化した盗みの背景にある仲間集団からの盗みの強要などである。虐待やいじめは最たるもので、生命の危機や深刻な心への侵害に関わる。こうした現在進行中の課題が認められれば、迅速に手立てを検討しなくてはならない。

　子どもたちは、多くの課題を抱えているがゆえに、保育所や学校などの家庭外の場では、他の児童と同じようにできずに、失敗を繰り返してしまう。そのたびに叱責を受け、非難され、やがてはいじめを受けた、ついには解除される可能性もありうる。これらは二次障害として新たな問題を子どもに抱えさせることになる。こうした状況も把握し、改善の手立てを投じて、二次障害を予防することは重要な取組みとなる。

❷ ケースが持つ力

　ケースが備えている力を、子ども、実家族、すでに支援をしている機関や人たちの３つの側面で検討する。

①子どもの力

・健康的に発達してきた、あるいは秀でた身体的側面、心理的側面、社会的側面、趣味、特技、能力。
・子どもが安心している、主体的でのびのびと遊んでいる、穏やかで落ち着いているなどの場面や状況はどこか。
・子どもの健康的な現実認識、将来を願う気持ち。
・子どもの育ちを支えたさまざまな出来事、良い思い出。

②家族（実親）の力

・健康的な、あるいは秀でた身体的側面、心理的側面、社会的側面、趣味、特技、能力。
・機能している家族機能（食事、掃除、衛生管理などの生活機能、就労状況、金銭管理、子育てなど）。
・家庭の中に安心できる場所があること、大切にしている家具やものがあることなど。
・社会に対する肯定的な認識や感情、子育てにプラスとなる考え方や価値観など。

・子どもに対する肯定的なまなざし、プラスに評価していることがあること、子どもの将来への現実的な願いなど。

・1日あるいは週の中で、日常生活は機能している時間帯や状況、家族が安心でき、穏やかに過ごせる時間帯や状況、家族がのびのびと活動できている時間帯や状況など。

・家族（実親）を支えてきた要件や状況、よき体験やよき思い出。

③すでにある支援

──**子どもに対して**──

・親族、友人、保育士や教師などの信頼できる支援者の存在（過去から現在）。

・ぬいぐるみ、お守り、ペットなど、自分を支えてくれた身の周りのもの。

・保育所、学校、地域などで自分が肯定され、のびのびと活動でき、充実感が得られる家庭以外の場。

・地域の支援サービスや相談機関など子どもを支えた機関や支援者。

──**家族**（実親に対して）──

・友人や親族、妊娠中に支えてくれた助産師など信頼できる支援者の存在（過去から現在）。

・思い出の品、お守り、ペットなど、自分を支えてくれた身の周りのもの。

・職場やサークルなど、自分が肯定され、安心と充実感が得られる家庭以外の居場所。

・信頼できる地域の支援サービスや相談機関。

　以上のケースの持つ力を把握し、なぜそのような力を得ることができたのかを検討することで、ケースのへの理解は格段に深まることとなる。

- -

5. 支援目標の設定と具体的な養育・支援プラン（自立支援計画）

- -

❶ 支援目標を設定し、養育・支援プランを設定する視点

　支援目標には3つのタイプがある。1つは、例えば心的トラウマの問題が理解されたら、それに対処し解決していくことが支援の目標となる。これは、本質的な課題の解決が支援目標となった1つの例である。2つ目は、理解されたケースの強みについて、それらを強化していくこと目標とするものである。

　課題や強みはケースによって異なり、かつ1つに限るものではない。子どもにとって必

要な複数かつ多様な支援目標が設定されることになる。

　以上2つは子ども応じて個別的な設定されるものだが、あらゆる子どもに共通する方針がある。それは養育者や支援者と子どもとの関係を構築することと、子どもが安心して生活でき、主体的にのびのびと過ごせる場を設定することである。このことは、すべての子どもの回復と育ちを支援していくうえで、必須の要件となる。

　さて、以上の支援目標は、養育や支援の目的や方向性を示したものである。その意味では重要であるが、養育者や支援者がその方針を達成するために何をすべきかを示してはいない。支援目標を達成するために、誰が何をするかの具体的なプランを設定する必要がある。複数の子どもが同じ支援目標であっても、それを達成するためのプランは、子どもの状態像によって異なるものとなる。例えば、4歳児で、アタッチメント問題を抱え、新たな養育者との間でアタッチメントを形成することを目標と定めた場合、ある子どもは絵本の読み聞かせが有効であっても、別の子どもはそうとは限らない。子どもの状態像を丁寧にとらえ、こどもの特性や嗜好などを十分に理解して、何が効果的かを検討しなくてはならない。こうした個別的理解とそれに応じた目標設定、そして子どもに適した具体的なプランに則って養育・支援をしていくことが個別的養育の本質である。

❷ 養育・支援プラン設定の実際：Bの事例

　表4-1の事例は、4歳1か月で里親委託となった男児Bの事例である。委託後1か月までの様子と委託にいたるまでの母子の生活歴の概要を記したものである。

表4-1　里親委託後1か月までの様子と委託にいたるまでの母子の生活歴の概要

里親委託後1か月までの様子
里親に委託されて2か月が過ぎた4歳3か月の男児B。身長、体重とも同年齢児平均を下回っている。身体は柔らかく乳児のよう。平熱が35度前半で低く、血行が悪いのか青白い顔色をしている。表情が乏しく、集団活動に積極的に取り組もうとしない。食事は夢中になって何でも食べるが、よく噛まずに、むさぼり食べるといった様子。箸は上手には持てないがスプーンやフォークは使える。おむつがまだ取れておらず、トイレに間に合わなくて失敗する時もある。お風呂に入る時、シャワーを見たとたんに立ちすくみしばらく動かなくなった。いまでもお風呂は里母とは入りたがらない。しかし先週から里父とは一緒に入った。言葉は遅れており、会話も活発ではない。里母に抱っこを求めることが多い。漫画のキャラクターや流行りの玩具など、この年齢の男児が興味の持てそうなことは関心がないよう。車の絵を描くことは好きで、描き始めれば熱心に描き、上手である。一時保護された時にとった発達検査は田中ビネーでIQ75だった。翌月から保育所に通う予定。

委託までの母子の生活歴とジェノグラム
実母は母子家庭で育った。祖母は飲酒ぐせが悪く実母に愚痴を言っては当たっていた。実母は中学2年ごろから、祖母に対する反発、家出や喫煙などの問題がはじまる。高2で高校を中退。家出をし、知人宅を転々としながらアルバイトをする。19歳の時、居酒屋のアルバイト先で出会った実父と交際。20歳の時、妊娠が分かると実父が逃げるように別れる。未受診のまま妊娠36週で飛び込み出産。保健師が定期的に訪問していたが、Bに対する関わりが薄いことが心配されていた。Bは2歳からE保育所に通うが、ときどき母親の体調が悪いことを理由に休むことが多かった。このころから継父と交

際し、結婚するが、その後すぐに母親に暴力を振るうようになり、3歳7か月の時にDVが理由で離婚し、再び母子家庭となる。母親は十分な養育ができず、この頃から不眠を理由に精神科クリニックに通うようになる。母親には女性の友人Kがいて、ときどき遊びに来ては相談に乗ってくれたり、Bの遊び相手にもなってくれたという。Bが4歳になって保育園を休むことが増えたため、保育所が児相に通報し、児相が家庭訪問すると家の中はごみ屋敷で、Bも痩せていて、顔にあざがあった。実母に尋ねると、言うことを聞かないからお風呂でたたいたと話した。そのため母親の同意を得てBを一時保護することとした。実母は「食事も作りたくない。トイレのしつけもイライラするし、今は育てる自信がない」と語り、養育里親に委託することを了承し、里親委託となった。

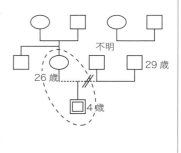

　Bの委託を受けるにあたって、児童相談所と里親とでBの抱えた課題や強みを話し合った。Bについては、出産当初から十分な養育を受けておらず母親との関係が希薄で、アタッチメント形成に課題を抱えていること、生来的な発達障害（知的な遅れや自閉的な傾向）の可能性もあるが、アタッチメントの基盤が弱く、主体的な探索行動の欠如の影響が大きいのではないか、厳しく叱責されるなどの恐怖体験が心的トラウマとなっている可能性があることなどを確認しあった。そのうえで、まずは里親家庭の生活リズムになれること、そのうえで1か月後をめどに保育所に通園することとした。

　そこで1か月経過した現在、里父、里母、児童相談所（フォスタリング機関）のソーシャルワーカーと児童心理司、市町村子育てサービス部門ソーシャルワーカー、通園予定の保育所の主任保育士と園長とでカンファレンスを開き、Bについての「包括的アセスメント」を行い、今後の養育・支援プランを設定することとした。

　Bの抱えた課題の解決及び強みの強化に向け設定して具体的な養育・支援プランを表4-2に示す。

表4-2　Bの支援目標と養育・支援プラン

	Bの養育・支援目標	2か月間の具体的な養育・支援プラン
共通の課題	子どもとの関係構築	・里母を中心に、Bが求める抱っこ、就寝時の添い寝、お絵描きを継続すること。 ・保育所では担当保育士を中心に、抱っこ、午睡時の寄り添い、一緒に絵を描くなどを通して関係をつくる。
	子どもの居場所つくり	・保育所で安心して過ごせるよう、通園の初めの段階で、Bにとって不安や恐怖、混乱につながる場面や状況がないか丁寧に観察する。 ・里親も保育士も、できないことを決して強く叱らないこと。できたことは大いにほめること。 ・里親のレスパイトと、Bのもう1つの居場所つくりのために、近くの児童養護施設のショートステイの活用を検討する。
障害や疾病	体調管理 低身長、低体重の回復を含めて	・保育所で週に1回身長体重を測定し経過を見る。
	知的障害、発達障害の可能性を踏まえた確認	・次回のカンファレンス（2か月後に設定）までに保育所での活動に乗れるものと困難なものを把握する。

		・保育所での言語発達について注意深く観察する。 ・保育所での生活に慣れ、安定したら、療育センターに相談してみる。
過去の環境的要因	心的発達の回復 ・里親や保育士がアタッチメントの対象になること ・安全基地を基盤として安心して探索行動ができるようになること（遊べること） ・心地よい、楽しい、嬉しいなど肯定的な体験を里親や保育士が共有し、言葉を添えること	―市町村として― ・保育所に巡回訪問している市の保育カウンセラーに、Bについて、保育士と里親が相談できる体制をつくる。 ―里親として― ・旅行や遊びに出かけることは今のところは控え、日常生活に慣れ、一貫し安定した生活リズムをつくる。 ・お絵描きの時など、Bが楽しんでいるような場面に寄り添い、会話を楽しむ。 ・Bが困った時に、里親に助けを求めてきたら確実に応答すること。 ・トイレットトレーニングについては、小児用おまるから始める。前日の様子を翌日の登園時に担当保育士に伝えること。 ―保育所として― ・午後の自由時間には、土いじりやお絵かきなどをフリーの保育士が共にする。 ・食事の時は担当保育士が隣にいて、食事を味わい楽しい食事になるように言葉かけや雰囲気づくりに努める。指導的な関わりにならないこと。・基本的な生活習慣については、まずトイレットトレーニングに時間をかけて行う。叱らないこと。 ・紙芝居やお歌などの集団活動場面では、フリーの保育士ができるだけ隣にいてサポートすること。
	心的トラウマへの対応 ・トイレと浴室は、トラウマを想起させる可能性が高い ・特に里母との入浴は、実母との怖い場面を思い出してしまうので配慮する ・保育所ではシャワーを使用する時に注意する	・保育カウンセラーの巡回相談を活用し、Bについて継続的に相談する。 ―里親として― ・お風呂は、里父と入ることとし、しばらくは里母は一緒に入らない。 ―保育所として― ・シャワーを使う時は、十分な配慮が必要。シャワーを使わずに体を濡れタオルで拭くか、水を保育士の腕にまずかけて、安全であることを確認させてからゆっくりかけるなど試みる。嫌がったらタオルで拭くだけに止める。 ・午睡の時は、担当保育士が添い寝をする。 ・この他にもおびえるような場面はないか、行動を観察し、把握する。
	喪失の補償 ・家においてきたものはないか ・母親との分離体験への補償 ・母親との親子関係再構築（別途プランを立てる）	―児相（フォスタリング機関）として― ・児相のソーシャルワーカーが実母と定期的に面接を行い、Bとの面談をどのように行っていくか実母と話し合う。実母との関係を切らないこと。 ・Bが大切にしていたぬいぐるみやおもちゃが家にないか確認し、Bの元に届ける。 ・3歳までの写真がないか確認し、先々は委託後の写真とあわせて、育ちのアルバムができるよう準備しておく。 ―里親として― ・里親は、実母にBの様子を定期的に伝え、実母の問い合わせがあった場合、確実に応えること。
	二次障害の予防	―保育所として― ・できないことがあっても叱りつけない。 ・他の子どもたちからの非難や攻撃的な言動があれば、注意する。 ・よいところを見出し、評価すること。
現在の環境	トイレや浴室への恐怖心の低減、消失	・心的トラウマの対応に記載。
	集団活動場面で予想される混乱回避	―保育所として― ・ごっこ遊びやルール遊びなど、子ども同士のやり取りが多い集団活動には無理に誘わない。1人でいることを認める。

子どもの力	Bが大人を求める気持ちがあること	・里親や保育士を求める気持は、非常に重要であることを認識すること。 ・求めには必ず応答すること。ただし、べったりしすぎずに、抱え込まないこと。
	車の絵を描くことが好き	—保育所として— ・絵を描く場面を大切に育む。 —里親として— ・近所のお絵描き教室に連れて行って、Bに合うかどうか試してみる。
すでにある支援	友人K？	—児相として— ・友人Kについて実母に確認する。 —里親として— ・Bに友人Kとの思い出などを尋ねてみる。

6. 養育・支援プランの評価と見直し

　養育・支援プランに則って養育・支援が開始される、支援が進むとともに、新たに気付く子どもの状態や家族や関係機関から届けられる情報などが累積されていく。また子どもの状態は一定ではなく、回復や成長によって変化していく。一定の期間が過ぎると、それらの情報を整理して、ケースの理解を見直し、今後の支援方針や手立てを修正する必要が必ず生じる。

　2節で述べたように、包括的アセスメントによる子ども理解は、その段階での仮説である。ゆえに子どもと関わり始めて数か月後、さらに半年後、1年後などには、養育・支援プランの見直しを行うべきである。

　養育・支援の評価を行うためには、それまでの養育・支援の経過が重要な情報となる。経過をまとめるためには、子どもと家族の変化や支援の内容などの日常の記録が必須となる。その意味からも、記録を残すことを重要な責務として認識しておかなければならない。また養育・支援の評価は支援チームによるカンファレンスを通して行うことが有意義かつ効果的である。

　検討する点は、以下のことが中心となる。

・**新たな情報の整理と共有**：支援の経過、子どもの変化、新たに把握された情報など。

・**子どもと家族に関する理解の深化**：それまでの理解と異なる点、新たな課題理解など。

・**既存の支援方針と手立てについての評価**：養育・支援プランの効果の確認と評価。

・**方針の見直し**：理解の深化に基づいて方針の変更や新たな方針を設定する。

・**養育・支援プランの見直し**：新たに設定された方針を達成するための手立てを検討する。これまでのプランの継続、取りやめ、修正に加え、新たに必要なプランを設定する。

・**役割分担の明確化**：養育者の養育・支援プランと、児童相談所等のフォスタリング機関、学校、保育所、医療機関等、それぞれが担う支援プランの明確化を行う。

　養育者に加え、さまざまな支援者が、さまざまな場面でケースに関わっている。それぞれの支援者が新たな情報や気づきを蓄積していくため、それらを合わせる必要がある。また多角的な情報を総合させることで、ケースの理解はより深まり、適切なものとなっていくのである。

（増沢 高）

▶参考・引用文献────────────────────────────
厚生労働省（2018）「子ども・若者ケアプラン（自立支援計画）ガイドライン」みずほ情報総研
増沢高（2018）『ワークで学ぶ子ども家庭支援の包括的アセスメント──要保護・要支援・社会的養護児童の適切な支援のために』明石書店

子どもが自分で目標を立てる意義

　「ゲームばっかりやってて、宿題はやったの？」と親が話しかけると、「今やろうと思ってたのに…」と子どもが返事をする。比較的よく見かける親子のコミュニケーションパターンではないだろうか。このコミュニケーションパターン、もし、子どもが「宿題が終わった後にゲームをやる」と、自ら目標を立てて行動したならば、親子双方のストレスが減るかもしれない。では、子どもが自分で目標を立てて行動できるようになるために、大人は何ができるのだろうか。

　子どもに関わる大人たちができることは、それほど大変なことではない。日々の生活の中で、子どもが本来持っている「主体性」を発揮しやすい環境をつくることである。

　「主体性」とは、自分の意志・判断によって、自らが責任を持って行動する態度のことである。また、「主体性」がある人とは、状況に応じて自分がすべきことが何なのかを考え、行動できる人を意味している。

　では、子どもの「主体性」が発揮しやくすなる環境をつくるとはどうすればよいのか、冒頭の親子コミュニケーションパターンの改善を目指した取り組み例について紹介する（「社会性と情動の学習プログラム＊」の技法を使用）。

①環境設定：親子でゲームをする時のルールについて話し合う時間を持つ。
②ブレーンストーミング：親子それぞれが考えている解決方法についてアイデアを出し合う。どんなに無理そうな提案であったとしてもお互いにまずは否定せずに聞く。
③目標設定：実際にやれそうな方法を子ども自身が１つ選択する。
④実践：まずは１週間、③で決めた方法を実践する。
⑤点検：１週間後に「やってみてどうだったか」について親子で話し合う。親子双方にとって「よかった」ことは続け、どちらかにとって「よくなかったな」「かえたほうがいいな」と思うルールについては改めて①からやり直してみる。

　このように①から⑤のループを生活のさまざまな場面に取り入れることで、子どもは自

分の意見が尊重されることを繰り返し体験する。子どもたちは、日々、小さな成功・失敗体験を通して、自分で目標を設定することの面白さや責任の重さなどを学んでいくのである。

　子どもはそもそも誕生した時から「主体的」な存在であることから、幼い頃から身近な人たちとの豊かなコミュニケーションを通して、さらに「主体性」がはぐくまれていることが望まれる。しかし、それが難しい場合もある。そのような場合も手遅れではない。学び直すことができる。それを教えてくれたある男の子がいる。

　彼は幼い頃から親の虐待を受け、人を信頼することができず、些細なことでイライラしてしまい、友達関係もうまく築けない状態にあった。中学1年で児童養護施設に入所することになり、入所当初は周囲とのいさかいが絶えなかった。しばらくして、施設内で定期的に実施されている社会性と情動の学習プログラム*に参加するようになると、その活動の中で、自分の気持ちや相手の気持ちに気づくことができるようになっていった。続いて、嫌な気分になった時にはその原因について落ち着いて考えてみること、何か問題に遭遇した時には、「自分はどうしたいのか」考えること、さらに、怒りの感情とうまく付きあっていく方法をゆっくりと学んだ。その学びを通して、瞬間的な感情に流されることなく、自分で目標を設定し、行動を調整することができるようになった。彼自身、「前はイライラしたら1人でいるほうがいいやって思ってたけど、今は、友達と遊ぶほうがいいかも」「イライラしたら深呼吸するとか、今日の夕飯は何かなって楽しみなことを考えるとか、落ち着く方法があるんだって分かったから」と話していた。このように、「主体性」は、周囲の人間の働きかけ方の工夫によって学習することも可能なのである。

　最後にあらためて、子どもが自分で目標を立てることの意義について考えてみたい。

　子どもが自分で目標を立てることができるということは、自分の意志・判断によって、自らが責任を持って行動できる人（主体的な人）として成長している証である。「主体性」が身についていると、もし、生きていくうえで困難な状況に遭遇した場合にも、「もうだめだ」「誰も助けてくれない」と投げやりになりすぎることなく、「何ができそうか」「どうやったらうまくいくか」と自ら考え、世の中に働きかけていくことができるのではない

だろうか。

　つまり、"子どもが自分で目標を立てる力"をはぐくむということは、子どもの"生きる力"をはぐくむことにつながっているものと言えるだろう。

＊社会性と情動の学習（Social and Emotional Learning：SELと呼ばれている）。近年、世界各国で取り組まれるようになってきている活動であり、特定のプログラムの名称ではなく、約80種類のプログラムの総称である。CASEL（Collaborative to Advance Social and Emotional Learning）という団体がSELプログラムをとりまとめ、各プログラムの効果検証結果についてHP（https://casel.org/）で公開している。SELプログラムの共通するねらいは、5つの基礎的な社会能力（自己への気づき・他者への気づき・セルフコントロール・対人関係調整力・責任ある意思決定）である。この5つの基本的な社会的能力が、3つの応用的な社会的技能（生活上の問題防止スキル・人生の重要事態に対処する能力・積極的/貢献的な奉仕活動）を支えていると位置づけている。
　日本においても数多くの優れたSELプログラムが実践されており、例えば、「セカンドステップ」（NPO法人日本こどものための委員会http://www.cfc-j.org/secondstep/about）は、300を超える学校や保育園、児童養護施設などで実施され、効果を上げている。

（眞榮城和美）

第 **5** 章

家庭支援プラン
（家庭復帰計画）の
作成の基本

Key Word
親子関係再構築支援／実家庭への復帰支援／段階的実親子の交流／実親子関係への働きかけ

はじめに

　家庭養護の拡大を目指す方向性を社会で共有して、必要な支援を創り出す取り組みが進められている。家庭養護拡大のためには、里親やファミリーホームへの委託を大幅に増やすことが必要であるが、今までと同様の手法のみを継続していても委託率を向上させることが難しく、大きな発想の転換が求められている。その1つとして、実家庭への復帰を想定したうえでの委託事例を増やしていくことがあげられる。

　しかし、現状では里親からの実家庭への復帰事例自体が多いとはいえない。そのため、限られた情報の中から、復帰につながる要因や、あるいは復帰を難しくしている課題を整理することから始める必要がある。もちろん、子どもと実家庭の関係性のあり方は、状況に応じていくつかのレベルで考えられるべきであり、実家庭に復帰することがすべてではないだろう。そのため近年では、「親子関係再構築支援」という概念による取り組みが進められている。その際の子どもと実家庭との関係修復は、幅広い視点で検討されることとなる。

　本稿では、まず里親から実家庭への復帰に関する実態を報告することから始めたい。そのうえで、実家庭への復帰のためにはどのような支援の形態があるのか、支援の実現に向けてどのように計画を立て、いかなる支援をすれば復帰事例を増やしていくことができるのかを考えてみたい。

1. 里親から実家庭への復帰の現状

❶ 全国調査に見る実家庭への復帰の実態

　里親から実家庭への復帰がなされた事例は、どのくらいあるのだろうか。まずは、筆者が参加した厚生労働省による全国調査の結果◆1を紹介したい。

　この調査では、全国の児童相談所において、2018年10月から2019年3月の間で里親への委託が解除（措置変更を除く）された事例と、2019年3月31日で里親委託が継続している事例を対象に、親子関係再構築支援に関する取り組みの内容を検討している。収集された事例は全部で2313件であり、そのうち委託が解除されたのは240事例（全体の10.4%）であった◆2。

　委託されている子どもに対しては、実家庭との関係をどのように進めていくかの支援目標を設定して関わることが必要であり、その形態は一様ではない。厚生労働省による親子

関係再構築支援に関するガイドライン[3]では大きく６つのカテゴリーに分けられており、上記の全国調査ではそのうちの３つのカテゴリーを活用して分類した（表5-1）。具体的には、実家庭への復帰を目指すカテゴリーA、実家庭とは適切な距離を置いた交流を継続するカテゴリーB、実家庭との直接的な関わりは持たないカテゴリーCである。

表5-1　親子関係再構築支援の目標による分類

A	親の養育行動と親子関係の改善を図り、家庭に復帰する。
B	家庭復帰が困難な場合は、一定の距離をとった交流を続けながら、納得しお互いを受け入れ認めあう親子関係を構築する。
C	現実の親子の交流が望ましくない場合あるいは親子の交流がない場合は、生い立ちや親との関係の心の整理をしつつ、永続的な養育の場の提供を行う。

表5-2は、児童相談所が、里親への委託が解除された子どもにどのような支援目標を用意し、その後どうなったかをまとめたものである。これを見ると、委託措置が解除された子どもの内で実家庭への復帰を支援目標（カテゴリーA）としたのは81事例（33.8%）であり、そのうちの73事例（90.1%）が実現していた。また、他の支援目標（カテゴリーBやC、不明）も含めると、委託措置が解除された子どもの79事例（32.9%）が実家庭に復帰している。しかし、この事例数は、里親への委託が継続している子どもも合わせた全体で見ると3.3%であり、実家庭への復帰がいかに少ないかが分かるだろう。

表5-2　里親から委託が解除された後の子どもの援助方針と実際の内訳

2019年3月31日時点での措置解除／継続の状況			委託解除の判断に至った援助方針の決定時点（「措置継続」の場合は2019年3月31日時点）での家族再統合支援の目標			措置解除後の状況									
						家庭復帰		自立		その他		不明		計	
措置解除	240	10.4%	A	81	33.8%	73	90.1%	2	2.5%	5	6.2%	1	1.2%	81	100%
			B	51	21.3%	4	7.8%	26	51.0%	21	41.2%	0	0.0%	51	100%
			C	98	40.8%	1	1.0%	37	37.8%	59	60.2%	1	1.0%	98	100%
			不明	10	4.2%	1		4		4		1		10	
			計	240	100%	79	32.9%	69	28.8%	89	37.1%	3	1.3%	240	100%
措置継続	2060	89.1%	A	259	12.6%										
			B	563	27.3%										
			C	1095	53.2%										
			不明	143	6.9%										
			計	2060	100%										
不明	13	0.6%													
計	2313	100%													

＊その他の具体的内容は、親族等による引き取り、里親宅での生活継続、養子縁組等である。

出所：厚生労働省子ども家庭局2019年度先駆的ケア策定・検証調査事業『里親養育における親子関係調整及び家族再統合支援のあり方に関する調査研究』報告書（2020年3月政策基礎研究所）、8頁

❷ 実家庭への復帰が進まない背景

　一方、カテゴリーC（実家庭との直接的な関わりは持たない）に注目して見ると（表5-2）、委託が解除された事例では4割、委託が継続している事例では半数を超えている。また、委託が継続している事例の中では、カテゴリーCとカテゴリーB（適切な距離を置いた交流を継続する）を合わせて9割に上り、親子関係再構築支援の目標が実家庭への復帰を想定しない状況が多いことを示している。

　この背景には、実家庭への復帰を目標としている場合に、例えば施設環境であれば多様なスタッフが関与して進めやすいため、施設での養育を優先する傾向があったと考えられる。また、家庭復帰を実親が希望している事例では、実親からの里親委託同意が得にくいことも背景にあると思われる。こうした課題を克服して、里親・ファミリーホームからの家庭復帰支援を効果的に行っていく方策を探ることが、これからの家庭養護に求められているといえよう。

2. 親子関係再構築支援とは何か

❶ 「家族再統合」概念の広がり

　ここで、親子関係再構築支援について整理しておきたい。里親の養育のもとで育っている子どもが実家庭に復帰することを、かつては「家族再統合」という用語で表現していた。しかし、近年ではその含意するところの概念が広がり、実親子が一緒に暮らす見通しはないものの、実親子としての関係性を再調整して、実親子がそれぞれの生き方を考えるような支援までを含んで、家族再統合という言葉が使用されるようになっている。社会的養護を受ける子どもにとって、家庭に復帰することだけがゴールではない。保護者と共に暮らすことができなくとも、生い立ちの整理や一定の距離を置いた保護者との交流を続けることで、お互いを受け入れあう関係を目指す場合が多いのである。そうした幅広い支援を丁寧に行うことが、子どもの自立にとっては重要な意味を持つ。こうした概念の広がりを家族再統合という用語に含ませるのは混乱を招くため、「親子関係再構築支援」という言葉が使われるようになってきたと考えられる。

　厚生労働省のガイドラインにおける、親子関係再構築支援の定義を見ると、「子どもと親[4]がその相互の肯定的なつながりを主体的に回復すること」と書かれている。また、支援の目的として「子どもが自尊感情をもって生きていけるようになること、生まれてきて

よかったと自分が生きていることを肯定できるようになること」と記しており、子どもにとっての意義を重視した捉え方をしている。

❷ 親子関係再構築支援における３つの働きかけ

　親子関係再構築支援における働きかけの対象は、大きく３つに分けられる。１つ目は子ども、２つ目は実家庭の保護者・親族、３つ目は実親子関係である。児童相談所や関係機関はそれぞれを有機的につなげながら支援を構築していくこととなる。

　子どもに働きかける際に大切なのは、「子どもの回復」という視点からとらえることである。子どもはそれまでの不適切な養育環境の影響を受けたり、安心できる人の不在やあるいは信頼できる人との別離や喪失などのために、心理的な苦痛を感じていたりトラウマが残っていたりする場合がある。家庭養護の中で安心できる場を得ながら、そこでの人間関係を通して、自らへの否定的な認知を修正していくことができるとよい。そして、実親との交流を通して肯定的な関係を再構築したり、生い立ちの中で抱えてしまっている実親や自分に対する否定的な感情や考えを肯定的なものにする支援を受けるのである。そうして、実家庭との肯定的なつながりを取り戻すことで、「生まれてきてよかった」「自分は大切な存在」という気持ちを育むことが可能となる。このような取り組みを子どもの気持ちを尊重しながら、周りの大人がつながりあって進めていく必要がある。

　実家庭の保護者・親族への働きかけでは、家族が抱える複合的な困難を解消するために、地域の関係機関と協働した支援ができるとよい。そのために、関係機関は保護者との援助関係を構築していく努力をしなければならない。また、子どもの成長を保護者と共に共有し、保護者がそれを受け止めることができるように、心理教育的な働きかけも行っていく。保護者の精神的な安定や生活基盤の安定を図ったうえで、さまざまな保護者支援プログラムを活用することも有効であろう。さらには、親族からの協力を得る働きかけが保護者のサポート資源を広げることにつながる。これらの支援は、多くの支援者が家族の周りを取り囲むように手をつなぐことで進めていくことができる。

　実親子関係への働きかけでは、子どもと保護者との肯定的なつながりを構築することが大切となる。子どもと実親のそれぞれの状況を互いに伝え、両者の思いを共有し合えるとよい。里子の実親との交流は段階的に進められていくことになるが、交流は行きつ戻りつするものなので、そのつど子どもの心理的な影響を考えながら、交流の見直しをすることが大切である。実親子の交流による子どもへの心理的影響は関係機関でよく情報共有する必要があり、里親としても十分に子どもを観察して関係機関に伝えることが大切となる。また、里子と実親の関係には、焦りやジレンマが感じられることもあるため、里親としては、その気持ちに共感を示しながら、里子と実親が折り合いをつけていけるための支援を

粘り強く続けていくこととなる。

- -

3. 家庭養護における家庭復帰支援を進めるために

- -

❶ 家庭支援プランの作成と支援の留意点

　家庭復帰に向けた家庭支援プランは児童相談所が中心となって作成される。里親は子どもを預かる立場からその作成に関与して、児童相談所や支援機関に意見を伝えて協力していくこととなる。そこで、里親の協力が有意義なものであるために、プランがどのようなプロセスで作成され、実際の支援に結びついていくかを知ることが重要である。

　親子関係再構築支援の大枠の流れを図示したものが図5-1である。先述のＡＢＣのカテゴリーに従い、親子交流の可否を判断しながら、進めていくフロー図となっている。子どもへの支援はＡ〜Ｃすべてに行われる。親への支援と親子関係への支援はＡ・Ｂについて行われ、親子交流の可否判断で否となったＣでは子どもへの支援と永続的な養育の場での支援が行われる。家庭復帰の可能性判断で困難となったＢでは、適切な距離での交流支援を継続することとなる。支援の節々で支援プランを評価・見直しをして、子ども・家族の意向を確認しながら、それを踏まえて支援者皆で協議し、適切な進め方を判断して、支援方針を立てていくことになるのである。

　まず、子どもへの支援は、子どもが自己肯定感を培い前向きな気持ちで暮らしを継続できるように、里親としてサポートしていくことが求められる。子どもの状況に応じて、児童相談所の児童心理司が関与してカウンセリングを行ったり、児童福祉司や支援機関職員などがかかわって子どもの気持ちを整理したりすることが必要となる。里親は子どもに寄り添っている立場から子どもの状況を丁寧に観察し、子どもの気持ちを代弁するように努めることも大切となる。

　実家庭の養育環境や実親と子どもとの関係性の評価は児童相談所が中心となって行う。そのアセスメントに基づき、自立支援計画が作成されて、親子関係再構築支援がプラン化される。家庭復帰を目指す場合は、通常は、段階的に実親子の交流を進めていく。

　関係職員同席での面会から始まり、同席のない面会、外出、帰宅外泊とその段階は進められることが多い。そのつど、交流後の子どもの心理的な状態を把握して、子どもへの影響を評価することが大切となる。そのため、里親は交流後の子どもの様子を丁寧に観察して、児童相談所や支援機関に伝えることが求められる。仮に子どもが不安定になるような

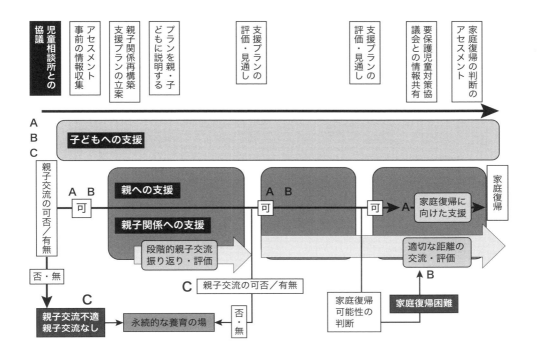

図5-1　分離となった家族に対する親子関係再構築支援プロセス
出所：厚生労働省『親子関係再構築支援実践ガイドブック』（2017年３月、社会的養護関係施設における親子関係再構築の
　　　実践手引きの調査・検討検討会、みずほ情報総研株式会社）、7頁

ことがあれば、交流を止めるとか、一段階前の交流形態に戻すといった判断が必要になる。
そのため、子どもの状態の評価を丁寧に行う必要がある。

　こうした交流の目的や進め方、そしてその後のゴールの見通しについては、子どもにも
丁寧に伝えられなければならない。里親もその点をよく理解して、関係機関と共に子ども
に説明することができる必要がある。

　一方、里親と児童相談所の間で、子どもの実家庭への復帰計画について認識の違いがあ
るなどして、里親が実親と子どもとの交流に不安を抱くことも少なくない。その場合には、
不安を児童相談所や里親支援機関に率直に伝えるべきである。

　支援プランは、交流の段階が進むつど、再評価して見直しをすることが必要である。ひ
とつひとつのステップの達成を子どもと共有しながら進めていきたい。必要があればプラ
ンの見直しが肝要であり、里親としても児童相談所や支援機関に見解を伝えられるように
しておく必要があろう。

　家庭復帰を判断する際には、客観的な評価を関係者で共有して適否を判断する。そのた
めに家庭復帰のアセスメントを実施している場合が多い。今後はその場に、里親が参加し
て意見を伝えることができるように検討する必要があるだろう。

子どもを中心に置き、その気持ちを尊重しながら、子ども・実親・里親の全員が納得できる支援を展開することが求められている。

❷ 実家庭への復帰につながる要因

それでは、里親から実家庭への復帰を支えているのはどのような要因なのであろうか。先に紹介した全国調査では、実家庭への復帰につながったと思われる要因も検討しているので考えてみたい。

実家庭への復帰を目標とするカテゴリーAの事例では、ほかのカテゴリーに比べて、委託期間の平均日数が短く、委託解除時の子どもの平均年齢が低かった。またカテゴリーAの事例は、図5-2に示すように、カテゴリーB（適切な距離を置いた交流を継続する）やC（実家庭との直接的な関わりは持たない）に比べて委託時点で実親が子どもの引き取りを希望している割合が高かった。このことから、まずは実親の引き取り希望が高いことが、実家庭への復帰につながる大きな要素であると言えるだろう。既述のように、当初から引き取りを希望している実親の場合は、里親委託に心理的抵抗感があり施設入所を選択する傾向があるため、引き取りを希望している事例での里親委託をどう進めるかという工夫が求められよう。その際に、家庭養護におけるアタッチメント形成が親子関係再構築にも有効であることを丁寧に伝えて、里親委託の意義を児童相談所が実親に伝えることが重要になると思われる。

さらに、里親委託中における子どもと実親との交流について見てみよう（図5-3）。カテゴリーAの事例がほかのカテゴリーに比べて、実親との面会や外出・外泊といった交流が多く、実親との交流の可能性が家庭復帰に大きく関連していることが分かる。

カテゴリーAの事例において、里子と実親と交流できる可能性が高い理由はいくつか考えられる。図5-4は、里親への委託が解除された子どもたちについて、カテゴリーAとその他の事例を比較しているが、例えば子どもが実親との交流を希望していることや、里

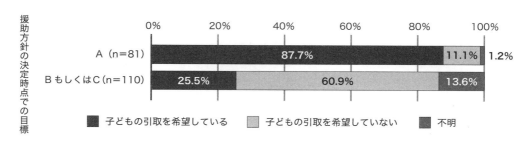

図5-2　委託解除時の援助方針別の実親の子どもの引き取り希望の有無
出所：厚生労働省子ども家庭局2019年度先駆的ケア策定・検証調査事業『里親養育における親子関係調整及び
家族再統合支援のあり方に関する調査研究』報告書（2020年3月政策基礎研究所）、13頁

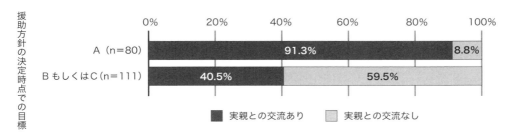

図5-3　委託解除時の援助方針別の実親との面会・外出・外泊の交流の有無

出所：厚生労働省子ども家庭局2019年度先駆的ケア策定・検証調査事業『里親養育における親子関係調整及び家族再統合支援のあり方に関する調査研究』報告書（2020年3月政策基礎研究所）、18頁

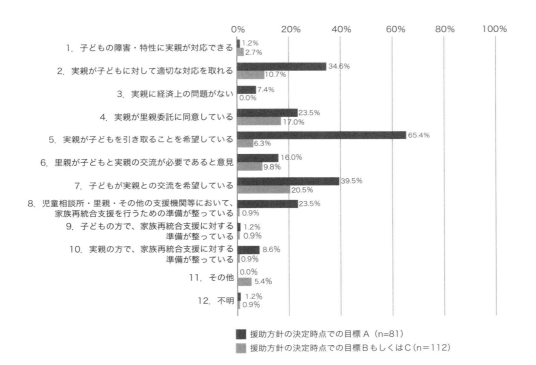

図5-4　措置解除時の援助方針別の実親との交流ありの理由

出所：厚生労働省子ども家庭局2019年度先駆的ケア策定・検証調査事業『里親養育における親子関係調整及び家族再統合支援のあり方に関する調査研究』報告書（2020年3月政策基礎研究所）、21頁

親が子どもと実親との交流が必要であると考えている比率が、カテゴリーAで高くなっていることが見て取れよう。

　このように、実親が子どもを引き取ることを希望しており、子どもが実親との交流を希望しており、実親が子どもに対して適切な対応を取ることができ、実親が里親委託に同意しており、関係機関が家庭復帰のための支援を行う準備があり、里親が子どもと実親との交流が必要だと認識している場合に、家庭復帰につながる可能性が高いことが想定される。

実親には、家庭養護を利用しながら家庭復帰を進めていくことのメリットを伝え、進め方についてもスケジュールと共に明確に伝えて理解を得ることが必要になる。

なお、家庭復帰につながった事例の中で、委託開始時点で子どもが実親との交流に不安を抱いていた事例が2割弱あった。子どもに対する丁寧な働きかけによって、家庭復帰が可能となる場合があることを認識して、関係機関と協力し合って働きかけることが必要であろう。

4. 里親と実親との関係性と支援の留意点

❶ 里親と実親の交流

里親と実親とが直接交流する事例は多くはない。通常は直接の交流を避けて、児童相談所など関係機関を介した情報のやりとりをすることとなる。ただ子どもは、里親と実親の両者に対する忠誠葛藤を抱えがちであり、里親が実親と良好な関係であれば、こうした子どもの葛藤を弱めながら実親との関係改善を進めることが可能となる。

例えば、乳児院から里親に措置変更されたある事例では、実母は行方不明になっていたが、その後に現れて面会交流を希望した。里親は実母と会うたびに、細やかに子どもの様子を伝え、実母の心配もしてくれた。実母は子どもが乳児院にいる時には面会に来なかったのだが、里親と会えたことによって変わり、月1回の面会には必ず来ている。

しかし、こうした支援はどの事例でも同様に進められるわけではない。里親と児童相談所は情報を共有しながら、実親が面会交流を望んでも約束を守れる状態にあるかなどを的確に評価し、適切ではない場合には里親との直接交流を見送る判断をすることも必要となる。

❷ 子どもと実親の面会における支援

子どもと実親の面会については、里親にかかる負担を考慮して、面会の時期だけではなく、面会の場所も慎重に検討して児童相談所が判断する。例えば、里親の自宅ではなく、子どもと実親と双方が使用可能で安心できる場所を選定して実施する場合が多い。児童相談所の面会室なども利用されるが、子どもがなじめないことが多いという指摘もある。

実親宅で面会交流を実施した事例では、里親が子どもを連れて実親の自宅へ訪問し、最初は里親、子ども、実親、フォスタリング機関、児童相談所というメンバーがそろって面

会を見守った。実親と子どもの関係性が少しついてきたら、里親に少しの間部屋から出てもらい、その時間を少しずつ延ばしていった。里親から実親に養育上のアドバイスも行っている。

　また、ある事例では、実親と里親子の交流の際にフォスタリング機関が同席し、お互いがママ友のような会話をしてもらえるように、フォスタリング機関が事務的なことを伝える役割分担をした。さらに、実親と里親で連絡ノートのやり取りをしてもらったところ、実母は徐々に日記のような書き方になり、子育てについての相談をするようになった。里親も丁寧に応じて交流が円滑に進んだ。

　里親と実親との交流場面では、実親が里親に頼りすぎたり、里親が実親の抱えている課題に振り回されてしまったりすることもある。そのため、里親と実親が直接交流する場合には、里親は関連機関の職員に間に入ってもらいながら、実親と適切な距離を保つ関係を築けるようにする必要がある。

5. 実家庭の養育環境の改善と地域ネットワーク

　家庭復帰を実現していくためには、実家庭の養育環境を改善していくことが求められる。実家庭はさまざまな生活課題を有し、子育てに行き詰まっていたわけであるから、そうした課題をひとつひとつ解消して、ゆとりを持って子育てができるような養育環境を構築していかなければならない。その課題は多方面にわたり、保護者の精神的な安定、生活困窮、就労の安定、親族との関係の修復などさまざまな支援が必要となる。こうした課題解消のためには、実家庭を地域の支援サービスにつなげて、家族機能が補完されることが必要である。

　実家庭への引き取り後の生活を考えた際にも、地域での継続的な支援によって、家族だけで頑張らなくても支えられるネットワークを形成しておくことが必要である。そのために要保護児童対策地域協議会を活用し、市区町村の地域子育て支援資源と実家庭とをつなげて、その支援関係を実家庭復帰後にも継続することが大切となる。

　このネットワークのメンバーとして里親・ファミリーホーム（以下、里親等と略記）を位置づけることも考えられる。地域関係機関による個別ケース検討会議に、里親等が参加することも検討すべきであろう。また、家庭復帰の前には、地域での個別ケース検討会議を開催して、引き取り後の課題を想定した支援体制を構築し、情報を関係機関で共有してお

くことが必要である。

おわりに

　家庭復帰に向けての支援プランは、児童相談所が中心となって作成される。里親はその作成と進行に協力する立場となる。しかし、委託されている子どもの状況は里親が最もよく把握しており、その情報は支援プランを作成・進行させるうえで重要である。里親は児童相談所や関係機関が何を目的に、どういうスケジュールで進めていこうとしているのかを、見通しを含めて十分に把握しておく必要がある。児童相談所等の説明が不十分だと感じる時には、具体的に分からないことを尋ねるようにしたい。

　援助プランは、子どもと保護者・里親等及び関係機関の理解を得て立てられる必要がある。状況の変化に応じてプランの修正も必要になってくる。修正は時期を逃さずになされなければならない。そのため、節々での関係者の会議が必要になってくる。この会議には、地域で家族を支援する機関も参加する必要がある。今後はこうした場への里親の参加も検討していくべきであろう。

　家庭復帰を進めていくことは簡単ではない。前に進んだり後退したりを繰り返す場合もあり、子どもや保護者・里親等の気持ちも揺れがちになる。関係者皆で囲むようにして、こうした揺れを支えていきたいものである。そうして里親もまた、このネットワークの一員として位置づくようでありたい。家庭養護を経た子どもたちが、里親に支えられながら家庭に復帰し、安定した生活を送ることができるように、支援の取り組みが進むことを願っている。

（川松　亮）

▶注―――――――――――――――――――――――――――――――――――――

1　厚生労働省子ども家庭局が実施した2019年度先駆的ケア策定・検証調査事業『里親養育における親子関係調整及び家族再統合支援のあり方に関する調査研究』報告書（2020年3月政策基礎研究所）による。

2　同調査での児童相談所調査票の回収率は57.2％であった。

3　厚生労働省の親子関係再構築支援ワーキンググループが作成した『社会的養護関係施設における親子関係再構築支援ガイドライン（2014年3月)』のこと。

4　この「親」という言葉には、実親だけではなく現に監護している人を含めた保護者も含まれる。

第6章

子どもの状態を評価する
：アセスメント

Key Word
アセスメント／子ども家庭総合評価票／最善の利益／生態学的視点

　本章では、子ども・若者ケアプラン（自立支援計画）ガイドライン（以下、子若ガイドライン）で述べられている「アセスメント」を軸として、子どもの状態を把握・評価することについて考えていく。子若ガイドラインでは、この「アセスメント」を、「一人ひとりの子どもの心身の発達と健康の状態及びその置かれた環境を的確に実態把握・評価すること」（7頁）と定義しており、本章における「アセスメント」もこの定義に沿ったものとする。本章は、全部で5つの節から構成されており、第1節では、子ども・若者の自立支援のためのアセスメントについて、その役割を述べる。第2節では、子若ガイドラインにアセスメントのためのツールとして紹介されている「子ども家庭総合評価票」について、その対象と内容の概要を述べる。第3節以降では、子ども家庭総合評価票でアセスメントを行う3つの領域、すなわち、子ども本人（第3節）、家庭（第4節）、地域社会（第5節）について、その具体的な内容を紹介する。本章を通して、子ども・若者ケアプラン（自立支援計画）におけるアセスメントとそのツールとしての子ども家庭総合評価票の役割が理解いただければと思う。

1. 子ども・若者の自立支援のためのアセスメントとは

❶ ケアプラン（自立支援計画）とアセスメント

　現在の子どもや若者に対する養育・支援の場では、対象となる子どもに対する的確なアセスメントの実施、それに基づくケアプランの策定、支援の実施、さらに、支援の質を確保するための評価といったプロセスを実行していくためのシステムの確立が喫緊の課題とされている（子若ガイドライン8頁）。この支援プロセスの流れを表したものが図6-1である。

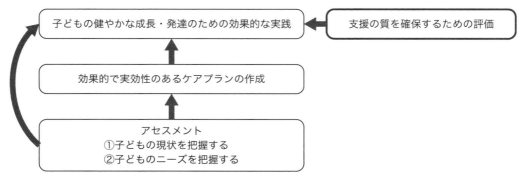

図6-1　子ども・若者の自立支援のためのアセスメント・ケアプラン・実践の関係性

　子どもの健やかな成長・発達のための効果的な実践は、ケアプランの質が重要な役割を果たしており、その質の高いケアプランを作成するためには、子どもや若者の状態やニーズに関する情報を収集すること、つまり、「アセスメント」の下支えが必要であることがこの図からもわかる。さらに子若ガイドラインでは、子どもの養育・発達支援のためのアセスメントは、「一人ひとりの子どもの個別性に焦点をあて、その子どもの発達を促進するために、必要となる可能な限りの偏りのない正確な情報を収集、分析し、子ども自身や周りの環境に関して総合的に捉え、その計画や支援のあり方を探究する過程である」（子若ガイドライン9頁）としている。つまり、アセスメントの目的は、効果的で実効性のあるケアプランの策定に必要な情報の収集にとどまらず、ケアプランの効果的な実践のための方策について有用な情報の収集をも目的としていると考えられる。

❷ アセスメントに必要な視点

　このように、アセスメントはケアプランを策定する際に基礎となる情報、ケアプランの実践の助けとなる情報の提供という重大な役割があることから、アセスメントを通していかに質の高い情報を収集するか、ということが極めて重要である。そのために必要な視点が、上記の子どもの養育・発達支援のためのアセスメントの説明にも記載されている「個別性に焦点をあてること」と、子どもの発達段階に目を向けることである。アセスメントにおいて、これらの視点に基づいた情報の把握なくして、的確なケアプランを立てることは難しいと考えられる。

　アセスメントに基づいて策定されるケアプランが実効性、そして効果があるものであるためには、それぞれの子ども・若者の個別性を考慮した、つまり各人に合ったテーラーメードである必要がある。例として、服をあげると、私たちの体型は各々に異なっているため、もしも自分の体形にぴったりと合った服を作りたい時には、既製服を購入するのではなく、オーダーをする。その時、テーラーは私たちの身体のさまざまな場所をメジャーで測る。測る場所が多ければ多いほど、体にフィットした服ができあがる。ケアプランの策定も同様に、その子どもの個性や成育歴、現在のその子どもの状況、子どもの暮らしている環境などについて詳細かつ正確に把握することによって、その子どもや家庭に一番あった、効果的なケアプランができあがると言えるだろう。

　また、対象となっている子どもが、どの発達段階にあるかということもアセスメントを実施する際に配慮が必要である。子どもにはその発達段階に応じた発達課題があり、例えば、幼児期であれば、他者の気持ちが理解できるようになる、といったことであったり、思春期・青年期であれば、アイデンティティの問題であったりする。もちろん、どの発達段階においても共通の部分はある。しかし、それぞれの発達段階に特徴的な発達上の課題

を考慮しないアセスメントは、その子どものありようを的確に把握できるとはいいがたい。いくら詳細にアセスメントすべき内容を設定したとしても、それが対象の子どもの発達段階と合っていない場合、それは的確な情報収集のためには不適切なツールとなってしまうと考えられる。

❸ 協働の場としてのアセスメント

　子若ガイドラインでは、新たな社会的養育においては、「そのすべての局面において子ども・家族の参加と支援者の協働を原則とする」(7頁)、そして「家族の能動性を促進すると同時に、支援者の情報と認識の場を広げ、より適切な養育のあり方を構想する基盤である」としている。アセスメントという作業を通して、子ども・家族・支援者の協働体制を構築することによって、より効果的な支援が実行できると考えられる。子ども自身が自分のことについて、あるいは家族がその子どもに対して持っている希望や将来展望などを、支援者を含めた全員が共有することで、その子どもにとって適切な支援、環境のあり方を考えていくことができるだろう。アセスメントという作業はそのような機会を提供する場でもあると言える。

❹ アセスメントにおける留意点

　アセスメントは「評価」を含んだ作業ではあるが、それは、子若ガイドラインにも記載されているように、決して対象の子どもや若者、あるいは彼らの家庭に対して、「レッテル貼りを行うものではない」(7頁)。アセスメントで評価した結果に基づいて、対象の子どもや若者、彼らの家庭に対して何らかの決めつけを行ったり、先入観を持ったりすることは、重要な情報を見落としてしまうことにつながる可能性もある。また、子ども自身、そして家庭も決して静的なものではなく、常に変化する存在であることを考えると、アセスメントを行ったその時の情報を基に、対象の子どもや彼らの家庭にレッテルを貼り、その状態を留めてしまうことによって、動きや変化に気づくことができなくなってしまう可能性がある。この点を念頭においたアセスメントの実施が重要である。

2. 子ども家庭総合評価票

　本節では、子若ガイドラインにアセスメントのためのツールとしてあげられている「子

ども家庭総合評価票」の基本的な考え方について紹介する。

　子若ガイドラインは、子どもの健全な発達・成長は、**子ども自身の要因、子どもをとりまく家庭の要因、地域社会の要因**、の３つの要因とその相互作用によって影響を受け、さらに、これら３要因および相互作用は、より大きな社会や環境の中に存在し、その影響を受けているとする考え方を枠組みとしている。この枠組みに基づき、ガイドラインでは、効果的なアセスメントについて、

> …効果的なアセスメントを行うためには、少なくとも子ども、家庭、地域社会という３つの側面及びその関係性（相互の親密性、信頼性など）について情報収集・調査し、その子どもの健全な発達にとっての最善の利益を目的に、総合的に分析・検討する必要がある。（子若ガイドライン 10 頁）

と述べている。子どもや家庭に対して、総合的かつ効果的にアセスメントを行うためには、どのような内容が必要かという視点で、この考え方を整理したものが、**図6-2**である。中心に子どもの健全な発達にとって**最善の利益**があり、子ども、家庭、地域社会という３つの辺で三角形を構成し、さらに各側面の間の関係性が示され、これらすべて（３側面、そしてその関係性）について実態把握のための情報収集を行うのが子若ガイドラインで必要とされているアセスメントのあり方といえるだろう。

　この考え方や視点をアセスメントのためのツールとして具体化したものが子ども家庭総合評価票である。子ども家庭総合評価票の特徴として、「子どもに関する側面」「家庭に関する側面」「地域社会に関する側面」の３側面から子どもの世界にアプローチすることで、彼らの世界をまるごと捉える、という視点と、さらにもう１つ、子どもが抱えている問題点や弱みだけではなく、**強み**も捉えていこうという視点があげられる。

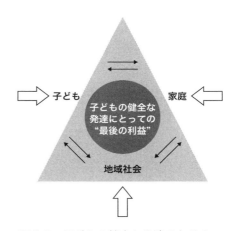

図6-2　子どもの健全な発達のための
　　　アセスメントの視点（側面）
出所：「子ども若者ケアプラン（自立支援計画）
ガイドライン」10頁、図1に基づき筆者作成。

❶ 子ども・若者の世界をまるごと捉える

　アメリカの心理学者であったブロンフェンブレンナーは、子どもは決して子どもだけで真空空間に存在しているのではなく、子どもは子ども自身が直接経験する環境、環境間の関係性、子どもが間接的に経験する環境、そしてこれらすべてを内包する環境など、さま

ざまな環境からの影響を受けて発達する、と考える**生態学的モデル**（Bronfenbrenner, 1978）を提唱した。ブロンフェンブレンナーに始まる、子どもの発達を生態学的に捉えるというこの視点は、その後、さまざまな要因が複雑に絡み合って発生するような児童虐待や問題行動の研究などにも波及していく。

　子どもは、彼ら自身だけで存在／生活しているわけではなく、自分自身をとりまく人や環境とのかかわりあいの中で暮らしている。つまり、彼らの今ある状態を的確に把握するためには、子ども自身のことだけではなく、**彼らをとりまくすべての人や社会的環境、物理的環境をまるごとアセスメントの対象にする必要がある**。つまり、アセスメントは、生態学的視点を持つことが重要となる。例えば、イギリスとウェールズでは、2000年に the Assessment Framework（アセスメント・フレームワーク：判定枠組み）というものが導入された。これは、イギリスの1989年児童法第17条で定義されている「援助の必要な」（in need）子ども・若者とその家族のニーズを把握し、支援計画を立てるためのアセスメントを実施する際に、どのような側面を見ていけばよいか、そのガイドとなるものである（松本・屋代 2002；Horwath & Platt, 2019）。この枠組みは、その後の the Common Assessment Framework（CAF：コモン・アセスメント・フレームワーク）にも引き継がれている（Horwath & Platt, 2019；増沢 2019）。これらの枠組みにおいても、生態学的視点を基本としており、子ども自身のこと（子ども自身の発達的ニーズ）、家庭のこと（養育力）、そして地域社会（家庭をとりまく地域の要因のこと）についてなど、子どもや家族をとりまく環境を多面的にアセスメントする必要があることを示している。

❷ 子ども・若者の「強み」を捉える

　もう1つ、子ども家庭総合評価票の重要な特徴が、対象となっている子ども・若者が持っている「強み」（strength）も評価することである。アセスメントの対象となる子どもや若者の場合、ともすると「○○ができない」「○○がない」「○○に欠けている」など、ネガティブな側面に目が行きがちである。支援を実施するうえで、できないこと、足りないものを補うことは重要である一方で、その子どもが持っている資源や強みを把握することも有意義であると考えられる。例えば、「○○ちゃんはこんなことができるから、それを活かして支援をしていこう」「○○さんはここを伸ばしていこう」「○○さんには今持っているこのサポート資源を活用しよう」といった支援もできるであろう。子若ガイドラインでも、これまでのアセスメントが力点を置いていた、子どもの問題性やリスクの把握に加え、これからのアセスメントでは、発達すべき諸機能が現在どのような状態にあるのかの把握、その子どもの可能性や強み（strength）などのポジティブな面の把握が必要であることを指摘している（10頁）。これは、これからの支援のあり方は、従来の問題点やリスク

の把握、原因の究明、将来的に予測される結果への対応策の検討というスタイルから、自己の確立を支援するという総合的な視点をもった支援への移行を促しているものと考えられる。

❸ 子ども家庭総合評価票の構成

　子ども家庭総合評価票では、すでに述べたように、的確なアセスメントに含まれるべき内容を反映し、3つのパート、パートⅠ：子ども自身の心身の発達と健康に関する諸側面、パートⅡ：子どもが生活する家庭の諸側面、パートⅢ：子どもが生活する地域社会の諸側面、から構成されている。さらに、子どもや若者の心身の発達を考慮した適切なアセスメントを実施するために、**表6-1**に示した6つの年齢区分に対応する評価票を作成している。

表6-1　子ども家庭総合評価票の構成

名称	対象年齢
子ども家庭総合評価票（乳児期版）	0〜2歳未満
子ども家庭総合評価票（幼児期版）	2歳〜就学前
子ども家庭総合評価票（児童版）	小学校1年生〜小学校4年生
子ども家庭総合評価票（思春期版）	小学校5年生〜中学校3年生
子ども家庭総合評価票（青年中期版）	中学卒〜17歳
子ども家庭総合評価票（青年後期版）	18歳到達以降

出所：「子ども若者ケアプラン（自立支援計画）ガイドライン」12頁、表1に基づき筆者作成。

- -

3. 子ども・若者に対するアセスメント

- -

　子ども家庭総合評価票では、どの発達段階にいる子ども・若者に対しても、本人の身体的健康・精神的健康として、心身の健康、自己の機能の発達、コミュニケーション能力と対人スキルの発達、知的な発達、生活自立能力の発達、個性の発達の全6領域についてアセスメントを実施する。この6領域の内容と、どのような側面について実態把握と評価を行うかについてまとめたものを**表6-2**に示した。

表6-2　子ども家庭総合評価票：パートⅠ：子ども／青年に関する事項

領域	実態の把握および評価の対象となる側面
心身の健康	身体的発育、心身の健康度、情緒・行動上の問題
自己機能の発達	自己、情緒的発達
コミュニケーション能力と対人スキルの発達	他者とのコミュニケーション能力、他者との関係性
知的な発達	認知的発達、問題解決能力・意欲
生活自立能力の発達	日常生活能力、道徳性・社会的ルールの獲得、職業意識
個性の発達	発達課題、生育史、性格的特徴

以下、6領域の内容について述べる。

❶ 心身の健康

　第一に、子ども自身が、心身ともに健やかに発達しているかどうか、医学的および心理学的な観点からの確認が必要である。どの年齢においても共通に情報を収集しておくべき事柄（例えば、身体発育の状態や、生活の規則正しさ、不自然なあざの有無など）とともに、それぞれの発達段階において固有の留意すべき心身の健康上の側面がある。例えば、乳児期・幼児期は全般的な発達の状態や、青年中期以降においては、第二次性徴などの性的な発達について情報を収集しておく必要がある。また、予防接種を適切に受けているか、アレルギーの有無などについても、子どもや若者の現状把握、ケアプランの策定という観点から、収集しておくべき情報である。

　心身の健康という観点から、情緒・行動上の問題についても把握する必要がある。子ども家庭総合評価票では、それぞれの発達段階に応じた代表的な情緒・行動上の問題を選定している。その内容の一部を表6-3に示した。

表6-3　子ども家庭総合評価票：パートⅠ：子ども／青年に関する事項　情緒・行動上の問題の例

乳児期	自閉症スペクトラム障害の徴候、反応性愛着障害の徴候
幼児期	自閉症スペクトラム障害の徴候、反応性愛着障害の徴候、反社会的問題行動傾向、注意欠如・多動性障害の傾向、自傷的行
児童期	反応性愛着障害の徴候、自閉症スペクトラム障害の徴候、反社会的問題行動傾向、注意欠如・多動性障害の傾向、自傷的行動、限局性学習障害傾向、抑うつ傾向、登校困難、学校での孤立感、学校での反社会的行動、家庭内での暴力
思春期	反社会的問題行動傾向、注意欠如・多動性障害の傾向、自傷的行動、限局性学習障害傾向、抑うつ傾向、登校困難、学校での孤立感、学校での反社会的行動、アルコール・タバコ・薬物使用、家庭内での暴力
青年中期・青年後期（以下「青年期」）	反社会的問題行動傾向、注意欠如・多動性障害の傾向、自傷的行動、抑うつ傾向、登校・出勤困難、学校・職場での孤立感、アルコール・タバコ・薬物使用、社会的引きこもり、家庭内での暴力

❷ 自己機能の発達

　自己機能の発達の領域では、乳児期から児童期にかけては、子どもが自分という意識（自己意識）を発達させ、自分自身のイメージである自己概念をつくり、そして、それを評価する（自己評価）という自己の発達のプロセス、および、自分の心の状態を自分自身でコントロールできるようになっていくプロセスにおいて、どの段階にいるかを確認する。さらに青年期においては、自分自身とは何かについて考える、といった、アイデンティティの発達や、職業意識についても確認する。自分というものに気づき、自分を知ること、そして自分自身の気持ちをコントロールできるようになることは、自分自身を大切にする、ということにつながる。この一連のプロセスの中で、子ども・若者がどのような状態にいるのか、ということの把握がこの領域の重要な側面の１つである。また、幼児期以降の項目には、性同一性やその受容感についても含まれている。自己機能の発達のもう１つの重要な側面は、情緒表現の発達である。特に乳児期から児童期にかけて、その発達の様子を確認する項目が設定されている。

　項目例：「イヤ」「自分でやる」「～したい」など言葉や動作で自己主張できる（自己意識の発達：幼児期版より）

❸ コミュニケーション能力と対人スキルの発達

　これまで述べてきたように、子どもは孤立して存在・生活しているわけではない。周りには家族をはじめ多くの人がその生活に関わっている。その人たちと適切にコミュニケーションをとったり、対人関係を築いたり、必要な時にサポートを得ることができたりするということは、社会に適応し、自立した生活を送るうえで重要である。自分と他者との関係性を築くという観点からは、発達段階に応じて、重要な他者との関係を構築していくことが必要となる。子どもは成長するとともに、その活動範囲を拡大していくため、出会う人、関わる人は多様になり、人数も増えることになる。子ども家庭総合評価票は、それぞれの年齢段階に応じた重要な他者との関係性を検討できる構成になっている。例えば、乳児期は養育者、幼児期はそれに友だちが加わる。さらに児童期になれば学校の担任教師が、青年期になり、就職すれば上司や同僚と、さらに関わる人の範囲が拡大していく。青年期では、特定の他者とより親密な関係性を築くこともあり、親友や恋人との関係も含まれるようになる。このように、関わる人の範囲を発達段階に応じて拡大させつつ、子どもが持つ対人関係の様子を確認していくことが重要である。また、他者の気持ちや考えに共感する、他者を尊重しながら協力する、助け合いながら生活していく、といった対人関係を構築するうえで重要なスキルについても状態を把握する。

　項目例：養育者のことを信頼している（児童期版以降）

❹ 知的な発達

　この領域では、子どもの知的発達の様子や問題解決能力について把握する。それぞれの発達段階に応じた知的発達について、就学前においては、発達検査などの結果から総合的に判断し、就学中は知能検査や学業達成の様子を勘案して評価する。認知的発達については、言語や知識、論理的思考の状態について把握する必要がある。問題解決能力や問題を解決していこうとする意欲は、自立にとって必要な要素である。各種のリテラシーや応用力、物事に対する柔軟な対応力、目標を設定し、環境を調整しながらその目標を達成しようとする能力や、それをやり遂げようとする意欲など、より実生活に即した知的能力の発達の様子についても把握する。

❺ 生活自立能力の発達

　この領域では、自立した社会生活を送るために必要とされる側面の発達の様子を検討する。生活の自立が課題となってくる児童期以降の調査票では、身辺自立の程度を、年齢相当とされる事項が達成できているかどうかで評価する。日常生活動作、社会に適応して生活していくために必要な道徳的な規範意識の理解や獲得、そして青年期においては、就労に関する意識や経済観念の発達などについて評価する。

　子若ガイドラインにおいては、18歳以上の者の自立支援のためのセスメントにおける「自立」の考え方が示されている（表6-4）。

表6-4　「自立」の考え方

「4つの自立」	概要
①生活自立	・炊事、洗濯などの衣服の管理、掃除といった基本的生活習慣の確立 ・生活時間の管理
②経済的自立	・就職の実現とその継続 ・職場への適応 ・計画的な金銭管理の実施
③精神的自立	・他者との親密な関係性を維持しながらの自己決定と自己責任 ・自己肯定感の獲得
④市民的自立	・自分と社会とのかかわりの理解 ・社会的規範や公共性の獲得（シティズンシップ） ・社会参加の実現

出所：「子ども若者ケアプラン（自立支援計画）ガイドライン」87頁に基づき筆者作成。

　評価票にはこれら「自立」の状態を把握できる項目が、配置されている。例えば、②の経済的自立に関しては、本人の金銭管理の状況、④の市民的自立については、地域活動への参加状況や、社会問題・時事問題への関心を尋ねる項目などがある。これらの項目によって収集される青年の現状に関する情報は、表6-4で示した自立の達成に向けて、その青

年に必要な支援を計画するうえでの重要な情報源である。ただ、これらの「自立」については、必ずしも横一線で達成されるものではなく、達成していること、あるいは達成する／している時期などは、アセスメントの対象となっている青年がどのような環境に置かれているか、どのような経験をしてきているか、ということに影響を受ける。青年の現状を丁寧に把握し、その青年の発達的特徴、能力やサポートなど、その青年が活用できる資源などを総合的に勘案して、それぞれの青年にとっての「自立」を考えることが、アセスメントの前提として重要であるとガイドラインでは指摘されている（87頁）。

❻ 個性の発達

　最後の領域は、子どもの個性の発達に関する領域である。アセスメントを行うまでの子どもの発達の軌跡を、発達課題の達成状況や生育史、行動上の特徴や本人が好んで行っている活動などさまざまな側面からの情報を基に描き出し、子ども自身の世界の全体像を把握する。

4. 家庭に対するアセスメント

　対象の子どもの一番近くの社会的関係である、家族についてのアセスメントも、子どもの世界の全体像をまるごと把握するための重要な情報源である。家庭に対するアセスメントでは、対象の子どもの養育者、きょうだい、そしてアセスメントの対象となっている青年自身が家族を形成している場合には、そのメンバーについても実態把握ができる内容となっている。

　まず、血縁関係にあるメンバーについては、生物学的な側面のアセスメントが必要である。次に、養育を提供するメンバーの心身の健康について、実態を把握する必要がある。なぜならば、養育者の健康状態は、子どもに適切な養育を提供できるかどうかに関わってくるからである。養育者が支援計画の内容を理解し、必要なことについては実行に移せるだけの状態にあるかどうかについても、支援計画の策定時に情報収集をしておくことは重要である。特に、家族復帰計画を策定する際には、養育者自身が身体的あるいは精神的に子どもが家庭に帰ってくることに耐えられるだけの状態にあるかどうかは、計画策定の1つの大きなポイントとなるであろう。先にあげたthe Assessment Frameworkでは、"Parenting Capacity"（ペアレンティングの能力）という名称でアセスメントすべき領域としている。また、

　子どもをとりまく社会的関係という観点から、養育者自身の持っている社会的関係、きょうだい関係、そして青年自身が形成した家族に関する情報も収集すべき事柄である。家族メンバー間の関係性については、子どもが抱える問題の原因を解明する1つの視点にもなり得るし、介入の際、どこに焦点を当てればよいか、その示唆が得られることにもつながるので、実態を把握しておくべきである。さらに、当該家族の家族史を確認することも必要である。なぜならば、家族が経験したライフイベントは、子ども自身や家族のメンバーに対する直接な影響だけではなく、家族メンバーを介して、子どもに間接的な影響を及ぼすことが想定されるからである。例えば、養育者の失業というライフイベントを考えてみると、直接的な影響として、失業したことにより家計がひっ迫するなどして、子どもが必要としているものが買えない、といった直接的な影響が考えられる。また、失業により養育者の精神的健康が悪化することにより、子どもとの関係性に影響を及ぼすという間接的な影響も想定される。

　以上の観点から、子ども家庭総合評価票では、家庭については、家族の心身の健康度、家族間の関係性、家族の全体的機能性および協働性、基本的な家庭経営機能、家族アイデンティティといった、表6-5に示した内容について評価を行う。また、この「家庭」パートにおけるアセスメントの対象は、当該の子どもの世話を主に担当している養育者を「主たる養育者」、主たる養育者の次に子どもの世話を担当している養育者を「その他の養育者」という名称を用いて、双方の心身の健康状態について把握ができる構造となっている。

表6-5　子ども家庭総合評価票：パートⅡ：家庭に関する事項

領域	実態の把握および評価の対象となる側面
家族の心身の健康度	養育者および家族メンバーの心身の健康状態、その他の問題
家族間の関係性	養育者およびメンバーとの関係性
家族の全体的機能性および協働性	養育者およびメンバーの安定性、ライフスタイル、価値観
家族の協働性	役割分担と協働性、問題解決機能
基本的な家庭経営機能	住居、生計、養育機能、社会性
家族アイデンティティ	家族の特徴、家族史、家族の課題

❶ 家族の心身の健康度

　この領域では、養育者を中心とする家族メンバーが、心身の状況に問題を持っているかどうかを、いくつかの側面について見ていく。養育者自身の疾患や障害の有無と種類、および疾患や障害がどの程度日常生活の困難を引き起こしているかについて状況を把握する。その他、養育者の抑うつ傾向とアルコール乱用度、家庭内での暴力など、養育機能にとって重大な影響を及ぼすと予想されるについて要因については、全ケースについて把握できるように評価項目を記載している。また、養育者の身体的、精神的、時間的な許容量を把

握するうえで、介護が必要な家族がいるかどうか、ということも把握しておくべき重要な情報である。養育者を中心とする家族のメンバーが持っている心身の不調は、養育機能や家庭経営機能に大きな影響を及ぼすことが想定されるため、この領域の情報収集が必要不可欠である。

❷ 家族間の関係性

この領域では、子どもと養育者の関係（親子関係）や配偶者・パートナーとの関係、およびきょうだい関係といった、家族メンバー間の関係性、さらに、家族メンバー間のコミュニケーションの質や量などについて情報を収集する。子どもにとって最も近く、直接体験する社会的環境である家族が、子どもに及ぼす影響は少なくない。子ども家庭総合評価票では、養育者と子どもとの関係性や配偶者間の信頼関係、さらに対象の子どもを中心としたきょうだい関係についてその実態を把握している。また、きょうだいについては、養育者の関わり方についても尋ねる項目が設けられている。

❸ 家族の全体的機能性

この領域では、家族の全体的な機能性について把握する。第一に、家族が安定しているかどうか、という観点からの情報収集である。家族が安定して、うまく機能しているかどうか、この1つの側面として、家族メンバーがお互いを理解し、その考えを尊重しつつ、家族全体としてまとまり（凝集性）を持っている、ということがあげられる。家族であっても、それぞれの個性や考え方、意見がある。それを受け入れ、尊重したうえで、家族という1つのまとまりを運営できているか、収集した情報に基づいて見極めていく。第二は、養育者が家庭生活に対してどのような価値観を持っているのかという観点からの状況把握である。家族のメンバーが家庭や家族に対して持っている価値観は、子どもに対する関わり方や家族の中で生じた葛藤や危機などにどのように対応するのか、ということに影響を及ぼすと考えられる。その家族がそもそもどのような特徴をもった家族なのか、どんな価値観や信条を持っている家族なのかを把握しておくことは重要であると考えられる。

例えば、凝集性の高い家族は、葛藤や危機、問題に直面した際の家族としての対応が、擬集性の高い家族と低い家族では異なることが予想される。子ども家庭総合評価票では、このような観点から、家庭内のまとまり（凝集性や家庭の雰囲気など）、および養育者の家庭重視度について情報収集できる項目を配置している。

❹ 家族の協働性

この領域では、家族のメンバーが家族の中でどのような役割を担っているか、家族の中

で共有されているルールの存在など、家族のメンバーが協力して家庭を運営していくための基礎となる事柄について情報を収集する。さらに、その家族に何か問題が生じた時に、どのようにしてその問題に取り組んでいるのか、という状況の把握も同時に重要である。アセスメントの場面においては、アセスメントの対象となっている子どもがアセスメントを受けるに至った理由に対して、家族の捉え方、対応の仕方について把握する必要がある。家族のメンバー間でこの問題に関する情報が共有されているのか、メンバー間で相談がなされているのかなど、家族としてこの問題にどう取り組んでいるのか、といったことについて情報を収集する。その過程で、当該家族における家族メンバー間の関係性や家庭経営に対する各メンバーの貢献の度合いなども把握していく。このような情報は、ケアプランを策定し、この家族に対してサポートを行っていく際に、どの家族メンバーをキーパーソンにするのが効果的なのか、など今後の支援計画を立てるうえで具体的かつ重要な情報となる。子ども家庭総合評価票では、家庭の「問題解決志向性」として、当該の子どもがアセスメントを受けるに至った理由（評価票では「主訴」となっている）について、家族がどのように取り組んでいくかを把握できる項目を配している。

❺ 基本的な家庭経営機能

　住居、生計、養育機能、社会への参加度など、基本的な家庭経営が機能しているかどうかを見ていく。住居の清潔さは家族そのものが問題なく機能しているかどうかの1つの目安となる。さらに、家族にとって、住居は居心地の良い空間であるか、子どもの年齢に応じた空間の工夫ができているかどうか（特に、家族メンバー間のプライバシーなど）なども、重要な観点である。また、家庭の経済的な状況、家計の担い手やその安定性、金銭感覚（計画性など）も、家庭を問題なく運営していくための重要な要因と考えられる。また、子どもに対して基本的なケアができているか、親子関係はどうか、例えば、温かい関わりができているか、過干渉傾向があるか、無視や乱暴などの不適切な養育行動はないか、などの側面について評価すると同時に、養育者自身の子育てストレス度について情報を把握する。さらに、家庭も地域に埋め込まれている、という意味では、当該の家庭がその地域の中で適応して運営されている必要がある。そのためには、その家族が、地域の中でどのように暮らしているのか、例えば、近隣との関係性や地域活動への参加などについても情報を収集する。子ども家庭総合評価票では、養育機能に関わる部分については、当該の家族が「家庭」パートで、「地域」のパートで、近隣との関係性や地域活動への参加について情報収集する項目を設定している。

❻ 家族アイデンティティ

　家族アイデンティティとは、「うち」や「我が家」らしさのことを指す。人に個性があるように、それぞれの家族でも個性がある。効果的なケアプランとは、その家族の個性にあった支援計画であると考えられる。家族を二者関係からスタートすると考えると、それ以前に二者それぞれがどのような家族で育ってきたかについて、その家族同士の関係性はどうなのか、そして、家族のスタートである結婚や夫婦関係について、家族の立ち上げの時期にどのような家族のルールが構築されているのかについて情報を収集する。さらに、子どもが生まれてからの三者関係や、役割の変化にどのように家族メンバーが対応してきたのか、家族内の問題や社会での問題に家族としてどのように対応しているのか、などについて、把握する。家族として持っている将来展望や計画からも、各家庭の個性が把握できる。子ども家庭総合評価票では、現在の家族の戸籍的関係や、保護者の出自家族との関係、養育者の結婚や対象の子どもの誕生から現在までの主な家族のライフイベントの種類と発生時期に関する情報を収集し、当該の家族の全体像の把握ができる構成となっている。

　アセスメントの対象となっている子どもが18歳に到達している場合で、もしも自分自身の家庭を築いている場合には、自身が生まれた家庭（出自家庭）に関する情報収集とあわせて、自分自身が築いた家庭（婚姻家庭）についても、情報を収集する必要がある。子ども家庭総合評価票では、18歳到達以降版のパートⅡ：家庭に関する事項では、【出自家庭（原家庭）版】と【婚姻（内縁含む）家庭版】として、当該青年に関係する双方の家庭について情報が収集できる構成となっている。【婚姻（内縁含む）家庭版】において収集される内容は、ほぼ【出自家庭（原家庭）版】と同じであるが、【婚姻（内縁含む）家庭版】では、養育者に関して収集された情報（例えば、心身の健康について）を、当該青年の配偶者・パートナー（これには、同居者・内縁関係の人も含まれる）について収集する。

　以上が家庭に対するアセスメントの主な内容である。子ども家庭総合評価票では、家族について、多側面からの情報収集が可能な構造となっている。先にも述べたように、子どもは単体で存在しているわけではなく、さまざまな環境に囲まれ、影響を受けながら存在している。子どもに対する支援はもちろんであるが、彼らに影響を及ぼしている家族をも巻き込んだ支援を行うことが、より子どもに寄り添った効果的な支援となると考えられる。

5. 地域社会に対するアセスメント

第三の領域は地域社会である。子どもや若者の世界をまるごと理解する、という観点から、その子どもや若者が暮らしている地域社会についても、実態の把握が必要であると考えられる。地域社会が子ども・若者に影響を及ぼす経路としては、子ども・若者に直接影響を及ぼす場合や、子ども・若者に関わる人（例えば養育者など）に影響を及ぼすことによって、間接的に子ども・若者が影響を受ける場合、という2つの経路が考えられる（図6-3）。

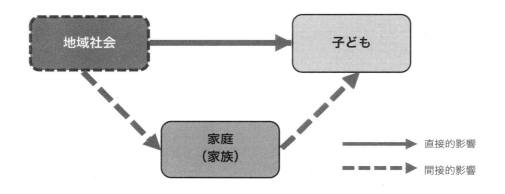

図6-3　地域社会が子どもに及ぼす直接的影響と間接的影響

間接的影響として、子どもや若者に関わる人への影響を考えると、例えば、先述した生態学的モデルを提唱したブロンフェンブレンナーは、自分自身が親としてうまく機能できるかは、さまざまな外的要因に影響されるとしており、具体例として、サポートしてくれる友人や隣人の存在、健康関連・社会的サービスの質、近隣の安全性をあげている（Bronfenbrenner, 1978）。また、乳児を育てている養育者の地域に、子育てに関するサポート（施設や制度なども含めて）があるかないかは、養育者の不安やストレスに関わってくることが予測される。

以上のことから、子どもや若者、そしてその家族がどのような環境に囲まれて生活をしているのかを把握することにより、ケアプランの策定に重要な情報が得ることができると考えられる。子ども家庭総合評価票では、地域社会について、以下の4つの側面から実態の把握および評価をするように構成されている（表6-6）。

表6-6　子ども家庭総合評価票：パートⅢ：地域に関する事項

領域	実態の把握および評価の対象となる側面
地域の環境の養育機能性	近隣状況、居住地の状況、犯罪や安全に関する問題発生状況、遊び場、文化的環境、自然環境
ソーシャル・サポート（社会的支援）	近親者からの支援・協力、近隣からの支援・協力、友人・知人からの支援・協力、職場からの支援・協力
養育・教育機関の状況と家庭の連帯度、職場の状況	保育所・幼稚園・学校などの養育・教育および協働状況、職場の状況
地域サービスの活用状況	活用できる・しているサービス・支援機関・支援施策

❶ 地域の環境の養育機能性

　この領域では、子どもが居住している地域の養育環境としての健全性を評価する。評価の視点は2つあり、1つは育てる側の視点、もう1つは育つ側の視点である。前者は、安心して子どもを育てられる環境であるかという視点で、近隣住民との関係性、地域の交通面の安全性や防犯性、子育てをサポートしてくれる施設や講座、サークルなどの有無とその参加の程度などを評価する。後者の子どもや若者が育つ環境という視点からは、図書館などの文化・教育施設の有無や、青少年の健全育成という観点からの周辺環境の評価および実態の把握をする。

❷ ソーシャル・サポート（社会的支援）

　この領域では、子どもや養育者、家庭を支援してくれる地域のサポート資源について情報を収集する。特に、育児支援と精神的支援について、これまで支援をしてくれた／くれているサポーターがいるのか、そしてそれは具体的に誰なのか、という情報を収集する。同時に、今後、支援が期待できる人、つまり潜在的なサポーターの有無についても状況を把握する。このように、すでに活用できているサポート源と潜在的なサポート源の両方を把握することにより、ケアプランの策定の際に、その子どもや若者、家族が必要とするサポートを誰からどのような形で提供できるのか、ということを効果的に検討することが可能になる。

❸ 保育所・幼稚園・学校・職場などの機関の状況と家庭との連帯度

　この領域では、対象の子どもや若者が通っている施設（保育所・幼稚園・学校・職場など）の施設環境の適切さとその施設での子どもや若者の適応の様子について評価する。例えば、学校のクラスや職場の雰囲気の状態を知ることなどが含まれる。また、家庭（養育者）が養育・教育機関に対して不満や不信感を持っていることは、子どもや若者の適応にも影響を及ぼすことが想定されるので、養育・教育施設については、家庭・養育者との信頼関係

についても評価する。

❹ 地域サービスの活用状況

　この領域では、当該家庭が暮らす地域における、子ども・家庭に対する支援機関、子育てに関連する支援事業、各種手当について、利用したり参加したりした経験の有無や、今後の利用・参加の希望について情報を収集する。これらの情報の収集により、この家族はどんな地域サービスをすでに受けていて、どのようなサービスを受けられていないのかについて判断ができ、適切なケアプランの策定につなげることができると考えられる。

　以上が、子ども家庭総合評価票における地域に関するアセスメントの内容である。子どもパートや家庭パートと比較すると、子どもの問題点に対する直接的な影響が見えづらい側面でもあるが、子どもや若者の発達を生態学的かつ時間とともに変化していくものという観点から捉えるという意味では重要な領域である。さらに、ケアプランを作成していくうえで、その地域において子どもや若者そしてその家族がどのようなサポートが受けられるのか、という実務的な情報の収集という点からも、地域に関するアセスメントによって得られる情報は重要な役割を持っていると考えられる。

　本章では、子ども・若者ケアプラン（自立支援計画）ガイドラインに掲載されている「子ども家庭総合評価票」を軸に子どもをアセスメントすることについて考えてきた。子どもの健全な発達のために行うアセスメントとして重要なことは、子どもが暮らしている世界をまるごと捉えることである。「子ども家庭総合評価票」を用いたアセスメントによって、子どもの世界総合的かつ詳細に把握することができ、その情報は効果的な支援に役立てることができるものであると考えられる。

（松本聡子）

▶参考・引用文献

Bronfenbrenner, U.（1979）*The Ecology of Human Development*.（磯貝芳郎・福富護訳（1996）『人間発達の生態学』川島書店）

Horwath, J.（2010）*The Child's World, Second Edition*. Jessica Kingsley Publishers, London and Philadelphia.

Horwath, J. & Platt, D.（2019）*The Child's World, Third Edition*. Jessica Kingsley Publishers, London and Philadelphia.

イギリス保健省・内務省・教育雇用省著、松本伊智朗、屋代通子訳（2002）『子ども保護のためのワーキング・トゥギャザー』医学書院

厚生労働省「子ども・若者ケアプラン（自立支援計画）ガイドライン」（平成 30 年 3 月）https://www.mhlw.go.jp/stf/seisakunitsuite/bunya/kodomo/kodomo_kosodate/syakaiteki_yougo/index.html（＊「その他」のセクションの「社会的養護対象の 0 歳児〜 18 歳到達後で引き続き支援を受けようとする者に対する効果的な自立支援を提供するための調査研究報告書」に分割されて掲載）

増沢高（2019）「イギリスの子どもの虐待防止」岡本正子、中山あおい、二井仁美、椎名篤子編著『イギリスの子ども虐待防止とセーフガーディング』明石書店、14 〜 39 頁

子ども家庭総合評価票の活用

　子ども家庭総合評価票は、アセスメント場面での活用を目的としたアセスメントシートの「子ども家庭総合評価票」、評価票作成のための参考資料「記入のめやすと一覧表」、そして子どもの全体像を把握するための「総括一覧シート」の3つがパッケージとなったアセスメントツールである。本コラムでは、この子ども家庭総合評価票の活用方法について紹介する。

①調査票を作成する

【評価票を選ぶ】

　子どもに関して、できるだけ偏りのない正確な情報を集めるためには、まず、対象の子どもの発達段階に合った評価票を選ぶことが必要である。子ども家庭総合評価票で用意されている評価票の種類が第6章の表6-1で紹介されている。アセスメント作業は、これら全6バージョンの中から適切な調査票を選択することから始まる。

【評価票を作成する】

　子ども家庭総合評価票は、冒頭に、全年齢種共通の基本情報（フェースシート）がある。これは、実務の際に特に必要となる項目が選び出されている。作成完了日、記入担当者、対象の子ども・青年のプロフィール、主訴の種類および機能障害の程度（深刻さ）、相談・通告の経路、過去の相談受理、評価票記載完了までの面談回数と面談相手、家族構成や家庭の経済状況等）などが記入できるようになっている。

　調査票を作成するための情報収集は、養育者や子ども本人の協力を得ながら、また聞き取りや観察などから行う。調査票には、項目によっては、情報源について記入する欄があるものもあり、誰からの情報によるものかも把握できるようになっている。特に重要と考えられ、できるだけアセスメントの初期の段階で可能な限り情報を収集することが望ましい、基本的な内容の項目には色が塗られており、視覚的に把握できるようになっている。

【記入のめやすと一覧表を活用する】

　子ども家庭総合評価票では、 めやす マークがついている項目がある。このような項目を記入する時には、「記入のめやす・一覧表」を参照する。「記入のめやす・一覧表」には、評価票を作成する際の留意点や、選択カテゴリの一覧表などが掲載されている。例えば、情緒・行動上の問題の種類を記入する場合、「記入のめやすと一覧表」の、「情緒・行動上の問題リスト」を見て、子どもに該当する問題があれば、その表で指定されている番号を調査票に記入することができるようになっている。

②総括一覧シートを作成する

　評価票に記入した内容をもとに総括一覧シートを作成する。総括一覧シートを作成することによって、当該の子どもの全体像を把握し、支援の方向性、留意への必要度を確認することができる。まず、評価票から得られた情報を基に、各項目の粗点を記入していく。この粗点から、総括一覧シートの採点基準にしたがって、留意の必要度を記入する。この情報をもとに、該当する検討課題を確認する。特に留意が必要なことについては、印（※）がついている。この総括一覧シートを使って情報をまとめることにより、子どもが抱える問題点（difficulties）と彼らが持っている資源や強み（strength）を一覧で見ることができ、支援計画を立てる際の重要な情報源となる。

③電子版ツール

　子ども家庭総合評価票と総括一覧シートの電子媒体によるツールも開発されている。用紙を用いたものと同様に、子どもに合ったバージョンを選択し、コンピュータ上で作成し、情報を確認することが可能である。また、総括一覧シートを印刷することもできるようになっている（【電子版ツールに関するお問い合わせ先】：みずほ情報総研（現みずほリサーチ＆テクノロジーズ）社会政策コンサルティング部）。

<table>
<tr><td colspan="2" align="center">**子ども家庭総合評価票のここがすごい！**</td></tr>
<tr><td colspan="2">※「子ども」「家庭」「地域」の3つの側面から、子どもの実態を包括的かつきめ細かく把握できます。
※子どもが抱える困難さだけでなく、長所や強みなども見えてきます。
※「総括一覧シート」で採点すると、留意が必要な項目がひと目でわかります。</td></tr>
</table>

出所：「子ども家庭総合評価票」パンフレットより。

（松本聡子）

文献

厚生労働省「子ども・若者ケアプラン（自立支援計画）ガイドライン」（平成30年3月）https://www.mhlw.
go.jp/stf/seisakunitsuite/bunya/kodomo/kodomo_kosodate/syakaiteki_yougo/index.html（＊「その他」
のセクションの「社会的養護対象の0歳児〜18歳到達後で引き続き支援を受けようとする者に対する効果的な
自立支援を提供するための調査研究報告書」に分割されて掲載）

第7章

アセスメントの方法

面接／行動観察／家庭訪問調査／関連情報調査／心理検査／医学診断／テストバッテリー

第6章では、子ども・若者ケアプラン（自立支援計画）ガイドラインを軸としたアセスメントの役割について紹介した。本章では、アセスメントを実際に行う際の方法について考えていく。

アセスメントを行う際には、誰が、どのような目的で、何を実施するのかについて理解しておく必要がある。笹川（2015）は、「児童福祉臨床におけるアセスメントの最も重要な基準は『子どもが心身ともに健やかに育ち、その持てる力を最大限に発揮する権利』が護られているかどうかの一言につきます」と述べている。特に、児童福祉臨床の場では、相談者自身が自発的に相談に訪れることが難しい場合も少なくない。アセスメントを行う際には、子どもの発達上の問題や、生活上の困難感についても敏感であることが求められる。そこで、本章では、アセスメントを行う際の具体的な方法とともに実施時のヒントについても紹介してく。アセスメントの方法やアセスメントの結果を理解する時に役立てていただきたい。

1. 面接法

アセスメントの方法として最も用いられることが多いのは面接法である。面接法とは、大きく「構造化面接」「半構造化面接」「非構造化面接」の3つの技法に分類することができる。具体的には表7-1の通りである。面接法では、それぞれの面接技法のメリットを最大限に生かすことを考えて実施することになる。

表7-1　面接技法の種類

種類	実施内容と実施上のメリット
構造化面接	質問内容や方法が構造化されている（決まっている）。そのため、情報の信頼性が高まる。
半構造化面接	質問内容はあらかじめ決まっている（半分構造化されている）が、質問の変更や追加の質問を行うことが可能なため、質問項目以外の情報も収集できる。
非構造化面接	質問内容が設定されていない（非構造化）。多様な情報収集が可能である。

❶ アセスメント面接（査定面接）

アセスメント面接は、支援対象者の状態について的確に把握し、その後の支援に役立つ「情報収集」を主たる目的とした面接である。そのため、構造化面接や半構造化面接で実施することが多い。ただし、正確に情報を収集することのみに注力すると、支援対象者か

らの信頼を得ることが難しくなり、かえって重要な情報が得られないまま終了してしまう場合もある。

　アセスメント面接は「見立て」をメインとした面接ではあるが、面接対象者が「安心して話せる」「やっと本音で話をしてもいいんだ」と思えるような、**信頼関係の構築（ラポールの形成）**が前提となる。また、アセスメント面接を開始する前には、**インテーク面接（受理面接）**を行い、相談につながった背景について把握することが一般的である。風邪で病院を訪れた際、待合室で問診カードに受診理由を記載し、そのカードを持って診察を受けることと同じである。時間的に段階に分けてアセスメント面接を行うことが難しい場合には、アセスメント面接の前半でインテーク面接に相当する内容に触れておくとよいだろう。

　インテーク面接では、「自らが希望して相談しているのか、それとも他者のすすめできたのか」「これまでに同じようなことで相談した経験があるか」「医療機関など専門機関を利用しているか」といった、相談につながった背景要因について把握し、生育歴や現在の生活状況についての情報も得る。

　続いて、インテーク面接で得られた情報を用い、支援対象者の状態の「見立て」や今後の関わり方の方針づくりに役立つ情報を得るためのアセスメント面接を行う。

　アセスメント面接では、どのような専門的検査（心理的検査および身体的検査）を受けたほうがよいか、また、継続した面接が必要となるのか、今後どのような援助が求められるか、連携すべき専門機関はどこになるか、などの方針を立てるうえで必要な情報について把握することを試みる。このように、**アセスメント面接で得られた情報は、必要な関係者と共有し、今後の支援に役立てる**ことになる。

❷ 心理面接 （臨床面接）

　アセスメント面接を経て、継続的で専門的な面接が必要であると判断された場合には、「支援」を主たる目的とした面接を行うことになる。継続的支援を目的とした面接技法としては非構造化面接で実施されることがほとんどである。インテーク面接やアセスメント面接と同様、面接を行う側と支援対象者との信頼関係が不可欠である。さらに、心理面接を通して、「どうなりたいのか」といった目標を共有するなど、**面接者と面接対象者との間で協力体制（治療同盟とも呼ばれる）ができあがっている**ことが望ましい。また、面接の日時や場所などを設定することでお互いに心理面接の意義を理解し、共通の目標に向かって取り組んでいく意識も高くなると考えられている。支援対象者が子どもの場合にも、目標や面接環境の設定は有効である。子どもの中に、「自分だけのために用意された特別な時間」「話をしっかりと聞いてもらえる時間」といった位置づけがなされることは、その後の心理面接への参加動機や心理面接の意義を高めることにつながる。一方、心理面接の

時間や場所の設定がゆらぎすぎると、守られた空間の中で話をすること事態が保証されないため、心理面接の「目標」の達成に向かっていきにくくなる。心理面接の時間を超過して話し続けたがる相手に対して、その要求に応えることは一時的には精神的安定を得るために有効に働いたとしても、面接者側が常に面接対象者の要求に応えられないかぎり、長期的に考えると「目標」の達成を遠ざけてしまう可能性もあることを念頭に置いておく必要がある。また、心理面接の設定が揺らいでいることをきっかけとして、支援対象者の本質的な課題や問題に目を向けることが可能となることも少なくない。そのため、心理面接の展開についてもアセスメントをしながら展開していく姿勢が求められる。

近年では、ウェブでの面接やメール相談、電話相談など、対面式だけではない心理面接の方法が導入され、発展してきている。リモートで行うことが可能な心理面接は、場所を選ばず、時間の自由度が高いなどのメリットがある。その一方で、対面式の心理面接で得られる情報（表情や服装、身振り手振りなど言葉以外の情報）が得られにくい場合も多い。それぞれのメリット・デメリットを理解し、支援対象者のニーズと心理面接の目的に合わせて、より効果的な手法を用いることができるとよいだろう。

❸ 司法面接

司法面接とは、子どもや障害など社会的弱者への支援を主たる目的として行われる面接である。そのため、面接技法としては、主として半構造化面接で行われる。日本では、児童虐待の実態把握に用いられていることから、被害事実確認面接とも呼ばれている。また、検察・警察・児童相談所の3機関が関わって行う面接であることから、協同面接として導入され始めている面接である。

検察・警察・児童相談所の関係者それぞれから同じことを聞かれることは、虐待を受けた子どもにとっては心理的負担が大きく、また、繰り返し語ることによる二次的被害も生じうる。そのため、面接回数は3機関の代表者1名が原則として1回行うものとなっている。

司法面接は、出来事に関する事実の聴取を行うことが目的であることから、面接実施時には、次の3点に配慮して行われる。

1：面接対象児からの聞き取りが対象者に与える負担をできるかぎり少なくする。
2：面接対象児から聞き取った話の内容が誘導質問の結果ではないかという疑念が持たれる可能性をできるだけ排除する。
3：面接対象児が関わった事件が、何らかの作為による虚偽の話ではなく実際にあった出来事であるかどうかを検討するための情報を得る。

面接の流れは、アセスメント面接や心理面接と同様に、まずはラポールを築くところから始まる。その後、面接対象者からの自発的な報告を聞き、続けて、必要な情報（いつ：When、どこで：Where、誰が：Who、何を：What、どうした：How、といったいわゆる5W1H）について質問していく。司法面接は心理面接とは異なり、面接対象者が語る内容について事実確認を行うことが必須となる。そのため、例えば虐待を受けた本人しか知りえないような情報について詳細に説明を求めるなど心理的負担がかかる場合も多い。効果的な司法面接を行うためには、設備面の充実も重要となることから、面接対象者への負担軽減のために、3機関がリアルタイムで視聴可能な設備の整備の導入が進められている（厚生労働省 2017）。同時に、司法面接を実施する側の育成や司法面接を導入・実施していく機関側のさらなる連携強化が目指されている。

2. 観察法

アセスメントの方法として、観察法も非常に重要な役割を果たしている。日常的な観察も大切であるが、面接場面での対象者の表情や視線の動き、身振り手振りや行動の癖、化粧や服装なども観察の対象となる。

面接法と異なり、言語理解力や言語的表現力が不要なため、乳幼児や障害児のアセスメント時にも有効な方法として用いられる。観察法の具体的な方法は、自然観察法・実験観察法・継続的観察・焦点化観察に分けて紹介する。

❶ 自然観察法

自然観察法とは、観察対象の自然な状況を観察する方法である。園や学校、家庭など、日常場面での様子について観察することを通して、問題行動の背景要因とその介入方法のヒントを探索するような場合に用いられる。さらに、偶然的観察法と組織的観察法に分けることができる。偶然的観察法は、偶然生じたことについてのデータを収集する方法である。一方、組織的観察法は、観察の目標を定め、何を、どのように観察するのかをあらかじめ設定したうえで、対象となる場面を選択して観察する方法とされている。また、観察者がその状況に参加する形での観察する方法（参加観察法）もある。自然観察を行う際には、できるだけ自然な状態が観察できるように配慮することが求められる。また、観察者がその場にいること自体の影響（観察者にみられているので暴力的な行動はしない等）について

も考慮しておく必要がある。

❷ 実験観察法

　自然観察とは異なり、**観察目的となる行動**（問題行動や抑制行動）**が発生するような状況を設定し、厳密に記録していく観察方法**である。日常とかけ離れた場面とならないように配慮し、観察対象となる出来事が発生する状況について観察できるように工夫して実施する。実験観察の方法で得られた情報については、問題行動の改善や望ましい行動の継続に役立てる際に用いられる。

❸ 継続的観察

　観察方法を時間軸から考えると、**継続的観察は「一日のうちのあらゆる時間」の様子を観察する方法**と位置づけられる。しかしながら、実際に観察者が終日観察対象者について観察を行うことは難しい。そのため、支援対象者自身や保護者の了解を得て、録画や録音をすることで継続的観察を行うこともある。

❹ 焦点化観察

　焦点化観察とは、継続的観察である程度注目すべき時間帯や状況が把握された後に行われる観察法である。明らかにしたい事柄や現象にターゲットを絞って、決められた時間内で行うため、継続的観察よりも実施における負担感が少ない。

3. 訪問調査

　アセスメント時には家庭・園・学校への訪問調査も必要である。訪問調査の具体的な方法について紹介する。

❶ 家庭訪問調査

　支援対象が子どもであった場合には、家族や親族からの情報を得ることが不可欠である。面接時には支援対象となる子ども・若者の親族が面接場所に来て、家庭内の様子や子どもの適応状況について報告することが多いが、家庭訪問調査を行うことによって、これまでには見えてこなかったその後の支援のヒントやサポート資源を見出すこともできる。家の

間取りや衛生状況、近隣の様子なども含め、情報収集しておくことが大切である。

❷ 園・学校環境調査

　家庭訪問を実施し、家族メンバーから生活環境に関わる情報収集をすることで、調査の対象となっている出来事（多くの場合は問題行動）が場面を超えて継続しているのか、それとも特定の場面や時間帯にのみ現れるものなのかについて確認する。また、家庭訪問での面接調査や観察調査により、家族メンバーが園や学校に対してどのような印象を持っているのか、さらに、園や学校とどのように情報を共有しているのかについて把握しておくことで、今後の支援に活かせるリソース（資源）を見つけることができる。子どもの担任と家庭との連携程度、園や学校でのキーパーソンを見つけておくことで、子ども自身の問題行動の発現予防や介入対応が可能なチームを作り上げておけるとよいだろう。

4. 関連情報調査

　支援対象者に関する情報を収集する際には、成育歴・家族歴の把握とともに、地域社会（家庭を取り巻く地域の要因）についてもアセスメントを行う必要がある。以下で具体的な方法について述べる。

❶ 成育歴

　成育歴は、生まれてから現在まで、どのような発達経過を辿ってきたのかについて把握するために必要な情報である。

　胎児期の様子から、出産時のトラブルの有無、出生時の身長・体重、新生児のころの泣きの強さ、乳児期の頃のアタッチメント形成状況、幼児期の頃からの対人関係上の特徴、児童期以降の学業成績や学校の先生評価など、時系列に沿って情報を集約する。

　成育歴については、可能なかぎり客観的な資料に基づく記録を行うことが求められるため、母子手帳や通知表など、第三者の記入が認められる資料を見せてもらうことも有効な方法である。また、アルバムや動画なども見せてもらうことが可能であれば、対象児の幼少期からの様子や家族関係についての情報もより正確なものとなるため、個人情報の保護に配慮しつつ、可能な範囲で情報を開示してもらえることが望ましい。成育歴について確認している中で、現時点でのアセスメント以前にも医療機関などの専門機関を利用した経

験があるかどうかについて確認し、もし、専門機関を利用していたりや相談行動を起こしていたことがあった場合には（現在進行形のものも含む）、既往歴としてまとめ、記録しておく。

　既往歴については、服薬の有無や介入・支援に用いられている具体的な方法などについて情報を得ておく。今後の支援に役立つ情報が含まれている場合が多いことから、対象児および対象児の保護者の了承を得たうえで、利用している（利用していた）専門機関と連携し、一貫性のある対応を取ることが望ましい。

❷ 家族歴

　家族歴についてもできるかぎり正確に情報収集することで、支援対象者の理解が深まり、支援のヒントが得られる。多くの場合、家族内の問題が一番弱い立場の子どもの問題行動として表面化しているため、一見、子ども自身の問題に思えることも、背景には家族メンバーの問題や家族全体の問題であることが少なくない。

　家庭訪問による調査の中で、家族樹形図（ジェノグラム）を用い、家族内のどこにアプローチするとより効果的な介入につながるのかを見極めることもできるとよいだろう。作成方法は「ジェノグラム、エコマップの描き方」（➡217頁参照）をご参照いただきたい。虐待・被虐待経験の有無やアルコール依存・ギャンブル依存といった嗜癖問題の有無などから、家族内での負の連鎖が続いているのか、それとも負の連鎖を断ち切ることができているメンバーが居るのか、また、キーパーソンとなって今後の支援に協力が得られそうなメンバーは誰かなど、包括的な視点から具体的な支援方法について検討できるようになる。

❸ 地域的な特徴調査

　地域資源を当事者支援に活かすためには、まず、地域についての情報を収集・整理するところから始める必要がある。具体的には、地域の基礎的データ（学校区や公的施設の場所など）、社会資源（医療機関・福祉施設・教育施設・公園や運動施設など）、インフォーマルな活動団体情報（福祉活動団体・ボランティア団体・NPO団体）などをリスト化し、さらに、人口動態や地域の特徴（地形・気候・歴史・産業・住民意識など）についても把握できていると、地域特性を生かした支援計画も立てやすくなる。つまり、地域的な特徴についてアセスメントすることが重要であるといえる。

　アセスメント対象者とその家族に提供可能な社会資源について適切なタイミングで的確な情報を提供していくためには、日頃から、地域の自治体や社会福祉協議会と必要な情報を共有しておくことが望ましい。また、地域の民生委員や児童委員、子ども食堂運営担当者など、多岐にわたる地域サポーターと連携した支援体制を作り上げておくだけではなく、

その支援体制についても定期的にアセスメントしておくとよいだろう。

❹ 経済的な状況に関する調査

　子どもの問題行動の背景に家族の経済的な困窮状態が関わっていることも少なくない。例えば、虐待の要因の1つに借金による経済的生活苦があり、家庭での虐待により子どもが学校で情緒的な問題を生じさせるケースもある。親の失業、不安定な就労形態、短期間での転職の有無、金銭的な計画性のなさ（ギャンブル依存等）などについてもアセスメントし、必要な福祉支援を活用できているかについて確認する必要がある。生活保護を受給していても経済状況が不安定な場合もあるため、その原因についても把握しておく必要がある。

　経済的な状況が悪化している要因として、親の疾病や障害が影響している場合には、子どものケアと並行して、親の治療やカウンセリング、通院支援、家事育児支援など、活用できる支援につなげることも重要である。

　経済的理由によって子どもの就学が困難な状況にある場合には、就学支援や給付奨学金などの学資援助も活用可能となる。その他にも、社会福祉協議会の生活福祉資金貸付制度や、ひとり親家庭対象の無利子または低利の福祉資金貸付制度などもある。支援者としては、アセスメント対象家族の経済状況について把握し、どの制度を活用するのがよいのかについて、押しつけではなく、当事者家族が主体的に選択できる形式で情報提供することが求められる。

❺ 生活環境に関する調査

　生活環境全般については、まず物理的な状況（居住空間・生活地域の様子など）について把握し、次に、その環境に対する心理的な距離感なども反映させた情報を集約しておくと、その後の支援に役立てやすくなる。**生活環境を含めた情報集約の方法として、エコマップ作りが有効である。**作成方法は「ジェノグラム、エコマップの描き方」（➡217頁参照）をご参照いただきたい。エコマップを作成することにより、家族の支援ネットワークについて、公的なものだけでなく、私的なものにも目を向け、今後の活用可能性を検討することができる。エコマップを当事者家族とともに作成することが可能であれば、本人が自身の環境を理解するうえでも役立てることができるといったメリットもある。

5. 心理検査

アセスメントの方法として、主として専門家が用いる心理検査について紹介する。検査結果を読み取る際に役立てていただきたい。

❶ 質問紙法

質問紙法は、把握したい目的に沿って作成されている複数の質問に対して回答を求め、その得点からパーソナリティや気分、感情状態などを把握する際に用いられる心理検査方法の１つである。例えば、抑うつ症状の程度を測る尺度（日本版自己評価式抑うつ尺度など）、不安の程度について測定する尺度（状態・特性不安検査など）、パーソナリティを測定する尺度（MMPI, YG性格検査、東大式エゴグラムなど）がある。

質問紙法は、標準化されているものが多いため、採点基準に沿って実施することが可能である。そのため、検査結果解釈が行いやすく、実施者の検査習熟度の影響を受けにくいというメリットがある。一方、検査を受ける側の言語能力や認知能力の影響は受けるため、検査対象者の年齢や発達状況について配慮することが求められる。また、検査対象者が検査に非協力的である場合には正しい結果が得られないことにも留意して実施する必要がある。

❷ 作業検査法

作業検査法とは、特定の作業課題に対する態度や実施結果から、検査対象者のパーソナリティ傾向を把握する方法である。内田クレペリン検査（連続加算作業）、ベンダー・ゲシュタルト検査（図形の模写や描写）が代表的であり、意図的操作がしにくいことや言語能力の影響を受けにくいといったメリットがある。

❸ 投映法

投映法とは、検査対象者の意識化されていない特徴を測定できる検査と言われている。ロールシャッハ検査（インクのシミを元に作成した10枚の図版が何に見えるか問うことで見た内容だけではなく、見え方、見えた理由などを調べ、検査対象者のパーソナリティを理解する際に使用する検査）やバウムテスト（描画テストの1つ。検査対象者が描いた木の絵の特徴から、自己像をとらえる）、文章完成法（SCT: Sentence Completion Test：不完全な文章を完成させる課題により、パーソナリティ全般をとらえる際に活用したり、書かれた内容を元に心理面接のテーマとして扱うこともある）

などの検査方法がある。

投映法検査は、実施から解釈に至るまで検査者の習熟度に影響を受けることに留意して用いる必要がある。

❹ 発達検査

発達検査とは、発達全般、認知、言語・社会性、運動など、子どもの発達状態を測定する検査である。発達年齢（Developmental Age：DA）、生活年齢（Chronological Age：CA）との比率を求めた発達指数（Developmental Quotient：DQ、実際の年齢とのズレがなければ100）が算出可能である。発達指数は、知能、運動（歩行・手作業など）、日常生活（着衣・飲食など）、対人関係（家族とのコミュニケーションや他の子どもたちとの遊び場面での様子など）など、広範囲の発達を対象とした指標から構成されている。

個別式発達検査としては、新版K式発達検査（「姿勢・運動領域」「認知・適応領域」「言語・社会領域」に関する構造化された検査場面を設定し、子どもの反応を観察・記録する）が、日本で最もよく使用されている発達検査の1つである。

質問紙による発達検査では、遠城寺式乳幼児分析的発達検査法（「移動運動」「手の運動」「基本的習慣」「対人関係」「発語」「言語領域」の機能を評価する）、津守・稲毛式乳幼児精神発達診断法（「運動」「探索・操作」「社会」「食事・生活習慣」「言語」の5領域の発達プロフィールを描き、発達状況を把握する）などがある。また、子どもの視知覚上の問題を発見し、適切な訓練を行うための検査として、フロスティッグ視知覚発達検査などがある。

これらの発達検査を通して、アセスメント対象者が示す行動特徴が、年齢相応のものか否かについて検討することが可能となる。また、他の検査結果との類似点や相違点などから、アセスメント対象者が抱えている困難感の理解や支援に役立てることができる。

❺ 知能検査

知能検査とは、その名の通り知能を測定する検査である。検査のタイプは、集団実施タイプ（就学時健診時などで実施する知能検査）と、個別実施タイプ（個人の特徴を詳細に検討する知能検査）がある。

集団実施タイプの知能検査としては、「SM式社会生活機能検査」が代表的であり、適応行動の測定を目的としている。

個人実施タイプの知能検査としてよく用いられる「田中ビネー式知能検査」は、適用年齢が2歳から成人までと幅広く、他の知能検査と比較して実施の手順が簡便であることから、受検者への精神的・時間的負担が少ないことが大きな特徴であり、療育手帳の判定資料などにも使用されている。また、知能の中でも、認知能力の測定を目的としている「ウ

ェクスラー式知能検査」は、適用する年代別に、成人用：WAIS、児童用：WISC、幼児用：WPPSIがあり、体系的に作られていることから、日本で最も使用されている知能検査となっている。その他にも、情報処理能力の測定を目的としているK-ABCなどが使用されている。個人実施タイプの知能検査は、専門家（公認心理師や臨床心理士、臨床発達心理士、学校心理士など）によって行われる。

　知能検査の結果は、数値（知能指数や精神年齢）にのみ着目するのではなく、他のアセスメント結果と照らし合わせ、検査対象者の強みを活かし、弱みを補う工夫や支援の具体的方法を検討する際の資料として用いることが重要である。

6. 医学診断

　支援対象者についてアセスメントを行う際、心理面や社会的側面の把握と同時に身体的な状態に関するアセスメントも不可欠である。医学診断の場合、検査実施者は医療従事者になるが、以下に紹介する医学的診断の方法があることを学び、支援者理解に役立てていただきたい。

❶ 神経生理学的検査

　神経生理学的検査（脳波および誘発筋電図検査）では、心身の健康や発達の状態把握を目的として、生体機能などにかかわる神経生理指標を測定する検査である。

　検査対象者の発達や健康状態を阻害している要因が心理・社会的要因のみで説明できない可能性を考慮し、面接法・観察法・検査法と組み合わせて行われる。

　神経生理学的検査は、臨床検査技師などの専門家によって実施されることが一般的であるが、支援者としては、**神経生理学的検査が検査対象者の理解や支援につながることを理解し、スクリーニングや支援に役立てる姿勢を持つことが求められる。**

❷ 年齢ごとに考慮すべき精神疾患

　子どもの支援を考える際、幼少期から発現する疾患についての知識を持っておく必要がある。幼児期に考慮すべき疾患としては、「注意欠如・多動症」「自閉スペクトラム症」「コミュニケーション症」「遺糞症」「知的能力障害」「反抗挑発症」「選択性緘黙」「分離不安症」「限局性恐怖症」などが挙げられる。また、発達の遅れがその疾患の発症年齢と出

現に影響を与えることも考慮することが求められる。例えば、遺糞症は10代になるとめったにみられないが、精神年齢が約4歳で実年齢が16歳の場合にはみられる可能性がある。

　アメリカ精神医学会作成の児童・青年期診断面接マニュアル（DSM-5）では、年齢に基づくスクリーニング指標が示されている（表7-2）。援者にはこれらの医学診断に関する基礎知識もあわせ持ち、アセスメント対象者の理解と支援に役立てることができるとよいだろう。

表7-2　年齢群別スクリーニング指標

年齢群	実施を検討すべきスクリーニング評価尺度
0〜5歳	全般的な発達評価、自閉スペクトラム症スクリーニング尺度 対人的－情緒的学習尺度
6〜12歳	注意欠如・多動症症状評価尺度、不安評価尺度、うつ病評価尺度、自閉スペクトラム症スクリーニング尺度
13〜18歳	注意欠如・多動症症状評価尺度、不安評価尺度、うつ病評価尺度

出所：米国精神医学会（2013）に基づき筆者作成。

7. アセスメント実施時のポイント

　心理検査・発達検査・知能検査そして医学診断などは、アセスメントの対象者について、できるだけ多角的に理解することを目的とし、テストバッテリー（質問紙法・作業検査法・知能検査等、必要と判断された検査内容を複数実施）を組んで実施されることが望ましい。どの検査を組み合わせるのかについては目的によって異なるため、アセスメント面接（インテーク面接も含む）において、専門家とともに、どの検査を行う必要があるかを検討しておくことが求められる。

　アセスメントを実施する側には、支援対象者の信頼や協力が得られるような、安心できる環境づくりが大切である。安心できる環境とは、物理的な空間だけではなく、アセスメント実施者自身の雰囲気も含んでいる。そのため、日頃から実施者自身が、他者にどのような印象を与える傾向があるのかについて、表情、声色、服装などを確認・点検し、第一印象からクライエントやそのご家族に対し、「安心」「安全」を提供できるように心がけておくことが求められよう。

　児童福祉分野でのアセスメントの実際について、渡邉（2019）は、児童相談所職員の立場からNot Knowingの姿勢（家族のことは家族が一番よく知っている。援助者は家族ではないので

家族のことについて知らないことが多い。だから、何も知らない援助者は、当該家族の専門家である家族に家族のことを教えてもらう。その姿勢を大事にするということ）の重要性を指摘し、当事者の持つ強みを活かすこと、隣人・知人の参画を促し、当事者が主体的・能動的に行動できるようにファシリテートしていくことを提案している。この提案から、改めて「支援対象者の権利を護りながらアセスメントを実施する意識」を持つことの重要性がお分かりいただけるのではないだろうか。

（眞榮城和美）

▶参考・引用文献────────────────────────────────
青木豊編著（2015）『乳幼児虐待のアセスメントと支援』岩崎学術出版社
藤山直樹、中村留貴子監修、湊真季子、岩倉拓、小尻与志乃、菊池恭子著（2014）『事例で学ぶアセスメントとマネジメント』岩崎学術出版社
川畑隆編、笹川宏樹、梁川恵、大島剛、菅野道英、宮井研治、伏見真里子、衣斐哲臣著（2015）『子ども・家族支援に役立つアセスメントの技とコツ』明石書店
渡邉直（2019）「各分野における心理的アセスメントの実際──福祉分野」野島一彦、繁枡算男監修　津川律子、遠藤裕乃編『公認心理師の基礎と実践14──心理的アセスメント』遠見書房、173～179頁

子どもとの対話から見つけるアセスメント情報

　アセスメントには、児相で行われるような、あらゆる情報を集めての包括的なアセスメントがあるが、ここではもう少し細かく、日常生活の中から見えてくる、子どもの心の動きや変化を捉えてアセスメントをする方法について考えてみたい。

まず大人が心を開く

　子どもとのコミュニケーションは意外と難しい。会話は双方向性のものであるが、例えば被虐待児などは、大人に対する基本的信頼感が確立されていない場合が多く、「腹を割って話す」などというのは至難の業である。大人への不信感に満ちた子どもと本音で話すためには、まず大人の側が偽りのない自分の姿を見せる必要がある。自分を見せない大人には、子どもは怖くて心の扉を開くことはできないだろう。大人には素の自分をさらけ出す覚悟がいる。しかし、だからこそ、そのような子どもと心の通い合った会話が成立した時は、本当にうれしいものである。そして大人が感じる以上に、その時子どもは、喜びと安心を感じていることであろう。

情報を整理する

　子どもの話を聞く時は、今までの暮らしを理解したうえで、仮説を立てながら聞いていく。今できること、できないことをジャッジするのではなく、行動をシンプルに評価する。その際には目に見えていることだけでなく、大人が受けた印象や感覚的な情報も大切に扱う。「表現していない」のも1つの表現なので、背景を考えて、情報の質や重みに十分配慮しながら整理する。

　非言語コミュニケーションにも注目したい。子どもの表情、しぐさ、目線、声のトーンなどは、言葉以上に多くを物語ることがある。赤ちゃんに出会うと、人は必死でそのサインを読み取ろうとする。2～3歳のまだ言葉が覚束ない子どもに対する時もそうであろう。しかし言語で表現することができるようになると、大人たちはつい言葉だけに頼ろうとしてしまう。子どもが「こう言った」だけでなく、子どもの体から発せられるたくさんのサ

インを見逃さないようにしなければならない。

　そのうえでどういう関わり方、支援方法をとるか。評価→仮説→プラン→実証→評価を繰り返し、子どもの一生を考えて、自立に向けた支援につなげていく。

日常の暮らしから捉える

　ネグレクトを経験した子どもは、人との会話経験が少なく、言語表現が苦手な場合が多い。人は自分の気持ちを聞いてもらう経験があって初めて、自分の感情を言葉で表現することを覚えていくのではないだろうか。今まで気持ちを受けとめてもらえていなかった子どもに対する時には、未熟な言語表現の裏にある感情をキャッチできる感性が重要になる。例えば施設の中である男の子が、夜中に食堂に置いてあったリンゴを１つ食べてしまった。そのリンゴは次の日に、おやつとしてみんなで食べることになっていたものだ。大人側からすると、「盗み食い」をしたことになる。しかしよくよく話を聞いてみると、彼はリンゴが食べたくなったが、その時どうしていいかが分からなかっただけだった。つまり施設に来る前の彼は、「リンゴが食べたい」と思ってもその気持ちを聞いてくれる大人がおらず、ましてや皮をむいてくれる人もいなかったのだ。先生は「次からは、リンゴが食べたかったらそう言いなさい。私がリンゴの皮をむいてあげるから」とその子どもに伝えた。男の子を頭ごなしに叱らず、話をじっくり聴いてあげたからこそ彼の気持ちを知ることができ、この事実が見えたことになる。「盗み食いをする子」というレッテルを貼るのではなく「気持ちを受けとめてもらう経験が少なかったがゆえに、自分の気持ちを言えない子」あるいは「伝え方を知らない子」と捉えることで、その後の支援は全く違ったものになる。

　たとえ会話が得意な子どもであっても、言語で表現したことが全てではないということに大人は注意しなければならない。出た言葉そのままの意味を受け取ってよいのか、実は気持ちと裏腹ではないのか、強がりを言っているのではないか、途中で飲み込んだ言葉があるのではないか等々、大人は「子どもの本当の気持ちを知りたい」と思い続け、粘り強

く話をすることが望まれる。例えば父親から身体的虐待を受けていたある子どもは、当初「お父さんなんか大嫌い！」と言い続けていた。しかし落ち着いて生活ができるようになってから、家での暮らしぶりを少しずつ語るうちに、ある日「お父さんの作ってくれるオムライスが大好き」という発言があった。この言葉から、子どもは暴力を振るう時の父親は大嫌いでも、仕事で疲れて帰った後に手料理を作って食べさせてくれる父親の優しい面も知っており、「お父さんが好き」と言葉で表現しなくても、好きと嫌いの両方の気持ちが複雑に入り混じっていることが分かるのである。

（則武直美）

第 8 章

総合的アセスメントと援助方針

多面的な情報／事情の理解／当事者の困りごと／強みの発掘／当事者の願い／具体的な目標

1. 集積した情報の整理

❶ 広い意味でのアセスメント

　はじめに、本章における「アセスメント」という用語の使い方について説明する。この用語は意味する内容が広く、専門家同士の話し合いでも焦点がすれ違うことがあり、客観的な査定・評価・判定という意味に限定して使われる場合と、主観的な解釈・予測・仮説も含めた広い意味で使われる場合がある。齟齬（そご）をなくすために、まず本章における「アセスメント」の定義を述べておきたい。

　本章で「アセスメント」とは、次の 4 つの側面を備えた専門家の意見のことを意味している。なお、すべての側面を備えていると「アセスメント」としての完成度が高いが、実践において常にすべての側面が揃っていなければならないわけではない。

［アセスメントの 4 側面］
　①気がかり：支援対象の現在の状態や問題等の把握
　②背景理解：問題等の背景に関する専門的な理解
　③方針と目標：ウェルビーイング向上のための目標や対応及び見通し
　④共有性：専門外の人にも伝わる形で表現した専門家の意見

　精神科医の土居健郎は「診断」よりも広い意味で、「見立て」という言葉を用い、診断・背景理解・方針・見通しなどをひっくるめた専門家の意見が「見立て」だと述べている（土居 1992）。本章でいう「アセスメント」は、この「見立て」に近い包括的な概念である。

　包括性に加え、もう 1 つ大切なことがある。「査定」と「アセスメント」は、同じものと考えていないことである。ロングマン現代英英辞典によると、assessment とは、①人物や状況を評価することと、②費用や価値を算定すること（筆者訳）とある。①の意味は「見立て」に通ずるだろうし、②の意味は「査定」を指すといえる。支援者の解釈や考察、さらには仮説的な推測や筋立てなどを含む「見立て」が assessment の原義に近く、「査定」はその一部もしくは派生語と位置づけられる。ただし、「アセスメント」は論理性や客観性を備えるものであり、個人的な体験や価値観や感情に基づく恣意的な思い込みや決めつけとは一線を画していると解される。本章では、包括的な専門的意見を意味する時に「アセスメント」または「見立て」を用い、客観的な評価や判定に意味を限定する時に「査

定」と表現することとする。

❷ アセスメントの基本姿勢

　社会的養護が必要となるケースでは、多くの場合問題が重複し、さまざまな要因が錯綜している。しかし、アセスメントにあたっては、問題が生じる原因やその元となる人物（"犯人"）を特定の対象に収斂しがちである。例えば、施設に入所してきた子どもの暴力行為が続く時に、"本人の怒りっぽい性格が原因だ"とか"体罰を行ってきた父親のせいだ"などと考えるのがその例である。そして、その原因や"犯人"を特定したら、それらを取り除こうと考える。しかし、この素朴な発想は先述のアセスメントの4つの側面を満たしているだろうか。①気がかりな問題は暴力行為だけでいいのか、父親からの体罰があればトラウマの影響が気になる、②子どもの性格や父親に原因を特定しために、本人の知的な特性や友人とのトラブルなどの背景を見落としていないか、また幼少期から味わってきた本人の気持ちをおろそかに扱っていないか、③原因を取り除くという方針は本人の望むウェルビーイングにつながっているのか、④これらの説明は本人や父親と共有できるものなのか。このように検証すると、**特定の原因に帰属させる素朴な発想だけでは、アセスメントの4側面を満たすことができない**ことが分かる。

　特定の原因を探るべく情報を分析するよりも、「事情を知ろう」と包括的にケースを理解する姿勢に切り替えると、アセスメントを進めやすいだろう。一般的に子どもの問題行動に気づくと、まず「あれは良くない行動だ」とか「みんなに迷惑で困る」などと否定的に評価し、「どうしてあんなことするのだろう」と原因を考える方向に思考が進みがちである。しかし、「いや、どんな事情があるのだろう」と本人の状況や体験していることを探る姿勢に切り替えると、相手に対して共感的な気持ちに戻り、さまざまな要因が入り組んだ複雑な事情をそのまま理解する柔軟性も保っていられるのではないかと思う。**アセスメントにあたっては、原因を探るよりも事情を探る姿勢が重要である**。ソーシャルワークの基本姿勢である「非審判的態度」や「受容的態度」は、事情を探る姿勢と深く関係している。

▶▶▶実践上のヒント

　私は、素朴な発想を専門的な思考に切り換えることを、"プロのスイッチを入れる"と呼んでいる。生活支援を行う専門家にとって、素朴で安定した日常を大切にする生活人としての"普通の感性"は大切である。しかしそれだけでは、当事者が普通の生活を送ることに行き詰まってしまった特殊事情を推し量ることができない。福祉実践には"普通の感性"と"専門家の思考"の間を行き来する難しさがあり、"プロのスイッチ"

で頭を切り替えて、当事者が身を置いている独特な世界に自分の身を浸してみる必要がある。

❸ 情報の集約

　アセスメントを始めるにあたり、まず情報を多面的に収集するべきである。そうすることで、見落としや偏りを防ぎ、的確にアセスメントを行えるからである。精神医学や福祉領域でよく使われる「生物－心理－社会モデル（bio-psycho-social model）」は、体のこと、心のこと、周囲との関係の3領域から総合的に利用者の人物像を捉えようとするモデルである。収集する情報を例示すると、表8-1のようにまとめられる。現在の情報だけでなく、過去からの経緯や生い立ちなど歴史的背景も把握することに留意してほしい。現在の問題が生じるまでには、その人特有の経緯や歴史があるので、それらを知ることによってそれぞれの人が持つ固有の事情が把握できるのである。

　また、表8-1の区分は、個人→家族等→地域の順に関心を向ける範囲を広げていることにも注目していただきたい。問題行動の背景には、歴史的背景に加えて、周囲の影響等の環境的背景も存在する。例えば、中学生が急に不登校になったとしよう。その背景には幼少期からの親子関係が影響しているかもしれないが、それだけでなく陰でいじめを受けているのかもしれない。

　以上のようにアセスメントにおいては、本人特有の事情と問題の背景を理解することが重要である。そのため情報収集にあたっては、**本人の特徴、環境的背景、そして歴史的背景に関する情報を多面的に把握する必要がある**。これらの情報を得ることで、現在の生活実態を横断的に見渡すことと、そこに至る歴史を縦断的に見通すことが可能になり、広がりと深みを備えた実践的なアセスメトを行うことができる。

表8-1　収集すべき情報の例

区分	内容
子ども（本人）	本人の特徴、問題となる行動、生育歴、所属集団での様子等 心理検査の結果や医学診断等の査定情報
家族や親族	親の人物像、親の生活史、家族関係、親族との関係等
生活環境	住居、経済状況、地域の様子、援助資源等

　さまざまな情報を漏れなく収集するために、聞き取り票やアセスメントシートの活用は有効である。さらに項目の配置を工夫すると、見立てを考える際の助けにもなる。さまざまな手引きやマニュアルにアセスメントシートが掲載されているので、それらを参照されたい。参考文献として、近藤（2015）と増沢（2018）をあげておく。既存の資料を基に職員が協議して、自分たちの工夫を取り入れたアセスメントシートを作成できると、その有

用性はさらに高まる。また、アセスメントシートに完成形はないので、数年ごとに見直しを行い、新しい知見を反映させて更新するべきだろう。

▶▶▶実践上のヒント

アセスメントシートは里親支援機関の新任職員の育成にも役立つツールである。日常業務の中で繰り返し記入するので、自然に聴取すべき項目を覚えることができる。ただ、機械的に聞き取るルーチンワークに陥ってしまうこともある。そうなると、せっかく情報を集めてあってもアセスメントに活用しにくい曖昧な情報の山になってしまう。各項目がどのようにアセスメントにつながるのか、先輩職員が解説をすることも必要である。

❹ 情報の受け止め方

収集した情報に基づいて評価や判断をする際に、支援者は情報の恣意性と明確さに十分に注意を払う必要がある。報告や記録には伝聞情報が多く、思い込みや勘違いが入り込む余地があるからである。

まず恣意性についてだが、すべての報告や記録は**報告者が注目した事柄が抽出され、報告者の解釈も含めて報告されている**ことを認識しておく必要がある。報告は報告者の"色眼鏡"越しの情報なのである。例えば、保健師から「母親は子どもへの愛情に欠け、食事を作っていない」と聞き、児童福祉司は"いかにも家事をしない感じの母親だ"という印象に基づいて「母親は子どもに食事を与えていなかった」と報告したところ、保護した子どもは肥満体型だった。実は母親は調理をしないが、カップラーメンやパンを自由に食べさせていた。この例では、児童福祉司が思い込みに影響されて事実と異なる報告をしたのである。

次に情報の明確さだが、**主観的で曖昧な報告は「印象」と呼ぶべきであり、「情報」とは客観的で具体的なものである。**「印象」は「問題の多い困った子」のような言説で、報告を受けた人によって思い浮かべる内容が異なり、齟齬を生じやすい。一方「情報」は「算数の時間に離席をする子」のように具体的な行動が伝わる言説で、報告を受けた人の間でイメージを共有しやすい。適切なアセスメントのためには、客観性と具体性を備えた明確な「情報」が必要である。重要な事柄に関しては「誰が、誰に対して、何をした」と主体、対象、行動を明確にし、頻度や程度は「月に何回」などと数値化して聞き取るべきである。

▶▶▶実践上のヒント

施設や里親が児童相談所（以下、児相）や市区町村から受け取る資料は、概要の形に

まとめられたものが多く、詳細が分かりづらい。詳しい情報が必要であれば、施設や里親の側から積極的に情報提供を依頼するとよいだろう。児相等が措置するまでにアセスメントに必要な情報をすべて聞き取っておくことは難しいが、施設や里親から依頼があれば折を見て保護者に尋ねることができる。

　また、施設や里親が情報を聞き取ったら児相に情報提供をすることも大切である。情報の依頼や提供を通じて、児相等と施設や里親の間で重要な情報に関する共通認識が形成されるからである。リスクマネジメントの責任が重い児相と、ニーズ支援に重きを置く施設とでは、自ずから注目している情報が異なるのである。

　なお、個人情報保護のために提供できる情報に制約があるので、依頼する側はこの点を理解しておくことも大切である。

2. 問題や強みの分析と見立て

　本人の特徴、査定情報、生育歴、家庭状況、生活環境等の情報を整理できたら、次に行うのはケースの理解である。ケースの理解にあたって、①気がかりなことの特定、②本人の困りごとの推定、③強みの発掘、④願いの整理、の４ステップで進めると、実践的でバランスのよい見立てを立てやすい。

❶ 気がかりなことの特定

　「気がかりなことの特定」とは、支援者や周囲の人から見て"問題だ"とか"課題だ"と感じる状況について、特に気になる重要な３～４項目を具体的に特定することである。例えば、精神的に幼いＢ君に関して、「Ｂ君は我慢が苦手で、要求が通らないと職員に『うるせー』『死ね』等の暴言が出る」のように、本人の特徴と代表的な現れを記述できると、具体的に特定できたといえる。

　気がかりなこととしてあげる課題は、「本人の成長上の気がかり」と「ケースワーク上の気がかり」とに分けることができる。前者は主に施設等が生活支援を通じて対応すべき課題で、後者は主に相談機関がケースワークで対応すべき課題である。

　「本人の成長上の気がかり」の内容を詳細に見てみると、表8-2に示すように「行動に関すること」「遅れに関すること」「傷つきに関すること」とに分類できる。子どもと生活を共にしていると「行動に関すること」の情報が豊富になり、子どものことをよく分かっ

ている気がしてくるのだが、「遅れに関すること」や「傷つきに関すること」の査定がおろそかになることがある。定期的にこの3種類の事柄を点検していれば、気がかりな課題の見落としを防ぐことができる。

表8-2　本人の成長上の気がかりの例

種類	内容
行動に関すること	・暴力、暴言、パニック等の未統制な衝動の表出 ・盗みや虚言等の周囲の信頼を裏切る行為 ・行動停止や緘黙等の活動性や自主性の不足 →　周囲との関係の中で生じる問題
遅れに関すること	・精神発達遅滞や発達障害等の知能や認知機能の発達の遅れ ・アタッチメント障害等の情緒発達もしくは心理社会的発達の遅れ →　本人の認知面・心理面における発達の課題
傷つきに関すること	・疾患や障害による苦痛や不安や不利 ・トラウマ記憶に関連するトラウマ反応や傷痕 ・喪失体験に基づく否定的な認知や信念 →　本人が一定の期間継続的に抱えていく心身の課題

　「ケースワーク上の気がかり」とは、周囲の人との関係及び経済環境に関する課題のことである（表8-3）。情報の収集の時と同様に、関心を向ける対象を「家庭に関すること」→「所属集団に関すること」→「地域に関すること」と広げていくと、見落としなく全体を点検できる。

表8-3　ケースワーク上の気がかりの例

領域	内容
家庭に関すること	・経済状況や住居等の物質的養育環境 ・養育者の養育技能 ・家族同士の関係性や家族の文化・価値観
所属集団に関すること （保育所や学校等）	・本人と職員の関係 ・本人と周囲の子どもとの関係 ・集団生活への適応
地域に関すること	・地域の特徴 ・地域と家庭のつながり（近所づきあい等） ・援助資源の種類とつながり（サービス内容、援助希求等）

　気がかりなことを3〜4項目に絞り込むにあたって優先すべき課題は、施設等ならば「本人の成長上の気がかり」であり、児相等ならば「ケースワーク上の気がかり」である。所属機関の役割に応じて優先順位が異なる。

　生活を共にする支援者にとって、「本人の成長上の気がかり」は数多く存在するだろう。それらの中からさらに課題を絞り込む時は、「なぜこの子はこんなことをしてしまうのだろう？」と違和感を覚える事柄を優先するとよい。このような違和感は本人の特徴的な思

考や行動を反映しており、その背景には本人が過去に味わった独特な体験が関係していることが多いからである。支援者の違和感は、本人の現在の特徴の横断的理解とその背景にある人生史の縦断的理解の核心につながる重要な糸口といえる。

▶▶▶**実践上のヒント**

区分や分類を示されると、どこに入れればいいのか迷うケースが必ず出てくる。例えば、"小学5年の子どもが音信不通の母親を理想化して待ちわびている"というケースは、"本人の成長"と"ケースワーク"のどちらにも関連しており、分類に困ってしまう。

このような場合、両方に属する課題と位置づけるのが妥当である。本来はどの区分なのかと悩まずに、どちらにも該当すると判断して差し支えない。分類や区分はあくまでも説明を単純にするための理論的な整理である。現実の問題は複雑にいくつもの要因が絡み合って相互作用を起こしているので、単純化された分類できれいに切り分けられない実例があるのは当然のことである。

❷ 本人の困りごとの推定

①視点の転換

「本人の困りごとの推定」を始めるにあたって、最初に行う作業は「気がかりなこと」は誰が気にしているのか、つまりその気がかりは"誰にとっての困りごとか"を吟味することである。「気がかりなこと」「問題行動」「主訴」として取り上げられる事柄は、多くの場合、周囲の人が迷惑と感じていることである。そのため気がかりなことを改善しようとすると、自ずから周囲にとって迷惑なことをやめさせようという方針になりやすい。

ここでアセスメントの4つの側面を思い出していただきたい。3番目の側面として、「ウェルビーイング向上のための方法と目標並びにその見通し」をあげた。ウェルビーイングの向上とは、言い換えれば本人の笑顔の時間が増えることである。周囲にとって迷惑な行為をやめさせれば、本人の笑顔の時間が増えるだろうか。「気がかりなこと」の改善は集団適応や現実適応を重視した方針といえる。施設の安全確保や子どもの社会適応を考えると、このような方向性は大切なものであり、決してないがしろにはできないのだが、その半面ウェルビーイングの向上は子どもが幸せになるうえで不可欠である。アセスメントを行う際には、まず本人のウェルビーイングの向上を図り、そしてそれが周囲にとっても好ましいことか検討するバランス感覚が支援者に求められる。

ウェルビーイングの向上を目指してアセスメントを行うにあたり、重要なことは支援者の「視点の転換」である。いったん周囲の人の視点から離れて、本人側から見たら何に困

っていそうか思いをめぐらせるのである。C君の暴言や暴力に困っている例でいえば、暴言や暴力は周囲の困りごとで、C君本人は周囲から頻繁に注意されたり怒られたりすることに、ムカついたり傷ついたりしているのかもしれない。視点を転換する時は、**主語を本人に置き換えて**"本人は〜に困っている"とか"本人が辛いのは〜だ"という文章を作ってみると、本人側の視点に切り換えやすくなる。

▶▶▶実践上のヒント

　現実的には、視点の転換をスムーズに行えない時もある。切り換えを阻むのは支援者の中の２つのこだわりである。こだわりの１つ目は、原因や"犯人"を探る原因追及へのこだわりである。そして２つ目は、悪い人を懲らしめる懲罰感情へのこだわりである。このような考えや気持ちが湧いてくるのは常識的な人間として当然のことなので、自分の頭の中で"そうなんだけど今は脇に置いといて、本人としては〜が辛い"のように、いったん自分のこだわりを認めると、いくぶん切り換えがスムーズになるだろう。私の経験では、実際に自分の顔の向きを変えながら本人視点の文章を作ってみると、さらにスムーズに本人の立ち位置に入っていくことができる。

②３つのキーワード

　ここまで「困りごと」と言っているのは、本人が嫌だ、辛い、苦しいと感じる出来事で、継続的に生じるもののことである。これがどのような仕組みで生じて、どうして繰り返されるのかを推定することは、見立てにおいて重要な作業である。これらの不快感が緩和されると、ウェルビーイングが向上するからである。推定にあたって、検査結果、医学診断、行動観察等の客観的な査定情報と、明確で具体的に聞き取られた調査情報が重要な検討材料となるが、さらに支援者が共感的に感じ取った感覚や思いをめぐらせて描いた筋立ても加味して見立てを進めることによって、共感性の高い本人と共有しやすいアセスメントとなる。支援者の感覚や筋立てを生かした見立てを進める際に、次の３つのキーワードが有用である。

　　・「分からない」
　　・「怖い」
　　・「止まらない」

　これらは、問題行動の背景にある本人の感覚・感情を象徴的に表している言葉である。周囲から見ると、このようなことを感じているようには見えないが、本人からするとこの

ような感覚・感情が生じたために問題行動が引き起こされていることが多く、支援者が本人視点に立とうとする時に、足がかりになるキーワードである。

　まず「分からない」の感覚が当てはまる典型例は、発達障害や知的に境界級の遅れを持つ子どもである。指示通りに動かない時に、本人にしてみれば指示されたことが分からなかったり、できないことを言われていたりするのだが、周囲の人はまさかこれが分からないとは思っていないので、"勝手な子"とか"やる気がない子"と考えて注意をする。子どもは注意を受ける回数が多くなるので、反抗的な態度をとりがちになり、結局は問題行動が多くなってしまう。例えば、非行傾向のある中学生が授業中にノートをとらないので、頻繁に叱責を受けていたが、実は学習障害で模写ができなかったということがあった。この子のウェルビーイングを高めるためには、注意や叱責よりも、模写の練習と特性に応じた支援が必要だった。

　次に「怖い」の感覚が当てはまる典型例は、親から容赦のない折檻や叱責を受けて育ってきた子どもである。繰り返し味わった恐怖体験がトラウマとして残っているというPTSD 的側面と、ピンチになっても誰にも守ってもらえないという恐怖感・自己卑下・不信感がないまぜになったアタッチメントの傷つきの側面との両面から、彼らは怖さを感じやすくなっている。そして、周囲の世界にやられてしまわないように、暴言等で周囲を威嚇し、攻撃を受けたら全力で応戦する臨戦態勢を崩さずに生活することが習慣化している。一見攻撃的で強気な人に見えるが、実は一時も安心できずに常に怯えて警戒している姿の裏返しなのである。このような子どものウェルビーイングを高めるためには、まず安心を感じてもらうことが必要であり、心地よい生活環境と、穏やかで理性的な関わりが一定期間安定的に提供される必要がある。

　最後に「止まらない」の感覚が当てはまる典型例は、強烈な恐怖や衝撃を体験した子どもが抱えるトラウマ反応である。特にフラッシュバックは条件反射的に行動が現れるので、本人の意思や理性では止めようがなく、自己統制が難しい。例えば、フラッシュバックでパニック状態に陥り大暴れをしてしまう子どもが、「ブレーキもハンドルも利かない車に乗っている感じだ」と教えてくれたことがあった。また、トラウマ場面をつい再現してしまう再演行動を繰り返す場合も、本人の意思でその行動を統制することが難しい。例えば性被害に遭った女児が、男子を挑発する性的な言動を繰り返すことがある。本人はそれが良くないことだと知っているが、「スイッチが入ると止まらなくなる」と言っていた。

▶▶▶実践上のヒント

　トラウマ反応に基づく大暴れや性的言動が現れた時には、適切な注意や制止をして本人と周囲の安全を守る必要がある。しかし、その後子どもに説教をして反省を求め

る指導は、効果的ではなかった。反省や懲罰に頼ると泥沼に沈み込んでいくかのように状況が悪化して、むしろ関係がこじれるばかりだった。反対に自分では止められない衝動に操られてしまうことに困っている子どもと捉えて、職員と一緒にコントロールする方法を身に付けようと誘う方が効果的だった。ある子どもが教えてくれた名言がある。「暴力が悪いなんて知ってるんだよ。どうしたら止められるのか誰も教えてくれないじゃないか！」

③現在・過去・未来

　先述の3つのキーワードから本人の困りごとを見立てる際に、共通している支援者の考え方がある。それは本人の過去の体験に思いをめぐらせて、現在の感覚・感情に至るまでの経過をストーリーとして捉えていることである。見立てにおいて、本人の歴史的なストーリーを筋立てる捉え方は重要である。現在の気がかりなことを解決しようとすると、本人の特殊事情を勘案しない支援者視点の対応に陥りやすい。現在の気がかりなことが特定できたら、次に注目すべき事柄は本人の過去である。どのような歴史があり、その中で本人は何を感じ、どんな信念を形成してきたのか、支援者の想像力を駆使して蓄積された思いを感じ取ったうえで、未来に向けた目標を設定する方が、本人の事情に沿った方針や目標を設定できる。

　アセスメントを進めるにあたって、個人→家族→地域と視野を広げる横断的展開と同時に、現在・過去・未来の順に時間軸を移動する縦断的筋立ても重要であり、これらの横軸と縦軸を組み合わせることによって、広がりと深みのある見立てが可能になる。

❸ 強みの発掘

　「本人の困りごとの推定」を終えたら、ネガティブな情報から離れて、「強みの発掘」のステップに移る。これまでは否定的な側面を吟味することにエネルギーを注いできたが、ひとりの人間の全体像を捉えるのであれば、その人の肯定的な側面を精査することも必要なはずである。「強みの発掘」とは、本人及び周囲の人が持つ強み（strength）を見つけ出す作業であり、埋もれた強みも積極的に探し出す必要があるので、「発掘」としている。

　本人の強みを点検する際に検討する代表的な項目として、次の5点をあげることができる。

［本人の強みの検討項目］
　・得意なこと：特技、自信のあること、人より優れていることなど
　・好きなこと：楽しそうに取り組むこと、喜んでやること、熱中していることなど
　・楽しみなこと：心待ちにしていること、ワクワクとして次の機会を待つことなど

・安心になれること：不安や興奮が静まること、元気が回復すること、ゆったりできることなど
・普通にやれること：安定的に続けている生活習慣、周囲の人のように平均的にやれていること、任せておいて大丈夫なことなど

　「強み」と聞くと、まず特技とか優れている点を思い浮かべるかもしれないが、上記の5項目はそれ以外のものも含んでいる。特に、「普通にやれること」を強みとしてあげている点に注目してもらいたい。成育過程に不利を背負った子どもが、不利のない子ども達と同じようにやれているとしたら、それはその子が不利を補う努力をした成果だと見ることができる。このように埋もれがちな努力を発掘することが、本人のエンパワーにつながるのである。

　強みを発掘する目的は、本人の優れている点をほめて自信や元気をつけさせることだけではない。ウェルビーイングを高めるためには、楽しみを作り出す力、安心を回復する力、安定を維持する力も必要であり、上記の5項目は、本人が持つ豊かで安定した生活を築く力を査定したり、その力を高める方針を検討したりするうえでも役に立つのである。

　5項目の他に、たまたまうまくやれたとか、あの時は何とかできたという「例外的成功」も注目すべき強みである。本人が例外的成功を語る時は、取るに足りない出来事のような言い方をすることが多いのだが、実は解決につながる有力な情報が含まれている。例えば、母親が「息子はお父さんの帰りが早い日しか宿題をやらないから、本当に頭にくる」と訴えたとする。この場合、父の帰りが早い日は宿題をやることが「例外的成功」であり、ここに父親は勉強の教え方が上手などの有力な手掛かりが潜んでいるかもしれない。

　ここまで述べてきた本人が持つ資質の他に、環境の中の資源も強みに含まれる。例えば、次にあげる5項目は環境的な強みといえる。

・つながりを感じる仲間：本人が所属感を持てる集団。心理的な居場所
・心が安らぐ場所：安心感を回復できる場所。物理的な居場所
・相談できる相手：困りごとや悩みごとを話せる相手
・助けになる相手：衣食住や金銭面で援助してもらえる親族や知人
・援助機関：相談機関や行政サービスなどの支援制度

　これらの項目は、ケースワークを進める際に役立つ情報であるばかりでなく、本人が社会とつながる力を査定するうえでも有用な情報である。近年は社会的自立とは、上手に周囲に頼ることができ、頼れる先をたくさん持てることとする考え方が主流になってきた。社会とつながる力を査定することは、社会的に自立する力を推測することにつながるだろう。

　最後に、肯定的側面の検討と支援者の気分について触れておきたい。強みの発掘に取り組むと、支援者の中に本人に対する肯定的な気分が高まってくる。期待感である。支援者の側に本人への期待や希望があることは、支援の動機や援助方針に強く影響するだろう。また、支援者が本人の人生史に思いをめぐらせると、さまざまな苦難を乗り越えてきたことに気づき、その人への敬意が高まることがある。この敬意は、相手をエンパワーし、支援を良い方向に導くものとなる。「強みの発掘」は、支援者が抱く当事者への期待や敬意を強め、支援の質を高めることができる大切なステップである。

❹ 願いの整理

　「強みの発掘」の次のステップは「願いの整理」である。「願い」とは、本人が「〜したい」「〜なりたい」と思っていることである。また、周囲の人が「〜なってほしい」もしくはその人が「〜ありたい」と思っていることも含まれる。方針や目標を検討する際に、**当事者の願いは重要な指針**となる。もしも支援者が提示した目標が当事者の願いとズレていたら、当事者にとってその目標は"やらねばならないこと"や"やらされていること"になり、主体的に取り組むものではなくなってしまう。当事者の主体性を尊重して協働関係に基づく支援を進める場合、**主体性の有無は支援の成否の分岐点**となる。支援者は本人の願いの把握に努め、その願いの現実性や実現の手段を本人と検討することで、方針や目標等の決定過程に本人の参画を求めるべきである。重要な意思決定の際に迷いや悩みはつきものだが、支援者の支持を受けながら、本人の中で自問自答を繰り返して、自分が本当に願っていることは何かを認識し、そして現実を受け入れ、最終的な意思決定をする過程が本人の成長を促進するのである。

　また、支援者にも願いがある。代表的なものは、当事者に「〜なってほしい」とか「〜してあげたい」という気持ちであり、それがあるからこそ粘り強く支援を続けることができる。半面、支援者の願いが強いがために、誰のための支援目標か混乱してしまうこともある。特に児童虐待ケースでは、危機介入から支援が始まることが多いので、"保護者の暴力から守りたい"等の支援者の願いがそのまま援助方針になってしまうことがある。しかし子どもが望んでいることが、支援者の願いと一致しているとは限らない。例えば"ママと離れたくない"という気持ちが強い子どももいる。安全確保との兼ね合いが難しいのだが、子どもの気持ちを度外視してよいということにはならない。このように、1つのケースの中でさまざまな人の願いや思いが複雑に交錯するので、誰が何を願っているのか整理し、**支援者の願いだけで方針を決めることがないように自制する**必要がある。支援の原則は「子ども第一」（children first）である。状況が複雑であればあるほど、子どもの本来の願いを的確に把握し、その原点に立ち返る姿勢が求められる。

> ▶▶▶実践上のヒント

　支援者の中に生じる「～しないでもらいたい」とか「～をやめてほしい」という気持ちも願いの一種である。受容的な姿勢とはいえないが、このような気持ちが湧くのは自然なことであり、それを無理に抑え込む必要はない。このような気持ちが現れたとしても、それが誰の気持ちなのか、支援者の中で区別がついていればさして問題ではない。問題となるのは、その区別が曖昧で子どもの願いを優先することができなくなっている時である。「～をやめるように言うのは、君のためを思っているからだ」などと、自分の願いと「子ども第一」とが混ざりあってしまうと、結局は支援者の気持ちが優先されてしまう。

　また、本人の要求をのむことが、子どもの利益につながるとは限らない点にも注意が必要である。例えば、数年ぶりに実母から面会の連絡が入った施設入所児が、「あんな奴とは会いたくないから断って」と言ったら、単純に要求通りの対応をしてよいのだろうか。子どもが情緒的な混乱や葛藤を抱える状況では、支援者が子どもの要求にいったんブレーキをかけ、要求の背後に隠れている本来の願いを一緒に考える方が、子どもの成長の助けになるだろう。

---

3. 目標等の設定

　「問題や強みなどの分析と見立て」の段階を終えたら、次に取り組むのは「目標等の設定」である。これが総合的なアセスメントの最後の段階となる。この段階では、①支援方針、②支援目標、③具体策、の順に具体化しながら、支援の内容を決定する。そして、支援を実行した後に「再評価」を行い支援の効果を検証し、見立て、方針、目標、具体策を修正する。この修正のサイクルは、目標が達成されるまで繰り返される。

❶ 支援方針

　「支援方針」は、支援チームが目指す方向を端的にまとめたもので、大雑把な目当てということもできる。方針と目標が混同されやすいが、**方針を具体的にしたものが目標**である。例えば、"親子関係の改善"は方針で、"母親が子どもと遊べるようになる"が目標である。先述の"家族全体のウェルビーイングの向上"は、どのケースにとっても当てはまる基本方針なので、支援の原理とか原則と位置づけられる。

　査定や聞き取り等を行って本人の視点から見立てを立てるのは、それぞれの人の独自の事情に根差した個別性のある支援方針を検討するためである。"親子関係の改善"とか"アタッチメント形成の促進"は支援方針といえるのだが、ほとんどのケースに当てはまるので個別性が弱い。"支配的な親子関係の改善"とか"食事を通じた心地よい体験の提供"など、ケースの特徴と結びついた支援方針を立てるよう心掛けるべきである。しかし、個別性のある方針を検討していると、それが方針なのか目標なのか分からなくなることがある。このような場合、改善を確認できる行動は何か、さらに検討してみるとよい。改善を確認できる行動が特定できたら、その行動を目標とすることができる。

　チーム支援を行う際に、支援方針は職員間もしくは機関間で共有するものだが、支援目標はそれぞれに異なることもあり得る。例えば、"もっと自己主張できるようになる"という支援方針を立てた子どもであれば、担当以外の職員との間では"要求を伝えられる"ことが目標になり、担当職員との間では"困ったことを相談できる"ことが目標になる場合もある。

▶▶▶実践上のヒント

　「ウェルビーイングの向上」といっても、家族全員が常に笑顔で満たされた生活を実現しましょうということではない。日常生活の中にさまざまな苦痛や苦労、不安や不満を抱えているのは、どの家庭にとってもごく普通のことではないだろうか。ただ、自分たちの力では手にあまるほどの苦労や不安にさいなまれることもあり、そのような時に専門家の支援が必要になるのである。家族が抱える苦痛や不安が、今よりも少し楽になり、本人も周囲の人も安心できる方向に変化することができたら、「ウェルビーイングの向上」が進展したといえる。そのためには、家族間に漂う支配や妬みなど互いに奪い合い、消耗していく雰囲気が薄れる必要がある。まず支援者と家族の間に苦労を分かち合い笑顔が増える関係が築かれ、その関係性が家族の中にも広がっていくような支援を行うことができると理想的である。

❷ 支援目標

　「支援目標」は、当事者が実行できるようになることを目指す具体的な行動のことである。実際には査定や見立てが十分にできておらず、具体的な行動を特定するところまで検討し切れないこともあるが、目指すところは「～できるようになる」の形で支援目標を設定することである。明確で具体的な目標を設定できると、本人や家族と目標を共有しやすくなり、動機づけを高めることができる上に、支援チーム内での思い違いも生じにくくなり、支援チーム内の連帯感を高めることにもつながる。

　支援目標になりそうな行動をあげることができたら、次の2点を点検すると、その目標の有効性を判断できる。1点目の点検事項は、本人から見た**実行可能性**である。特別な事情を抱えているから支援が必要になっているのであり、普通は見落としてしまう思わぬつまずきが潜んでいる可能性が高い。例えば、ほめるペアレンティングスキルを教わった母親がやる気満々で帰宅し、次回の面接で「1回もほめなかった。だっていつほめていいのか分からなかった」と言うことがある。ほめるタイミングが分かりそうか母親と一緒に点検していれば、この結果は違っていただろう。目標を設定したら、それが**実行できそうか本人と一緒に点検**し、気になるところがあったら目標を修正するか、周囲の支援を厚くする等の調整を加えることが必要である。2点目は、本人にとって**本来の願いと結びついた目標か点検**することである。失望や傷つきを繰り返し体験してきた人は、自分の**本来の願いと反対の言動**をとるようになることがある。そのため、本人の要求通りの目標のはずなのに、それを目指して進むと本来望むことからズレいってしまう。言葉と願いが裏腹なのである。本人に言われたままに目標を設定するのではなく、その目標の意味や実現した後の生活について本人と一緒に考えてみることが大切である。多くの場合「どうせ〜だから」など、あきらめや不安が目標を歪めていることが分かってくる。目標の設定に当たっては、**当事者との対話が重要な役割を果たす。**

❸ 具体策

　支援目標を設定したら、さらに「具体策」まで検討を詰めておきたい。具体策とは、「誰が」「いつから」「どんな頻度で」「誰に対して」「何をする」等の行動計画であり、こ

表8-4　支援内容整理表の例

氏名：　　　　　　　　性別	気がかりなこと		
年齢・学年 担当者：	1 2 3		
支援方針			
支援目標	目標1：	目標2：	目標3：
誰が			
誰に			
何をする			
いつから			
頻度			
その他			
再評価会議：○月○日（○）○：○〜○：○　　　場所：			

れを決定し支援チーム内で共有しておくことで、"〜さんがやってくれていると思った"などの行き違いを防ぐことができる。決定した内容は一覧表にまとめて、チームメンバー全員が同じ一覧表を持つようにすると、勘違いも起きにくくなる。実務上は決定事項をホワイトボードに記録しながら協議をして、最後にスマートフォン等で撮影して共有すると効率的である。特に多機関チームの場合、それぞれが微妙にズレた記録を持ち帰ることが少なくないので、皆で1つの一覧表を作成して、それを共有すれば機関間での認識のズレを防ぐことができる（表8-4）。

❹ 再評価

「再評価」とは、一定期間の支援を行った後にその成果を評価するとともに、ズレの修正を行うことである。支援チームが集まることは容易ではないが、完璧な方針や目標を1回の話し合いで策定することはできない。どんなアセスメントでもどこかにズレが生じるものである。例えば、見立てと本人の実情との間のズレ、支援チームのメンバー間の意識のズレ、支援機関の間の認識のズレなどがあり、至る所にズレが潜んでいる。ズレを放置しておくと、徐々にコミュニケーションのすれ違いが大きくなり、場合によっては感情的なわだかまりにつながることもある。定期的にズレを修正して、当事者との良好な関係や支援チームの連帯感を保つように努めるべきだろう。

再評価のためのカンファレンスは、初回カンファレンスよりも短時間で行い、効果の査定と修正点の確認だけで終わるとよい。支援者同士がねぎらい合う"ガス抜き"の時間も意味があるのだが、ややもすると当事者の否定的な印象を語り合うだけに終わり、精神的疲労がかえって増大することがある。また、"叩かれ役"の機関を一斉攻撃することに時間を費やし、効果の査定や見立ての修正を行わないまま「頑張りましょう」と終わることもある。カンファレンスの主要な話題はアセスメントであり、再評価によってズレの修正を繰り返すことで支援の精度が高まる。

▶▶▶実践上のヒント

目標設定の要点として、当事者の主体性を尊重する協働的な姿勢を強調してきた。その一方で当事者の要求をそのまま受け入れずに対話を持つことが重要だとも述べてきた。一見すると矛盾しているように感じるかもしれないが、本人の主体性と理性を大切にするという姿勢が両者の間で共通している。

支援目標は本人にとって"やらされる"とか"やらねばならない"という強制的なものではなくて、"できるようになりたい"とか"やってみたい"と思える自発的なものが望ましい。そのため、支援者の判断で決めた父権主義的（パターナリズム）な方針に

従わせるよりも、当事者が参画する対話によって設定した目標に向かって、自らの力や資源で努力する姿を応援する支援を目指したい。しかし、当事者が不安や怒りに飲み込まれると、目標から逸れた要求をしてくることがある。そのような時は、支援者が理性的に応じ、対話を通じて当事者が理性を取り戻せるように応援することも必要である。

　当事者の主体性と理性を大切にする支援の基盤となるものは、当事者を援助過程の主役と位置づけた協働的（コラボレイティブ）な支援関係である。

（中垣真通）

▶参考・引用文献

ターネル，アンドリュー、エドワーズ，スティーブ著、白木孝二、井上薫、井上直美監訳（2004）『安全のサインを求めて──子ども虐待防止のためのサインズ・オブ・セイフティ・アプローチ』金剛出版

近藤直司（2015）『医療・保健・福祉・心理専門職のためのアセスメント技術を高めるハンドブック【第2版】──ケースレポートの方法からケース検討会議の技術まで』明石書店

土居健郎（1992）『新訂　方法としての面接　臨床家のために』（第6章　見立て）医学書院

デイヤング，ピーター、バーグ，インスー・キム著、玉真慎子、住谷祐子、桐田弘江訳（2004）『解決のための面接技法　ソリューション・フォーカスト・アプローチの手引き〈第2版〉』金剛出版

増沢高（2018）『子ども家庭支援の包括的アセスメント──要保護・要支援・社会的養護児童の適切な支援のために』明石書店

山上敏子（1990）『行動療法』岩崎学術出版社

アセスメントから分かる子どもの強み

　人の欠点や課題というものは目につきやすい。反面、長所や強みは意識しなければ気づかないこともある。子どもの強みを見つけるには、コツがある。①その子を知りたい、理解したいという思いを持って、じっくり観察し、②アセスメントしようと思って見る。そうすることで子どもの強みや、その子どもの持つ資源が見つかるのである。

じっくり観察する

　社会的養護のもとで生活を始めた子どもが、いろいろ不安な思いを抱えながらも、一生懸命、そこで生活に適応しようとしている。新しい環境の中で、自分のできることを当たり前に行っていくことができるなら、それはその子どもの強みである。例えば、何があっても学校の宿題だけはきちんとする子どもがいる。他のことはいい加減にしても、なぜそのことだけは頑張れるのか？　必死に理想の自分を保とうとしているのか、そこに自分の価値を見出しているのか、安定的なものがあることでバランスをとろうとしているのか、あるいは学校で「できる人」と評価されたいのか、周りの大人によく思われたいのか等々。いろいろな理由が考えられるが、とにかくその一点だけはブレずにやっていることを認めてあげる必要がある。そして優しい眼差しで見守りながら、観察を続ける。

　大人が、子どものことを理解したいという思いを持ってじっくり観察することで、見えない努力や気持ちに気づくことができる。大人側の尺度ではなく、子どもの立場になって見ることが大事である。

想像力を働かせる

　とかく大人は自分の視点で物を見ようとする。しかし今、自分の目の前にいる子どもが、どういうことができているか、またできていないかは、その子どもがこれまで生きてきた暮らしの延長線上にあることに留意しなければならない。例えば里親家庭に委託された中学生の女の子が、毎日学校に通っている。それだけを見ると当たり前のことである。しかしその子どもは母子家庭で、母親には精神障害がある。病状は一進一退で、調子が悪くな

ると公共料金の支払いが滞って電気やガスが止まり、食事は学校に行くことができれば給食を食べるだけ。夜になるとふらっとあてもなく出かける母親を心配して朝まで眠れない、そんな過酷な日々を生きてきた。委託前の彼女の生活を想像すると、それでも学校に通うということは、本当によく頑張って努力を続けている姿なのである。無理をしすぎてはいないだろうかと気遣い、見守っていかなければならない。できれば少し休憩し、周りの大人に頼ってもいいのだと伝えてあげることが必要だ。

　一見当たり前のように見えるのだけれど、ある子どもにとっては当たり前ではないことがある。そのことに気づいて、子どもの強みとして捉え直してくれる大人が側にいてくれることは、その子どもがこれから歩む人生にとって、大いに励みとなるであろう。

　また、アセスメントしようと思って見ると、別の見方ができることがある。例えば集団の中で「ゆっくりな子ども」、しかし別の視点から見れば「時間はかかるけれども確実にできる子ども」となる。クールに、客観的な視点を持って見つめれば、支援のヒントをつかむことができる。

大人の都合でほめない

　支援する際の注意点としては、不適切な成育環境によって身につけてしまったところを強化してはいけないということだ。例えばすごくよく気がつく子どもがいて、大人の動きをすぐに察して行動できる。一見して長所のようにも見え、大人の評判はよい。しかしもしかすると、これまで常に大人の顔色をうかがいながら生活してきたから、それが身についているという可能性も考えられる。その場合は気がきくことをほめて強化してはいけない。子どもの強みを見つけることと、言葉でほめることをイコールにしてはいけないのである。

　もっと自分の気持ちを素直に表現していいのだということを伝えつつ、子どもらしくのびのび生活できるような人間関係づくりが望まれる。

人とのつながりを保つ──人的資源

　子どもにとって心の支えとなるのは、人とのつながりである。家族、友だち、先生、地域の大人などは、子どもの人生の財産であって、たとえ里親委託や施設入所などで環境が変わったとしても、なるべく関係を断ち切るべきではない。もしそれらをなくしてしまえば喪失体験となり、子どもの心に深い傷を残してしまう。

　子どもが本来持っていた人的資源は、子どもの持つ強みの１つになりうる。それを大切にし、子どもが自分らしく暮らしていけるように、そして子どもが望むような将来・未来を獲得できるように、大人たちは協働して支援を重ねていかなければならない。

（則武直美）

第 **III** 部

ケースの捉え方

第9章

ケース概要票の作成

1. ケース概要票とは

　ケース概要票とは、子どもの過去・現在・未来に関する基本情報を網羅的に整理した１枚の用紙のことをいう。このケース概要票を見れば子どもの全体像が理解でき、現在の支援を考えていくうえで必要な情報を瞬時に判断できるものである。具体的にはA4用紙に、子どもの成育歴、学校での様子、家族状況などを時系列で整理し、今後必要なことや予想されることを示す。

　このケース概要票の作成には、これまで子どもがどのような体験をしてきたのか想像すること、現在の子どもの特徴や思いを周囲の支援者と共有することの２つの意味がある。

　作成の過程では、① 各子どもの理解に当たり、「どうして今の状態に至っているのか？」という疑問を持つこと、② ①を確認するための情報収集をすること、③ ①②を踏まえて分かりやすく整理すること、④ ③をもとに共有すること、という４つのポイントがある（図9-1）。

　ここでは、仮想事例を通してこの４つのポイントについて考えていくことで、ケース概要票の作成について説明していく。

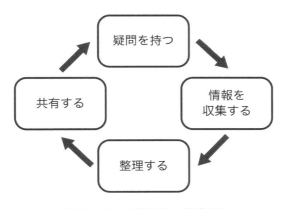

図9-1　ケース概要票の作成過程

----

2. 事例を通してケース概要票を作成する

> **事 例**
>
> 　児童相談所の児童福祉司から子どもの委託について打診があった。「笑顔が可愛らしく、いろいろなものに興味を示す小学生2年生になる男の子。母親に育てられてきたものの、母親の病気療養のためしばらく委託をお願いしたい」という内容だった。里親はどのような特徴の子どもかもう少し詳細を聞くと、「母親の精神疾患もあり十分に養育を受けていないため、家庭的な環境で安心して暮らす中で、これまで身についてこなかったことを伸ばしてほしい」ということだった。

❶ 委託前の情報の収集

　児童福祉司は、委託前に子どもの特徴や養育に当たって配慮してほしい点を里親へ伝える。一方、里親は養育に当たって必要な情報を児童福祉司から収集することになる。ここでのやりとりを通して、里親は具体的な子どものイメージをつかみ、実際の生活場面で想定される課題に対応するさまざまな準備を行うことになる。

　では、上記の事例からどのような子どもをイメージしただろうか。また、どのような「疑問」をもっただろうか。**情報の収集の第一歩は、与えられた情報から子ども像をイメージすること、どのような子どもか疑問を持つことである。**

▶▶▶実践上のヒント

　委託前に児童福祉司は、今後の養育にあたって子どもに関する情報を里親に伝える。基本的な情報は漏れなく伝えてくれるだろうが、里親の視点からも必要な情報は確認して、質問しておくことが重要である。また気軽に質問や相談ができる関係を構築することも、児童福祉司と里親双方に大切なことである。

❷ 疑問を持つ〜情報を収集する

　先ほどの事例からは次のような「疑問」がわいてくるだろう。まず、これまでどのような生活をしてきたのか、といった過去の情報についてもう少し理解したいと思うだろう。具体的には、母親の精神疾患の状況がいつから始まり、子どもにどのような影響を与えてきたのだろうか。さらに、子ども自身は母親についてどのような理解をしているのか、里親家庭に委託されることについて理解はあるのか、といった点も疑問になる。また現在の

基本的な生活スキルの定着状況、学校への適応状況なども養育に当たって重要な情報である。

　社会的養護における子どもの養育は、委託される前の子どもの成長に関与していない大人によって担われることから、通常の子どもの養育以上に子どもの背景への配慮が求められる。この背景への配慮は、子どもの過去から現在に至る生育歴を想像することであり、どのように人生を歩んできたのかという眼差しである。

　これを具現化するためには、子どもの過去、現在、未来という人生の時間の経過に沿って、子どもの視点からその歩みを理解することである。つまりどのように育ち、今に至っているのか、未来を考えているのか、疑問を持ち、情報を収集することである。

▶▶▶実践上のヒント

　子どもの情報を収集するためには、過去、現在、未来という時間の経過を１つの視点として持つと整理がしやすい。例えば、読者の皆さん自身のことに置き換えて考えて見てほしい。社会的養育や里親養育に関心を持つようになったことの動機を考えると、おそらく過去のさまざまな体験が影響していることに気が付くだろう。そしてそれは現在のさまざまな選択に影響を与えて、将来の自らの姿や子どもとの未来を想像しているのではないだろうか。そのため、子どもの情報を収集する際にも時間の経過を踏まえて考えると、子どもの理解につながることが理解できるだろう。

●現在の状況に関する疑問

①身体的な情報

　先ほどの情報では、小学校2年生の元気な男の子と分かったが、身長や体重、身体面の特徴、髪型、体力面などはまだ分からない。もしかすると、十分な養育を受けていない点は、体重や身長、体力面などの発達状況に影響を与えている可能性も考えられる。そのため、委託前にさらに情報を収集することが必要になるだろう。

②疾病に関する情報

　子どもの疾病に関する情報も重要な確認事項である。例えば、喘息やアレルギーに関する情報、服薬の有無などは生命にかかわる可能性もあり、必ず委託前に情報を収集する。また身体疾患、精神疾患、発達障害の有無などの情報も適切な養育をするために必要である。もしかすると障害が重く、現在の養育体制では継続的に見続けることが難しい可能性もある。受託する前に養育者側の受け入れ態勢を含めて慎重に判断することが必要である。

③対人関係

　どのように人との関係を築いているのか、大人との関係や子ども同士の関係、性差による違いなどがあるのかなどの情報を収集することが必要だろう。例えば、男性に対しては強い警戒心を示し従順に従うものの、女性に対してはわがままや要求を押し付けてくるようなことがあるかもしれない。力関係をよく観察して行動するような子どももいるし、逆にマイペースで自分のことだけに興味関心を向けて生活している子どももいるかもしれない。現在の対人関係に着目して情報を収集すると、今後の関わりに参考になるだろう。

④学校での様子

　家庭と同様に多くの時間を過ごす学校に関する情報は引き受けるにあたって確認しておくことが重要だろう。当然、学校に登校できない子どもや強く抵抗を示す子どももいる。逆に毎日学校を楽しみにしている子どももいる。学校へのモチベーションやクラスへの適応状態、教員との関係などは少なくとも確認しておくとよいだろう。

⑤学習場面や学力面

　学習への取り組み状況や学力面の情報も必須である。措置前には必ず児童相談所の児童心理司が知能検査を実施している。平均的な能力を有しているのか、また能力の偏りが見られないか、それによって学習面に得意、不得意がないのか。授業中は集中して授業に参加できているのか。こうした情報も受託前に質問しておくとよいだろう。

⑥家族関係

　上記の例では母親がいることは理解できた。本児の実父はどうしているのか、両親の関係性はどうなっているのか、他に誰と生活しているのか、子どもは家族についてどのような認識でいるのか、家族の話題をどのように扱うかなども必要な情報になる。

⑦現在の気持ち

　例えば、里親家庭に委託される理由、家族と一時的にでも分離すること、学校の友達や慣れ親しんだ地域を離れることなど、大きな変化に対する現在の思いを担当の児童福祉司から聴取しておくことで、必要な言葉かけや適切な配慮を行うことができる。

▶▶▶実践上のヒント

　「現在」に焦点を当てた情報収集をするための「視点」「疑問」「なぜ必要な情報か」を整理してきたが、ケース会議などでは目の前の情報に気が奪われ、必要な情報を網

羅的に収集することができない場合がある。聞きたかったのに、聞けなかった。聞き逃してしまった、などということは誰もが経験したことがあるのではないだろうか。そこで、必ず確認をする状況についてはチェックリストや記載する用紙を用意しておくと便利である。例えば、上記の項目例であれば以下のようなフォーマットを作成しておくとスムーズである。

☑	内容	記載欄		
☐	①身体的な情報	身長：	体重：	視力：
☐	②疾病に関する情報	疾患の有無：	種類：	服薬
☐	③対人関係			
☐	④学校での様子			
☐	⑤学習場面や学力面			
☐	⑥家族関係			
☐	⑦現在の気持ち			
☐	その他			

　では、事例に戻ろう。カンファレンスの際に現在の情報に関する①～⑦までの情報を担当児童福祉司に質問すると、以下のようなケースであることが見えてきた。

事例つづき①

　身体的な情報としては、身長は120センチ、体重20キロでややややせ型。元気で活発、自分の興味があることには取り組むが集中力は長続きせずに、気が散りがち。確定診断はないものの、ADHD傾向であることが精神科医から指摘されていた。服薬はしておらず、アレルギーなどの心配はない。上記のような特徴があるため、学校では授業に集中することが難しく、特に数学や漢字がでてくる課題に苦手意識が強い。教科書などはルビがないと読めず、繰り返し教えても読めないようだ。教員の指示に対しても聞いているのかいないのか、理解できないのか分からない面があり、授業支援員が付き添うこともあるという。給食場面では必ずおかわりをしており、朝食は食べてきていないようだった。

　クラスのメンバーとは仲が良く休み時間はグラウンドで毎日駆け回って遊んでいる。リーダー的な存在であるが、時に自分勝手な行動をしがちである。

　病気がちな母親との2人の生活でもあることから、母親を心配する気持ちが強いよう。一緒にいたい気持ちも強くあり、離れることには当初納得できない様子だった。今回里

親委託になることについては、繰り返し母親の状況や現在の生活状況では衣食住を含めて本児の生活の安定が保てないことを担当児童福祉司や母親も説明してきたという。本児も母親から説明を受け、やむを得ないとの認識を持っている。

●過去の情報に関する疑問

これまで、現在の状況について見てきたが、子どもが生まれてから現在に至るまでの過去の情報についても理解することが重要である。では、過去の情報ではどのような点に着目すればよいだろうか。

▶▶▶実践上のヒント

現在の情報を収集する視点と過去の情報を収集する視点で共通したところは、子どもの現在の理解にあたってどのようなエピソードが子どもの今後の養育に関わってくるのか、ということを意識するとよいだろう。過去の情報の中でも現在の理解に役立ちそうな点として、最低限必要になるが次の3つである。①子どもの誕生から現在までの成長に関する具体的情報、②家族の状況、③学校や社会との関係である。これらが、時間の経過とともにどのように関連しあい現在に至っているのか明らかにしていくことがねらいである。

①保護者の情報に関する疑問

保護者の過去の情報は子どもの成長を理解するうえで必須である。これまでの情報ではおそらく母子家庭で母親の精神面が不安定な状況であることは理解できた。まだまだ把握しておきたい情報が出てくると思う。例えば、父親の存在、両親の出会い、いつまで一緒に生活していたのか、なぜ今母子家庭なのか、母親の精神疾患はいつからなのか、両親はどのような人生を歩んできたのかなど、すぐに疑問を持つのではないだろうか。

▶▶▶実践上のヒント

子どもの理解にあたり、遺伝と環境の双方からの影響に着目することは、長期的な発達を考えるうえで重要な要因である。例えば、家族の精神疾患や逮捕歴など家族内に起きた出来事に関する情報を収集することは現在と未来を理解する参考になる。

②養育状況に関する疑問

子どもがこれまでどのような育ちをしてきたのか確認することは、子どもの成長を今、そして未来につなぐことになる。出生時の状況、疾病や予防接種の状況、特徴的な出来事、

家族との関係、友人との関係など、どのような体験をしてきたのかを想像し、情報を収集することが必要になる。これはネガティブな情報だけではなく、逆境的な体験をする中でも乗り越えてきた強みに着目することも支援に役立つだろう。

③学校や社会との関係に関する疑問

里親委託される前の子どもの学校場面の適応はどうだったのだろうか。子どもの成長にとって、幼稚園や保育園、小学校、中学校などの所属における適応状況も重要な情報になる。課題となっていることが、いつから、どのような環境場面で起こりやすかったのか、逆に起きていない時期があったのかなどは重要な情報になる。こうした社会との関係性について、時間の経過とともに把握していくことは委託後の所属機関との連携に役立つだろう。

④これまでの子どもの気持ち

家族や学校などとのかかわりを通して、子どもはどのような思いを抱きながら現在まで生活してきたのだろうか。この点は情報を収集するのみではなく、子どもの立場に立って想像することが大切である。里親委託に至るには、過去の家族との関係で何らかの逆境的な体験をしていることも多く、そのような状況をどのように受け取ってきたのか、どのような思いで生き延びてきたのか、子どもの思いを想像していくことを忘れてはいけない。同時に、さまざまな困難を乗り越えながらも切り抜けてきた子どもの「強さ」に着目することも重要な視点である。

さて、再び事例を見てみよう。上記のような視点を持ちながら、過去の情報について質問をしていくと、次のようなことが見えてきた。

事例つづき②

母親は24歳、父親は26歳。地元のつながりから付き合うようになり妊娠が分かり18歳で結婚。母親は2人姉妹の妹で、Aの祖母に育てられたが、ひとり親で水商売をしていたこともあり衣食住はほぼ姉妹で行ってきたよう。母親と祖母との関係も悪く、家出を繰り返していた。妊娠に気づいたのも28週ごろで中絶できず、迷いながら、40週、2800グラムで正常分娩で出産する。

父親は働かずにパチンコや飲酒、友人らと遊ぶことが多く、妊娠発覚後も同様の生活が続いていた。結婚したもののDVもあり、3年余りで別居、離婚に至っていた。母親は精神的にも不安定となり精神科受診と服薬を欠かすことができなくなり、生活保護を受

給して生活を維持することになった。

　生まれてきたAに対しては「かわいい」という感情はあったが、夜泣きも多く、対応に苦慮してきた。2歳の頃に保育園に入園させるが、Aの癇癪が激しく、登園しても母親から離れることができずに苦労したという。3歳ごろには高いところや刺激的な遊びを好み、遊具から落ちて大けがした。

　友人との関係ではすぐに手が出やすいところもあった。こうしたAに対して母親はどうのように接すればよいか分からず、一方的に厳しくしかりつけてきた。本児が4歳のころ、母親は同年齢の男性と付き合い、半同棲生活となるが、その男性も暴力的で子どもにも手を上げる状態もあり、1年余りで関係を解消していた。Aはこの男性への恐怖心が強い様子。

　小学校入学後は学校の担任からAのトラブルで呼び出されることが多く、母親の精神的な負担が大きく、家事も十分にこなせなくなってしまった。Aには自分のことは自分でするように食事もコンビニ等で買ってきた菓子パンは与えてはいた。Aは友達関係でも自分の主張を押し通して、一方的な発言も多く次第に疎まれてしまった。

▶▶▶実践上のヒント

　さて、ここまでの事例を読み、Aはどのような思いで生活をしてきたのだろうか、または母親や父親にどのような思いを抱いてきたのだろうか、また学校への思いや友達との関係をどのように感じてきたのだろうか。想像することが支援の一歩になる。

●未来に関する疑問

　養育家庭に措置されたあとの未来について子ども自身はどのようなイメージを描いているのだろうか。明日の晩御飯には大好きな食事を用意してほしい、といった日常の些細な希望から、養育家庭への委託期間や将来の進学希望などの長期的な未来への希望にも目を向けることは支援にあたり大切なポイントとなる。

❸ ケース概要票に整理する

　さて、ここまでの情報でケース概要票を作成してみよう。フォーマットは、172頁の表9-1のようなものを用い、Aの成長の過程、家族の経過、学校での様子などを時系列で記入していく。注の欄には、整理する過程でさらに疑問に感じたこと、確認が必要なことをメモしておくためのものである。このように"時系列"で整理することによって、現在に至る流れを追うことができる。

　すると、5歳〜小学校入学までの3年間の情報が何もないことが分かる。これまでさま

ざまなエピソードがあったものの、急に何もなくなることはやや不自然であるため、この間の情報を確認してみることもできるだろう。また一連の経過をみると理解できる点とさらに疑問が出てくることもある。例えば、母親の病状、関係機関との関係性、子どもの心理所見についての情報などである。それらはまた担当の児童福祉司や児童心理司に確認していくことが大切だろう。

3. 情報を共有する

　ケース概要票の作成後は、養育者間で共通の理解を得るとともに、関係機関や多職種と情報を共有することが必要である。養育者間には、里親家庭であれば里父母が子どもの背景や思いを想像し、感じなら受け入れの体制を整えてもらう必要がある。そのため里母もしくは里父だけが理解していればよいわけではなく、共通の理解ができる体制を作るようにする。また他に実子や委託されている子どもがいるようであれば、理解の程度や個人情報に配慮しながら、ともに支えあう環境を構成するための情報共有が必要になるだろう。

　次に関係機関や多職種との情報共有も大切である。子どもが入所する前に児童福祉司や児童心理司とケース概要票を共有することで、不足している情報や現在の意向や配慮点などを確認することができる。また今後の養育の中で子どもの強みを生かせる点、逆に困難になりそうな点なども事前に話し合っておくことで、いざそのような状況に至った際にも里親が抱え込むような状況ではなく、チームで支えあうような関係を構築していくことが可能になる。

▶▶▶実践上のヒント

　養育の一貫性を保ち、子どもが安定した環境で育っていくためには、養育者だけではなく関係者の理解や支援が欠かせない。児童福祉司や里親担当福祉司は子どもの立場、養育者の立場にたって支援をしていく存在として連携していくことが求められる。

4. 委託後の様子からさらに情報を収集──ケース概要票に追記する

委託後の様子からさらに必要な情報を収集することが必要な場合がある。その際にはこれまで整理してきた情報から、現在の言動との関連を想像しながら理解できる点、また理解できない点を明確にし、カンファレンスで共有するとよいだろう。では、事例を見てみよう。

> **事例つづき③**
>
> 　実際に子どもが児童相談所の児童福祉司とともに家庭にやってきた。事前の情報にあったように、とても笑顔が可愛らしく、いろいろなものに興味を示していた。里親とのやり取りも自然であるとの印象を受けたが、数日経過すると、自分の思い通りにならないことに癇癪が目立ち、里親がたしなめようとすると手をばたつかせて、物に当たるなどさらに激しく抵抗する。しばらく時間が経過すると、先ほどまでの癇癪がなかったかのように甘えてくる。また里親が目を離すと、ペットとして飼っていた犬に対してぬいぐるみをぶつけて楽しんでいる様子も見られるようになった。

里親の思い

養育者は子どもの言動が気になりつつも、まだ里親家庭になれていないためでもあり、試し行動でもあると考えてきた。一方でこれまでの情報から、過去に身体的虐待を受けてきたことも影響しているのではないかと疑問を持ちながら過ごしていた。

> **事例つづき④**
>
> 　里親は、学校場面の様子も気になったため、担任に様子を聞いた。すると、学校では授業中に集中力が続かない様子で、外を見たり、他児にちょっかいを出すなどの行動が見られることがあるという。学習面でも計算課題や漢字があると、そこであきらめてしまうという。
>
> 　教員もＡの様子が気になっており、連絡をしようとしていたとのことだった。

そこで、学校の教員も交えて、担当児童福祉司らとＡの状況を共有する機会をつくり、関係者で現状の課題と取り組み、役割分担について整理することにした。

> ▶▶▶実践上のヒント
>
> 　委託後に過去の被害体験が新たに明らかになることも多々ある。例えば、入所前には話せなかったが、安心できるようになると家庭での性的被害や傷つき体験を語る子どももいる。そんな時には、その語りを受け止めつつ、抱え込まずに関係者と対応を協議しながら進めることが大切である。また、暴言等を養育者のみに表出することも多々あるが、これは養育者に対する嫌悪の感情からであると単純に理解するのは避けることが必要である。「こんなに一生懸命やっているのに」と養育者は当然感じるだろう。逆境的な体験をしてきた子どもたちは常に不安と向き合い生活してきたことから、現在の表現を選択せざるを得ないのだろうと受け止めて、その解釈を含めて児童福祉司らに相談することを勧めたい。

5. まとめ

　本稿では、里親家庭に委託される一事例を元にケース概要票の作成について、順を追って整理してきた。こうしたケース概要票の作成は、以下の4つの過程があることを示した。

① 子どもの理解に当たり、「どうして今の状態に至っているのか？」という疑問を持つこと
② ①を確認するため、過去・現在・未来という時間軸を意識した情報収集をすること
③ ①②を踏まえて時系列でケース概要票を作成すること
④ ③をもとに関係者と情報を共有すること

　子どもの養育にあたって過去の成育歴から現在を理解する視点は非常に重要であり、その理解を助けるツールがこのケース概要票である。整理することを通して、子どもの人生に思いを寄せ、未来の人生を支えていく一助となるよう、関係機関とも情報を共有して支援していくことが求められている。

（大原天青）

表9-1　ケース概要票

名前：A	身長120cm	体重20kg	医学診断：ADHD疑い	服薬：なし
				アレルギー：なし

年齢		子どもの様子	家庭の状況	学校	注）その他、確認事項	家族の情報
出産前						父親：現在26歳。DVあり。仕事をせずギャンブルに依存し離婚。現在交流なし。
			28週ごろ妊娠発覚し、中絶できず。			母親：23歳。2人姉妹の妹。両親離婚し祖母に育てられる。祖母との関係よくない。離婚前後からうつ症状で精神科受診。服薬中。養育能力面で不安あり。
0		2800g健康で生まれる。				
1		夜泣きが多く、対応に苦慮。	父のDV。ギャンブル依存。			母方祖母：○○市在住。年に数度やり取りする程度。
2		母子分離時困難。癇癪が多かった。	両親離婚。母親精神的に不安定。精神科受診服薬。	保育園入園。	生活保護申請。	<児相の養育方針>家庭的な環境で安心して暮らす中で、これまで身についてこなかったことを伸ばしてほしい。
3		高いところや刺激的な遊びを好む。	厳しくしつけ。手を出したことも多々ある。	高所から落ちて入院。		<関係機関>・○○児童相談所：福祉司、心理司・○○小学校：担任・医療機関：メンタルクリニック
4		同棲相手への恐怖心が強かった。	母親が交際相手ができ同棲。暴力的。			
5					→この時期の様子を確認。	
6						
7	小1			入学。		
8	小2	クラスのメンバーとは仲が良いが、自分勝手な行動をしがちである。	精神的に不安定。養育が十分できず、家庭内も散乱した状態。	授業に集中困難、特に数学や漢字が苦手。教科書などはルビがないと読めない。授業支援員が付き添い。		
9						
10						
11						
12						
13						
14						
15						

〈現在の意向〉

・母親への気持ち：心配する気持ちが強いよう。一緒にいたい気持ちも強い。

・里親委託について：母親は承諾。Aは当初納得できない様子。繰り返し母親の状況や現在の生活状況では衣食住を含めて心配であることを説明してきたという。

第 **10** 章

ケースカンファレンス

Key Word

多職種協働／要保護児童地域対策協議会／事例検討／支援方針の検討／
子どもの権利擁護と子どもの意思

1. ケースカンファレンスとは

　カンファレンスは、"会議" "検討会" "協議会"を指す言葉であり、福祉、医療、介護など、対人援助職の現場においてなくてはならないものである。ここでいうケースとは、子どもやその家族など、支援の対象となる事例を意味し、1つのケースを関係者・参加者でじっくりと検討する会議がケースカンファレンスである。また、近年は、同じ職種だけでなく、**多職種を集めて開催される多職種協働によるケースカンファレンスの重要性が認識されて**いる。

　例えば、児童養護施設やファミリーホームでは、内部の職員でケースカンファレンスを行うことも多いだろう。そして、必要に応じて家庭児童相談室などのケースワーカー、学校の先生、医療関係者など、外部へ参加者を求め、回数を重ねるごとにケースカンファレンスの参加者が増えていくことも珍しいことではない。

　また、里親の場合、必要に応じて家庭児童相談室、児童家庭支援センター、児童相談所など外部からの招集に応じる形でケースカンファレンスに参加することが想定される。あるいは、里親として子どもに接する中でケースカンファレンスを開く必要性を感じ、上記機関に開催の依頼を行うこともあるだろう。

　いずれにしても、ケースカンファレンスを通して参加者は、より多面的な子どもの理解が可能となり、支援の方向性を見出すことができる。

　ここで、1つの例として、地域の家庭児童相談室のケースワーカーの立場からケースカンファレンスを眺めてみよう。

　ケースワーカーが出会う被虐待児のケースの背景には、家庭の経済的な問題、保護者自身の知的障害、DVやアルコール依存症、介護など、福祉や医療の問題が同時に存在することも珍しくない。このため、ケースワークにおいては、子どもへの支援だけではなく、保護者への支援が欠かせない。子どもや保護者を支援する多職種が情報交換を行い、連携・協働しながら、家族全体を見守る必要がある。そのネットワークの基礎作りの場として機能するのがケースカンファレンスである。やり取りの中で、参加者に連携や協働の意識が芽生え、子どものためのチームが形成されるのである。

　参加者がチーム員として機能するようになると、難しいと思われた局面に光が射し、支援の方向性が見出される。地域での家庭での見守りの強化の検討や、児童相談所の一時保護の検討などが話し合われ、ケースカンファレンスの回数を重ねるごとに、ネットワークがきめ細やかなものとなる。児童養護施設や里親へ措置する場合にも、その地域の関係者

によるケースカンファレンスが開催され、最終的に、子どもが家庭復帰を果たすために、地元の地域の関係者によるケースカンファレンスが開かれることが多い。

ここで確認しておきたいのは、**要保護児童地域対策協議会における個別ケース検討会議**である。要保護児童地域対策協議会は、平成16（2004）年の児童福祉法改正法において明示された、被虐待児等の増加に対応するための、いわゆる地域におけるケースカンファレンスの仕組みである。

個別ケース検討会議においては、関係機関が対応している事例についての危険度や緊急度の判断、子どもに対する具体的な支援の内容について検討を行うことが求められている。また、施設から一時的に帰宅した子どもや、施設を退所した子ども等に対する支援に積極的に取り組むことも期待されている。この会議には、学校や医療関係者などさまざまな関係者が集うが、ケースによっては、この中に児童養護施設や里親が加わることもある。個別ケース検討会議というケースカンファレンスは、わが国における児童虐待の地域における対応の切り札となっている。

以上のように、ケースカンファレンスはさまざまな場面で開催され、その実効性が認められているところである。この章では、ケースカンファレンスの目的や意義、そして、機能するためのケースカンファレンスのあり方や留意点について検討する。

2. ケースカンファレンスの目的と意義

子どもの最善の利益を確保すること、子どもが"家庭"あるいは"家庭と同様の環境"において心身ともに健やかに養育されること、これらを実現するためには関係者のネットワークの構築が大変重要であることはいうまでもない。

ケースカンファレンスはまさに、そのネットワーク作りの場として機能する。そして、関係者が一堂に会し、子どもや家族の情報を持ち寄り共有することで、子どもや家族への理解が深まり、支援の目標を確認することができ、支援者の役割分担が明らかとなるなど、ケースに良い展開が生まれる。

子ども・若者ケアプラン（自立支援計画）ガイドラインには、「関係者が集まって行われるカンファレンスなどにおいては、それぞれの専門的な立場からの視点で子どもや家族の状態を捉え、そのケースについて個別的に総合的な判断を行ったうえで具体的な支援を考えていかなければならない。類似するケースに対してすべてを紋切り型で理解し対応しよ

うとすると、重要な要素を見逃し困難な状況に陥る危険性がある。そのケースの固有性について配慮し、多面的重層的な観点をもってアセスメントすることが、そのケースの問題性やその背景などの要因を知る重要なアプローチ法なのである」と示されている。

このように、さまざまな角度から子どもや家族の状態を把握し、問題の理解を深め子どもや環境を評価するアセスメントを多面的重層的に行い、具体的な支援策を考えることは、ケースカンファレンスの目的の１つである。

ここで、参考として、先述した要保護児童地域対策協議会の個別ケース検討会議の具体的な目的を確認してみよう。

要保護児童地域対策協議会・設置運営指針には、その目的を以下のように記している。

①子どもと家庭の状況把握、課題の整理とその解決に向けて支援を行う。

②ケースに関わる関係機関等が集まり、それぞれが持つ情報を出し合って、その評価と共有化を行う。

③課題を整理・検討のうえ支援方針を確立し、ケースの主たる支援機関・キーパーソンの決定を含めた役割分担のもとに支援していく。

④ケースに複数の問題がある場合、それらを一度に解決することはできない。そのため、緊急性の有無、子どもの安全を守るための方法、保護者のストレスや必要とする支援等について共有し、短期・長期それぞれの支援目標（ゴール）を決定する。

⑤特に、多くの問題を抱えた困難事例やきょうだいが多い事例、さらに気になる事例については、定期的に個別ケース検討会議を開催し、適切な支援につなげる。

日常生活の流れの中で、同僚、学校、医療関係者などと、改めて１つのケースについて協議する場を持つことは、労力が要ることである。関係者の日程調整がうまくいかず、開催が難しい場合もあるだろう。しかし、それを踏まえても、ケースカンファレンスを開催する意義は大きなものである。

ベテランの支援者であっても支援上の悩みや迷いは尽きることはない。逆に、支援者はうまくいっていると思っても、子どもは表面には出さないが、自分ではどうにもできないというあきらめ、無力感、不全感などを心の奥に秘めている場合もある。それらが子どもの精神的な成長や発達を阻害しかねない状況にあることに支援者が気付かないまま、時間の経過の中で、子どもの心身の問題として現れることもある。

また、当然のことながら、担当者１人が子どもや保護者を支援している訳ではない。例えば、施設内であれば、同じ職種、他職種の同僚が子どもや家族に深く関わっている。また、子どもが一歩外に出れば、学校現場の教職員や医療機関の専門職も支援している。支

援者が多いほど子どもを守り育む環境は豊かであるといえる。一方で、支援者の人間関係の質がその豊かさを左右している。子どもを中心として温かく慈愛に満ちた交流にあふれた質の良い環境を作るためには、支援者間の意思疎通、情報共有、共通認識、共通の方向性を持ち、役割分担を行うための話し合いができているかどうかが鍵となる。

　情報が共有されず、支援者間で意見の食い違いがあったり、支援が統一されなかったりすると、子どもは混乱するだろう。また関係者間でギクシャクとした関係が生まれることにもなりかねない。それぞれが良かれと思って行っている支援が、結果的に子どものためにならない可能性があるならば、それを改善する必要がある。

　それらの改善のためにも、子どもや家族を1つの重要なケースとして取り上げ、多面的な視点から検討するケースカンファレンスは重要である。この場で参加者は、さまざまな意見を伝えあうが、里親は、専門家が一堂に会した場で自分の意見を伝えることに、最初は緊張するかもしれない。しかし、里親の子どもの生活上の情報や意見は、ケースカンファレンスにおいて大変重要なものである。参加者は皆対等の立場で参加していることから、臆せずに話し合いに参加して頂きたい。

3. ケースカンファレンスのあり方と留意点

　ケースカンファレンスを大きく2つに分けると、発表者が自分の支援のプロセスを振り返り、ケースに関係のない参加者も含めて、共に学びあうための事例検討と、現在進行中のケースの問題解決や支援方針の決定に向けて、関係する同僚や多職種の専門家が一堂に会し、情報を持ち寄り、知恵を出し合い支援方針を検討するものとがある。いずれにしても、里親やファミリーホームは、自分が主催者となるというよりも、主催側から求められて参加することが多いだろう。

　前者については、同じ立場の支援者が集う研修会や、職場内で実施されることが多い。例えば、里親が集う場で1人が発表者となり、日々の実践の振り返り、参加者が自分の体験を踏まえて意見を交わす、というケースカンファレンスが開催されるかもしれない。その際には、発表者にとって意義のある会となるよう、参加者は発表者の実践を否定するのではなく、しかし正直な意見や思いを伝える。このやりとりは、ケースの詳細を知らない参加者にとっても、自分の支援を振り返る良い体験となり、また、新たな知識を得ることにもつながる。

　ここでは、家庭養護の実践に直結するケースカンファレンスについて学ぶために、後者のあり方と留意点について述べる。

　後者のケースカンファレンスは定期的に開催される場合と、必要に応じ不定期に開催されるものとがある。ケースを管理する役割を担っている機関や、主に困りを抱えている施設の担当者などが開催を呼びかけることになるが、ここでは以下に、一般的なあり方を示す。

❶ 参加者

　事例提供者（報告者）、検討メンバー（同僚、多職種の専門家や地域の支援者）、行政機関の実務担当者等が考えられるが、ここに当事者が入ることもある。

❷ ケースカンファレンスに必要な役割

　開催までの場所や時間や日程調整を行う実務担当者、司会（ファシリテーター）、記録係などである。

❸ 開催場所

　参加機関が集まりやすい場所等で決定するのが通例だが、外部へ内容が漏れることがないような環境（会議室等）で行う配慮が必要である。

❹ 当日に準備する資料

　各自が印刷して持ち寄る場合や、実務担当者が事前に参加者に資料の提供を募り、印刷して準備している場合などがある。基本的にはケースの氏名は匿名が原則である。資料についてはさまざまな形式が想定されるが、小さい文字で長々とまとめたものではなく、誰が見ても分かりやすい様式を提案するとよい。例えば、事例提供を行う場合には、現在の課題と今後の検討をコンパクトにまとめたものに、家族関係図（ジェノグラム）を加えると分かりやすい。

❺ ケースカンファレンスの当日の流れ

　司会（ファシリテーター）からの発言に添って事例提供者が状況や問題点を報告する。その後、検討メンバーが補足情報を加え、参加者でケースの改善につながる策を検討する。最後には、それぞれが自分の役割を認識し、次回の開催について検討する。

❻ 会議の持ち方や進行の仕方

　会議の持ち方や進行の仕方についてはさまざまな形があるが、ここでは参考となる２つの例を紹介しよう。

● AAA多機関ケースカンファレンスの進行に関する５つの原則

　１つ目の例として、安心づくり安全探しアプローチ研究会が提唱している「多機関協働ケースカンファレンス（AAA多機関ケースカンファレンス）」（福田他 2019）の「進行に関する５つの原則」は、興味深いものであることから、以下に紹介する。

①話すことと聴くことを分け、話し合いの「余地」を拡げる

　「ファシリテーターの求めに応じて、参加者は自分の番がきたら「話す」ことに集中し、人が話している時には「聴く」ことに集中する。徐々に事例に集中しながら話し合いの〈予知〉を拡げることができるようになる」という原則。

②事例に関する問題・リスクとストレングスをバランスよく検討する

　「あえて最初に『問題』ではないこと、続けて欲しいこと、できていること、つまりストレングスを意識的に探して発言するよう提案する。（それにより）話し合いの質には大きな変化が生じる」という原則。

③「事例」の理解だけではなく「支援者の関わり方」を再点検する

　「『問題』を『本人』や『家族』に求めるのではなく、支援者と本人、家族との関係に、すなわち、支援者の働きかけに本人・家族がどう反応したのか、に焦点をあてる。『支援者の関わり方』に注目することで、『当たり前の業務』を再考し、光をあてる」という原則。

④問題の共通理解ではなく、「今後の見通し」の共有を目的にする

　「チームとしての足並みをそろえていくために必要なのは（問題の共通理解）ではなく『未来』の方向性（の共通理解）である。本人や家族はどうなったらよいと思っているのか、そのうえで、現状を少しでも『安全像』に近づけるためにはどうすればよいのかと考え、今後に対する不安が強い支援者をみなで支えられるような、現実的な提案」を行うという原則。

⑤お互いの「違い」を大切にして、「チーム」の力で支援の質を高める

「話し合いでは、無理にひとつにまとめることをしない。（お互いの）『違い』を安心して共有できると、お互いの役割の違いを理解し合い、相互に補いあうことのできる真のチームワークを発揮することができるようになる」という原則。

●要保護児童地域対策協議会における個別ケース検討会議

次に、2つ目の例として、要保護児童地域対策協議会における個別ケース検討会議の進め方（ケースカンファレンスのあり方）について述べる。

①開催の決定

関係機関からの要請（学校、保育所、病院、保健センター等）や、調整機関が受理段階の判断によって、個別ケース検討会を開くことが提案される。個別ケース検討会議開催の基準の例としては、

- ・多くの機関が情報共有し、連携し、支援することが望ましい場合
- ・1つの機関では、限界がある場合（次の場合も含む）
- ・福祉・保健の施策（生保、障害福祉、保育等）が使えるが、十分使えてないケースであり、福祉、保健と教育が連携して支援を行うことが必要である場合
- ・地域の人（児童委員、主任児童委員）を巻き込んで、取り組むことが必要である場合
- ・きょうだいがいて、複数の機関に子どもが在籍している場合
- ・進行管理をしていてケースに危険が生じ、子どもの保護を想定する場合
- ・他機関から会議開催の要請があった場合

とあり、特に、最後の項目については必ず実施することが記されている。

②参加機関の決定

情報を収集する過程において、そのケースにどの機関が関わっているのかが判る場合があるとして、子どもが所属する機関（学校、保育所等）には、必ず参加を呼びかけることや、既にケースに関わっている機関に対しては、調整機関がその機関に呼びかけ、他に参加してもらう必要がある機関についての意見を求めることが記されている。

※参加が想定される機関

【児童福祉関係】：市町村の児童福祉、母子保健等の担当部局、児童相談所、福祉事務所（家庭児童相談室）、保育所（地域子育て支援センター）、児童養護施設等の児童福祉施設、児童家庭支援センター、里親、児童館、民生・児童委員協議会、主任児童委員、民生・児童委員、社会福祉士、社会福祉協議会

【保健医療関係】：市町村保健センター、保健所、地区医師会、地区歯科医師会、地区

看護協会、医療機関、医師、歯科医師、保健師、助産師、看護師、精神保健福祉士、カウンセラー（臨床心理士等）

【教育関係】：教育委員会、幼稚園、小学校、中学校、高等学校、盲学校、聾学校、養護学校等の学校

【警察・司法関係】：警察署、弁護士会、弁護士

【人権擁護関係】：法務局、人権擁護委員

【その他】：NPO ボランティア、民間団体

③会議開催までの打ち合わせ

　多忙な時間を縫って各関係機関が集っても、関係機関間に最初から温度差があれば、話し合いにならない場合もある。調整機関は、ケースを通告した機関と経過等を含め、打ち合わせをしておくことと記されている。

④会議の開催時期及び開催時間の決定

　ケースの主たる支援機関を中心に、できるだけ速やかに開催時期を決定することや、会議に要する時間は、原則1時間〜2時間（1事例につき1時間半が目安）であることが示されている。

❼ その他の留意点

　ケースカンファレンスには場合によっては、例えば精神保健分野や、法律的なことを含めて、スーパーバイザー（助言指導者）に参加してもらい、助言指導を受ける場合もある。しかし、先の「AAA多職種ケースカンファレンス」では、スーパーバイザーは求めておらず、参加者が平等の立場で検討することや、当事者が参加することを重要視するなど、考え方はさまざまである。

　また、ケースカンファレンスにおいてはどの意見も大切であると考え、相手を否定せず、また、自分の意見は取るに足りないなどと発言を不必要に控えることのないようにする。

　ケースカンファレンスのプロセスで大切なことは、参加者がお互いの問題や力量不足を責め合うのではなく、不足があるのであればそれを補うために、どのようなことができるか、実行可能な良いプランは何かを検討することである。そのうえで、温かいチームワークが芽生えることを目指す。中には自分の在り方を批判されるのではないかとケースカンファレンスに否定的な思いを持つ人がいるかもしれないが、そうなると連携や協働にほころびが生じ、それは子どもへの対応の支障となる。参加者はそのような人にも温かい眼差しを向け続け、お互いが勇気づけられるような体験を積み重ねていくことが望まれる。そ

のプロセスの中で、ほころびが修繕される。

　関係機関からは、自分たちはケースカンファレンスが必要だと感じているのに、いくら待っても誰からも開催の誘いがないという不満の声があがることもある。もし誰も問題に気づいていないのなら、自らが声をあげて、開催を呼びかける必要がある。待ちの姿勢でいることは、解決にはつながらないことを意識しておく必要がある。

　また、司会は最初に守秘義務について確認し、資料は最後に回収するなど、情報の漏洩防止に十分に配慮する必要がある。

4. ケースカンファレンスの実際

　ケースカンファレンスの1つである要保護児童地域対策協議会の当日の進め方について、奈良県における要保護児童地域対策協議会実務マニュアルを参考に、以下にその流れやポイントを示す。

ステップ1　導入

　開会の挨拶、出席者の紹介、時間枠の提示と進め方の確認、要対協の個別ケース検討会議としての位置付けであることの確認、守秘義務の確認、報告者の紹介と配布資料の確認等を行う。

ステップ2　情報の共有

　現状の報告、これまでの援助実践報告、要点整理、追加情報と補足確認、情報を整理し再構築する（それぞれの情報がどのように関連しているか等、現状をより正確にとらえる）。
ポイント：ストレングスにも関心を向ける、報告者の労をねぎらう、事実関係だけでなく主たる支援者の主観的認識も重視し把握する、報告者（担当者）の思いを共有し心理的負担の軽減を図る。

ステップ3　課題の明確化

　論点を明確にする、時間配分を確認しながら話し合いを促す、論議を深めるための質問を投げかける。
ポイント：何をテーマに検討すべきかを協議しつつ確認する、助言者がいれば整理を求め

る、原因究明よりも解決に向けての検討を中心とする、これまでの援助実践の評価も行う、状況によっては援助目標や方法の見直しを図る、和やかに議論が進むよう配慮する、できるだけ全員が発言できるようにする、少数意見も尊重されるよう配慮する、時折まとめをいれながら、論点を整理する、対峙する意見を引き出す、必要に応じて再度状況への質問を促す、論点を明確にし、一層深める質問や問題提起を行う、自分が当事者だったらどうするかという視点も有効と考える。

ステップ4　対応と役割分担

　意見を集約し、今後の課題、役割分担を整理する。

ポイント：これまでの論議を整理し明示する、課題としてあげられたことについてどの機関が何を目的に対応するか明らかにする、できるだけ課題は具体的に必要に応じて方法と期限も設定する。

ステップ5　今後の支援の確認

　まとめ、終了。

ポイント：終了に向けての段階に入ったことを告げる、これまでの検討結果を整理する、追加発言等があるか確認する、スーパーバイザーがいれば総評を依頼する、守秘義務等遵守すべき原則、法規について確認する、次回の会議設定をする、参加の労をねぎらい終了する、欠席者への連絡を行う。

---

5. 課題と展望

　今後、社会的養護において重要な視点は、子どもの権利擁護と、子どもの意思を丁寧に拾い上げることである。

　平成29（2017）年に示された「新しい社会的養育ビジョン」には、「地域の変化、家族の変化により、社会による家庭への養育支援の構築が求められており、子どもの権利、ニーズを優先し、家庭のニーズも考慮してすべての子ども家庭を支援するために、身近な市区町村におけるソーシャルワーク体制の構築と支援メニューの充実を図らなければならない」いう骨子が示されている。

　平成28（2016）年の児童福祉法改正法においては、子どもが権利の主体であることが明

記されている。児童相談所運営指針においても、援助指針の策定に際しては、「児童相談所の方針を子ども及びその保護者並びに、必要に応じて祖父母等の親族に伝え、その意向を聴取するとともに、その策定過程においても、可能な限り子ども及びその保護者等（祖父母等の親族を含む）と協議を行うなど、これらの者の参加を得ることが望ましい」とされている。

ケースカンファレンスにおいても子どもの権利や意思の尊重は重要な視点である。先に述べた例のように、子どもは援助についての別の意見を抱いているが、担当者はその問題に気が付いていない、といったことがないように、ケースカンファレンスにおいても子どもの意見を踏まえる必要がある。

子どもの言動や意思は、身近な大人の気持ちやその場の環境に左右されやすいものである。子どもは真の思いを最も身近な支援者には言えなくても、他の職員や、学校関係者などには伝えているかもしれない。子どもの思いを特定の支援者だけで推察するのではなく、複数の支援者が総合的に捉え推察する必要がある。さまざまな関係者が集い、情報を出し合い、そのときどきで子どもに最もふさわしい支援を考える中で、子どもにとって最善の方向が見出せる。

支援者が時々立ち止まり、まずは自分の実践を振り返り、そして支援の方向性を決めるためにも、ケースカンファレンスを開催する意義がある。また、ケースカンファレンスは支援者としての自分の力量を高めることにつながる会議なのである。

今後は、家庭養護の質の向上、親子関係の調整、子どもの権利擁護、それらの実践のための関係諸機関との連携などに向けて、さらに里親やファミリーホームなど家庭養護を支援するためのケースカンファレンスの実践が期待される。

（飯田法子）

▶参考・引用文献─────────────────────────────

安心づくり安全探しアプローチ（AAA）研究会（2019）『チーム力を高める多機関協働カンファレンス』瀬谷出版

厚生労働省（2007）「要保護児童対策地域協議会設置・運営指針」第1章　https://www.mhlw.go.jp/bunya/kodomo/dv11/05-01.html（2020年5月24日閲覧）

厚生労働省（2007）「要保護児童地域対策協議会・設置運営指針」第4章　https://www.mhlw.go.jp/bunya/kodomo/dv11/05-04.html#02（2020年5月24日閲覧）

厚生労働省（2009）「市町村児童家庭相談援助指針について」第4章　https://www.mhlw.go.jp/bunya/kodomo/dv-soudanjo-sisin-honbun4.html（2020年5月24日閲覧）

厚生労働省　新たな社会的養育の在り方に関する検討会（2017）「新しい社会的養育ビジョン」https://www.mhlw.go.jp/file/04-Houdouhappyou-11905000-Koyoukintoujidoukateikyoku-Kateifukushika/ 0000173865.pdf（2020年5月24日閲覧）

厚生労働省（2021）「児童相談所運営指針」第 1 章　https://www.mhlw.go.jp/content/000375442.pdf（2020 年 5 月 24 日閲覧）

奈良県（2013）「奈良県市町村要保護児童対策地域協議会実務マニュアル」第 5 章　www.pref.nara.jp/secure/111066/chapter5.pdf（2020 年 5 月 24 日閲覧）

篠田美智子編（2015）『チームの連携力を高めるカンファレンスの進め方　第 2 版』日本看護協会出版会

支援の実施・
モニタリング・
事後評価（見直し）

(Key Word)

支援の二重構造／モニタリングを通したスーパーバイズ／養育の評価／不調の見極め

はじめに

　家庭養護と施設養護の違いは少なくない。この第11章で扱う「支援の実施・モニタリング・事後評価（見直し）」もその1つであり、例えば「支援の実施」においても、家庭養護である里親養育の支援は、①里親が養育者（ケアワーカー）として委託された子どもに対して行う支援と、②里親が児童相談所やフォスタリング機関等から受ける支援等に整理される。

　宮島も「里親とはとても特殊な存在で、『福祉サービスの提供者』という側面と、地域に自分の家族を持ち自分の生活と人生を生きる『私人』の側面を持っている。委託した子どもを含めた里親と里親家庭に生じるさまざまな福祉ニーズを総合的に取り扱うことこそ支援」と、施設養育との違いを里親支援の本質を踏まえて述べている（宮島 2011）。

　つまり、里親は子どもの直接的な支援者であるとともに、関係機関から支援を受ける立場でもあるわけで、この2つの「支援」の構造こそが里親養育にフォスタリング機関が必要な所以とも考えられる。安全な里親養育（家庭養護）を推進するには、この点をしっかりと理解し、子どもに対する支援、実親に対する支援、里親に対する支援を総合的に展開する必要がある。

　したがって、里親に委託された子どもの養育プランシステムも、こうした点を考慮して展開されることが求められる。

　この章では、児童相談所やフォスタリング機関の立場から、厚生労働省の「子ども・若者ケアプラン（自立支援計画）ガイドライン」を参考に記載したが、家庭養護になじまない点も少なからず見受けられたので、筆者のこれまでの実践や経験から一部アレンジしている。

　なお、「実践上のヒント」は、児童相談所やフォスタリング機関による「里親に対する支援」を中心に記載した。参考になれば幸いである。

- -

1. 支援の実施

- -

❶ 里親養育におけるケアプラン（自立支援計画）の重要性

　里親養育は公的養育なので、当然、ケアプランの策定が必要である。ケアプランの策定（文書化）は、里親の子どもに対する支援内容や方法の明確化（見えない支援から見える支援へ、抽象的な支援から具体的な支援へ）、支援の優先順位の明確化（重み付けによらない支援から重みづけの支援へ）、支援における責任の明確化や見直し（責任のない支援から責任のある支援へ）など

が図られ、支援全体の質が向上することになる。

　施設養護の場合、ケアプラン（自立支援計画：養育支援計画と家庭復帰支援計画で構成）は乳児院や児童養護施設などの施設が策定する。しかし、里親が施設と同じように自らケアプランを作るのは現実的には難しい。したがって里親養育の場合は、子どもを措置した児童相談所もしくは児童相談所から委託を受けたフォスタリング機関が策定することになる。

　これまでも児童相談所は、子どもを里親や施設に措置する場合「援助指針（援助方針）」により、当該ケースにおける問題点や課題、児童相談所の援助方針等を伝え、中心となって対応する機関を明らかにするとともに、それぞれの役割や援助目標などを示してきた。このため、場合によっては里親養育のケアプランは、「援助指針」に盛り込まれて一体化されて作成されることがあるかもしれないが、ここでは別途策定されることを前提に記述した。

　なお、里親養育のケアプランでは、委託された子どもに対する里親の（養育等）支援方針を示すことで、フォスタリング機関による里親に対する支援も明確になるため、その支援内容についても具体的に盛り込むことが可能となる。

▶▶▶実践上のヒント

　里親家庭で子どもの養育が始まると、子どもとの生活でさまざまなことが起こってくる。思いがけないことも起こるが、子どものこれまでの生活やその特性などから、あらかじめ想定される内容も少なくない。だが、そのことは里親にしっかり伝わっているだろうか。

　ベテラン里親への委託なら、その経験値からフォスタリング機関が伝えなくても、ある程度予想して対応もできるだろうが、大部分の里親は違う。初めて子どもを受託した里親から「児相から事前に子どもに起こりうる発言や行動を具体的に聞いていたので、養育が大変でも（精神的には）大丈夫だった。逆に、些細なことでも想定外の（聞いていない）ことが起こった時のほうが動揺した」という話を聞いたことがある。

　予見されることをマッチング段階で正直に伝えると受託してもらえない、実際に何か起こってから対応すればいいと考えがちだが、それは改めたほうがいい。里親養育が始まって起こり得る事柄とその対処法を事前に伝えることは、予防注射により里親に（養育の）免疫をつけてもらうことに例えられるのかもしれない。何よりも里親との細やかな情報共有こそが、信頼関係を築く第一歩だと考える。

❷ フォスタリング機関による里親養育支援の開始

①ケース概要票

　里親が子どもを預かり養育支援を行うには、ケース概要について、十分に理解しておくことが必要なので、フォスタリング機関はケース概要票を作成して里親に渡す。委託打診時に渡すこともあると思われる。

　里親は、マッチング等を通じて子どもへの理解を深め、養育の感触や受託の可否などを決めていくことになる。ケース概要票に記載された内容に不明な点や不安に感じることがあれば、遠慮なくフォスタリング機関に確認してほしい。

▶▶▶実践上のヒント

　里親委託に際して、委託される子どもや実親の情報について、里親にどれだけ伝えられているか。大分県では、原則、すべて伝えることにしているが、この点は、自治体や児童相談所によって違いがあるのではないだろうか。

　取り扱いに違いがあるのは、非常に機微な個人情報であるため、情報流出等が危惧されるためだと思われるが、養育を担う里親には、原則、すべて伝えるべきだと考える。

　本県では、里親の認定前研修の時点から公的養育の理解や守秘義務の遵守について繰り返し説明を行う。里親認定後も個人情報の扱い（子どもの写真、SNSへの掲載等含む）に具体例をあげて十分注意するよう、機会あるごとに説明し理解を求めている。

　また、情報提供の方法も工夫している。委託が決定したら、児童相談所は子どもの情報について、目録（226頁の**表13-2**参照）と関係資料をファイルにまとめ、委託開始前に里親にファイルごと渡す。委託後に追加資料があればファイルにつづってもらう。

　一方、里親にはファイルの保管について、委託された子どもはもちろん、実子や同居家族の目につくところは避け、可能であれば、鍵がついた場所で保管してもらいたいと注意を促している。また、里親委託を解除した場合には、ファイルごと児童相談所に返却を求めている。

　加えて、委託した子どもの情報について、里親の家族（実子や同居する祖父母）にどこまで伝えるかという問題がある。総じて、里親と同じように伝えるわけにはいかないだろう。しかし、子どもと生活を共にする里父母以外のメンバーに、一緒に暮らすうえで必要な情報が知らされなければ、関係に溝ができることは間違いない。

　特に委託された子どもが、里親家庭で問題行動を繰り返す場合などはなおさらである。伝える内容や伝え方に十分な注意が必要だ。里親家庭の実子（複数委託の場合はそのほかの委託児童の場合もある）から、問題行動の対応に振り回される里父母を見て、

「辛かった」「（委託された子どもに）悪いけど、いなくなればいいと思った」「委託した児相を恨んだ」など本音と思われるような声も何度か耳にした。家庭の中で同居家族が、こうした思いを抱えて長く生活するのはよくない。情報の扱いだけに限らず支援者は、里親家庭で暮らす実子などの思いや状況も踏まえて対応することが求められる（➡第4巻第3章を参照）。

②ケース検討会議による協議

ケース概要票の作成後、援助方針（指針）を確認するため、里親、児童相談所、フォスタリング機関、関係機関による検討会議を開催し、支援を開始する。

▶▶▶実践上のヒント

大分県では、新規委託の前後にケース検討会議として、児童相談所主催の「里親応援ミーティング」を開催している。

「里親応援ミーティング」は、里親を含めた関係者が一堂に会して子どもの状況について情報共有を行い、里親と子どもの生活について理解を得たうえで、養育支援のための具体的方法や役割分担について確認できる有効な会議である。メンバーは、里親や学校・保育所・幼稚園等の子どもの所属機関、市町村児童福祉担当者、里親支援専門相談員など。里親が地域の支援者と顔見知りになるきっかけにもなっている。ケース検討会議でもあるので、委託後も必要に応じて開催されている。

③ケアプラン（自立支援計画）の策定時期

里親養育のケアプランは、援助方針（指針）に基づいてフォスタリング機関が策定するが、策定時期は、子どもの委託時よりも養育開始の2～3か月後に話をすることが望ましいと思われる。

委託直後は、子どもも里親も新しい生活に慣れることに苦労する。援助指針を念頭にまずは共に生活を送ってもらうことだけで十分だろう。お互いの生活が落ち着き始めるのは、概ね1か月を経過する頃だ。この頃になると里親も子どもの様子がある程度把握できるため、養育者としてケアプラン策定に必要な話し合いにも主体的に参加する余裕も出てくる。この段階でケアプランを策定してはどうだろう。

なお、フォスタリング機関は養育開始直後の数か月は、特に集中的な支援が必要である。いわゆる初期支援だが、養育を里親に丸投げにしないようしっかり支援を行い、養育状況の把握を行うことが求められている。

④ケアプラン（自立支援計画）の策定と構成

●養育支援計画と家庭復帰支援計画

　養育支援計画は、子ども本人、保護者及び関係機関の意向や意見、里親との協議内容、支援方針（長期計画：概ね6か月〜1年、短期計画：概ね3か月）で構成される。

　計画策定にあたっては、子どものマイナス面の改善や回復のみを目指すのではなく、むしろその子どもの特徴を生かしエンパワメントできるように支援することが重要である。また、子どもが抱えている個別の問題や課題は、子ども自身の要因、家庭（実親・実家族）の要因等が複雑に影響しあっている。そのため、これらの要因について十分な情報を基として個々の子どものニーズに合った処方箋とならなくてはならない。

　家庭復帰支援計画は、実親及び実親家庭への支援、地域の資源や関係機関等の役割、子どもと実親等の再接触の計画等が記載され、長期・短期の支援方針で構成される。

　計画策定にあたっては、子どもの希望や実親の希望なども含めどのような形で子どもと実親との再接触を進めるか、子どもに適切な養育を行う家庭になるよう地域においてどのように実家庭を支援するかなどに関して記載する。

　家庭復帰が見込めない子どもの場合は、どのようにしてパーマネンシーの保障を行うのかについても、記載する必要がある。

●子ども本人の意向

　子どもの年齢や能力に応じて、子どもの意見を聴取することが重要である。なお、里親養育における「子どもの忠誠葛藤」について理解しておく必要がある（➡第4巻第2章を参照）。

▶▶▶実践上のヒント

　子どもが委託された家庭になじみ、新たな養育者との情緒的関係が育ち始めると、「実親と里親のどちらかに忠誠心（信頼感）をもたなければならない」という気持ちがわきあがり、三角関係のような葛藤を抱くことがある。ステップ・ファミリー（離婚してどちらかに引き取られた子どもを連れて再婚した家庭）にも見られ、忠誠葛藤（ロイヤリティ・コンフリクト）という。

　実親と交流することでそのような葛藤を抱くこともあるし、交流がない中で新たな養育者との関係を深める自分への迷いや不安、抵抗、自責の念などが出てきたりする。また、実親のことを忘れたり、時には事実と違うよいイメージだけで実親のことを理想化・空想化し、ファンタジーのように語る姿があったりする。

　子どもは、多様な分離喪失体験を重ねてきている。そのことを考え合わせると、子

どもの気持ちが揺れることが悪いわけではなく、自然で意味があることが分かる。したがって、時には喪失からくる怒りや不安、痛みも表現されるが、子どもの気持ちに養育者が寄り添い、一緒に揺れ動きながら、受け止めることが関係を深めることになる。

●保護者の意向

　家庭復帰支援計画で、実親が家庭復帰の努力ができない場合や努力しても不可能と考えられる場合は、パーマネンシー保障のため、（特別）養子縁組などほかの形で永続的な家庭が与えられる必要がある。養子縁組里親への委託は、委託時点で実親の意向がある程度はっきりしていることも多いが、養育里親委託の場合は状況が違う。いずれの場合も、子どもの視点に立ち、しっかり実親と向き合う必要がある。

●長期目標（6か月～1年）

　養育支援計画には、子どもの発達や傷つきからの回復に対して、どのような里親養育（チーム養育）を行うかが記載される。外部の専門機関や地域資源の活用もここに記載される。

　家庭復帰支援計画には、子ども、実親（実家庭）の関係性をどのように変容させるのか、どのような交流を行うのかが記載される。また、家庭復帰が困難と思われるケースの場合、その判断をどのあたりで行うかについても考える。

●短期目標（1か月～6か月）

　長期目標の達成に向け、数か月以内で達成可能なより具体的な到達内容を考えるが、不調防止のためにも、委託先を検討する際にこの短期目標をイメージすることが望ましい。あらかじめ困難が予想される委託については、当面の目標をより短期（1～3か月）とし低く設定することで里親の心理的軽減を図るといいだろう。

　また、短期目標では、緊急度や難易度などによって優先的・重点的課題について優先順位を決定しておくことが必要になる。

●ケアプランの評価・再検討（検証）時期

　子どもやその周辺環境は変化する可能性が高い。ケアプランは周期的に評価し、それに基づき見直す必要がある。その期間に目標が達成できないようであれば、委託先が子どもにとって適切だったのかなど、当該里親への委託方針を見直す場合もあるだろう。このため、評価・再検討（検証）の時期を明確にしておく。

⑤ケアプラン（自立支援計画）策定上の留意点

・里親、関係機関（里親養育の支援者）、子どもと実親が取り組むべき**優先課題**が明らかになるような計画になっているか

・**子どもの最善の利益**という視点に立った計画となっているか

・里親が、その考え方を理解できる分かりやすい計画になっているか

・子どもや実親、里親に対して、計画内容の**十分なインフォームドコンセント**が行われているか

・取り組むべき**目標・課題は実行可能な内容**であり、意欲を喚起するようなものになっているか

・計画は、子どもや実親、里親の力量や状態に応じた課題が**段階的に設定**されているか

・計画を遂行するうえで**促進要因と阻害要因**とを勘案しているか

・支援によって得られる成果やその時期を推察し、**評価・見直しの時期**を設定しているか

・委託した里親家庭の状況を勘案して計画を策定しているか

・フォスタリング機関による訪問の頻度など**里親支援の具体的な内容**が盛り込まれているか

　なお、目標は、あくまでも実現可能な内容にすべきであり、子どもや実親さらには里親の力量を超えた目標を立てた場合には、過剰なストレスを与えたり、達成できなかったことによる否定的な自己イメージを与えるなどの影響を及ぼすことにもつながりかねない。次々に課題の難易度を引き上げすぎて、それまでの向上心などを衰退させないよう熟慮が必要である。

---

2. 確認（モニタリング）

---

❶ 確認（モニタリング）の重要性

　効果的な子どもへの支援が行われるには、実際にケアプラン（養育支援計画、家庭復帰支援計画）が適切に実施されているか、定期的かつ必要に応じ情報を収集し、確認していくことが必要である。

　とりわけ、里親はケアワーカーとして、多くの場合、孤軍奮闘しており、「家庭だけ（ひとり）で養育を担っている」という点は、重層的な職員配置のある施設養育との大きな違いであり、弱みでもある。ケアワーカーには、助言や支持、教育といったスーパーバイ

ズが必要不可欠である。里親養育の不調の中には、適切なスーパーバイズがあれば何とか乗り切れるものもある。里親へのスーパーバイズはフォスタリング機関による確認（モニタリング）機会を通じて行うことが望ましく、確認（モニタリング）は非常に重要といえる。

▶▶▶実践上のヒント

　委託初期のモニタリングは、フォスタリング機関等による里親への支援を通して行われる。

　里親がフォスタリング機関等から受ける支援は、「委託された子どもと里親家庭のためのものであり、特に委託初期の里親養育には欠かせないこと」として、あらかじめ「支援契約」と位置づけて里親と合意しておくことが望ましい。

　ところで、子どもや里親家庭の状態を把握するには、色々な切り口が必要となる。特に、里親委託で起こる不調といわれる状況は、委託された子どもの課題に加えて、里親家庭の生活体験、ライフスタイル、生き方、生活環境、実子も含めた家族間の心理力動、家族力動関係など、さまざまな要因が絡み合って引き起こされる。モニタリング（里親への支援）にあたっては、里親家庭の数だけ、特有の問題点や機序（仕組み、メカニズム）等があることを踏まえ、個別性を十分に考慮する必要がある。

　以下、大分県における確認（モニタリング）を含めた児童相談所（フォスタリング機関）による初期支援（概ね半年くらいまで）の実際について紹介する。

●概ね1か月以内

・家庭訪問を設定し、適応状況の確認を行う

・頻度　1週間以内に1回、翌週1回、2週間後に1回

〈ポイント〉

①委託直後は、子どもと里親双方が、新しい生活に慣れようとして、さまざまな混乱を伴う時期。このため、児童相談所の頻回の訪問に里親が気を遣うことがある。訪問計画を作成し、予定日時をあらかじめ伝える、訪問者を固定するなどの配慮も必要。

②里親家庭に実子（複数委託の場合は他の委託された子ども）がいる場合は、委託初期に限らず家庭状況の把握、実子ケアの視点から状況に応じて実子面接も検討する。

③電話などによるこまめな連絡を行う。初めて委託を受ける里親は特に不安が高いので、注意する。

●委託後3か月くらいまで

・家庭訪問継続　頻度は適応状況に応じて、1〜2回／月

・子どもの面接、学校等訪問などを行い、適応状況を確認する

〈ポイント〉

①子どもが里親家庭に慣れた頃（初期の混乱が収まる、概ね1か月経過後あたり）は、子どもの課題や里親の困り感が顕在化してくる時期でもある。家庭訪問等を継続し、養育状況を確認する。

②必ず子どもに会い、話を聞き様子を確認する（子どもの話を聞く時には、安心してゆっくり話せる場所を選ぶ）。

③より第三者的な機関（学校など）からも話を聞く。

④里親が疲れているようなら、里親レスパイトの利用を勧めてもいいが、子どもの状態にも十分注意する（子どもの適応状態が良くない状況の中で、安易にレスパイト制度を利用したことで子どもの見捨てられ不安が増大。状態悪化により不調に陥ることもある）。

●委託後半年くらいまで

○養育が比較的順調な場合

・家庭訪問継続　頻度は1回／月程度

・委託6か月後の支援枠組み変更を念頭に、養育状況を確認する

〈ポイント〉

①里親応援ミーティング（ケース検討会議）等を開催し、里親の意見を踏まえ、関係者で今後の支援方針や役割分担を確認するのも1つの方法である。

②6か月経過後は、児童相談所による定期訪問の頻度を下げる（1回／2か月など）が、学校など関係機関に連絡を取る、里親支援専門相談員などにつなぐなどの方法により、モニタリングを定期的に行う。毎月、里親から提出される養育状況報告書も参考になる。

③里親と子どもの状況に応じて、里親レスパイトなどの利用も促す。

○養育に不調傾向が見られる場合

・不調傾向は、子ども・里親それぞれからサインが出されるため、迅速な対応が必要

〈ポイント〉

①家庭訪問のほか、児童相談所への通所を設定し、子どもと里親それぞれと面接し話をじっくり聴く。里親には、原則、夫婦で来所してもらう。

②何が原因で、支障が出ているのかを確認し、里親や子どもと共に対応策を考える。問題がすぐに解決することは少ないため、里親の養育を支える姿勢が必要。

（例）

・学校への行き渋り発生　→　里親、学校、児童相談所との話し合い設定

・子どもの退行や試し行動などに困っている　→　子どもの特性について振り返り

家庭内での具体的な対応等を助言。地域の社会資源（障がい児支援サービス等）の利用に向けて、コーディネートを行う。医療機関受診等に同行するなど。

③児童養護施設等の里親支援は、施設機能を活かしたレスパイトサービスなど、直接的な支援が受けられ、より具体的な養育技術の助言も期待できる。また里親が、子どもの**養育者としての思いも施設職員と共有できる**。里親支援専門相談員との積極的な連携も行う。

④養育に支障が出ている原因についての把握が重要になる。里親が対応スキルを習得することで改善するのか、地域の子育て支援サービスや里親支援サービスの利用で軽減するのか、子どもと里親の関係調整や里親の子ども理解を深めることで変化の兆しが表れるのかなどの見立ても必要だ。

しかし、**里親が心身ともに疲れ果てており、レスパイト制度を利用してもニュートラルな状態に戻れない、里親家庭が崩壊の危機を迎えている、そして、子どもも里親も共に暮らすことを望んでいない場合などは、事態は極めて深刻である**。悪循環が続けば、子どもの傷つきが大きくなり、また、被措置児童等虐待が起こってしまう場合もある。**児童相談所の判断、速やかな介入が必要だろう**。

⑤どうしても養育継続が難しい場合は、一時保護（委託）を行うことが多い。子どもの再アセスメント、再委託についての検討を行うことになる。この場合、**子どもと里親、双方に納得がいく丁寧な説明が必要である**。また、子どもが「自分のせいでこうなった」という思いを持たせないようにも注意したい。

❷ ケアプランの視点から確認すべき点

・計画に基づいて適切な養育が行われているか

・計画で立てた短期的な目標が達成されるように展開しているか

・養育の内容が、子どもの支援ニーズを満たすことに結びついているか

・新たな課題や支援ニーズが起こったり、発見されたりしているか

❸ 集積された情報の整理（スクリーニング）

モニタリングでは、ケースの全体像を力動的・構造的に捉える必要があるが、全体像は情報を統合して分析することで把握したことになる。例えば、子どもの発言（情報）であれば、どのような状況、脈絡の中から得られたものなのかを考えなければならない。里親

からの問いかけに対して仕方なく応答したものなのか、それとも子ども自らの言葉で自主的に語った内容かでは大きな違いがある。このように情報の質や重みに十分配慮しながら整理することが大切である。

また、情報を時系列的に整理することも忘れてはならない。

なお、生活の中で子どもが見せる特に印象的な行動や言葉は、ケースワーク上、重要なエピソードであることが多いので、里親には是非とも記録してフォスタリング機関に報告してもらいたい。報告のタイミングはその都度でもいいし、定期的に提出する養育状況報告書など連絡しても構わない。特に、子どもが発した言葉は、言い換えることなく口語体（発言したそのままの言葉）で記録することをお願いしたい。

3. 事後評価（効果の検証）

事後評価とは、目的達成状況などから子どもや実親、さらには里親に対する支援効果について、客観的に把握し、それに基づきその子どもの新たな可能性やニーズを探求するとともに、アセスメント、計画、支援方法の妥当性等を検証することである。

フォスタリング機関は、その評価結果に基づき総合的な検討を行い、児童相談所はそれを基に里親委託継続（支援計画の見直し）を行うか、家庭引き取りなどにより里親委託を終結するか判断することになる。

事後評価は、計画された支援期間を経過した場合、支援効果が上がり期間を待たずして目標を達成した場合、反対に支援効果がほとんど見られない場合、新たな問題が起こった場合などに行う。里親養育では「養育の不調」も含まれる。

〈評価における留意点〉
・多角的・重層的・総合的に行う。多くの評価者によって、アセスメント票などを活用しながら多くの視点から評価すること。少なくとも1つの内容について、3つ以上の観点・立場から3つ以上の発生場面・適応場面等を対象として、総合的に評価するよう努めること。
・各評価者間の評価のずれ、評価者とアセスメント票による結果とのずれを追求すること。
・的確な支援計画であればあるほど計画通り展開されることは少ない。予測していた以上に変化し、計画を修正せざるを得ない事態になることが多い。

①里親による評価

　養育支援計画については、里親が行ってきた養育について振り返りを行い、計画に沿ったものであったかを確認する。生活記録などで、変化した内容を明らかにできると振り返りやすい。また、子どもが心理テストなどを受けていれば、評価の参考になる。評価内容をフォスタリング機関との話し合いでも説明する。

　家庭復帰支援についても、養育者としての評価をフォスタリング機関に説明する。日常生活で子どもとの距離も近いため、実親との交流など家庭復帰支援について一時的に感情的になる里親も少なくないが、できるだけ子どもの立場に立って、冷静な評価を心がける必要がある。

②自己評価（子どもや保護者）

　子どもの年齢に応じた自己評価があることも望ましい。年齢の高い子どもでは自分自身がどのように変化したか、設定した目標がどのようにして達成できたのか、これまでの自分自身の歩みを意識化できることが有用となることもある。ただし、目標が達成できなくても、それは子どものせいではなく支援の問題であり、子どもが自責の念を持つことがあってはならない。自己評価の場面は、子どもの新たな希望や意見を聞く場面でもある。子どもの意見表明権を尊重し、子どもが話しやすい場を提供して、正直に不満や希望が語られるような配慮が必要である。

　実親にも、自分たちがどのように変化したかを表してもらい、今後もどのような支援があるとよいと感じているかを聴取することが必要となる。

③フォスタリング機関による評価

　里親の支援を行ってきたフォスタリング機関（里親支援専門相談員、里親レスパイトや実親との交流で利用した児童養護施設や児童家庭支援センター等も含めて）も多角的な視点から評価を行う。

　里親や子ども、保護者も気づいていなかった変化を捉えたり、新たな課題やニーズを発見したりすることが可能となる。

④関係機関等（第三者的存在）による評価

　学校や子どもが通う地域の子育てサービス事業者など関係機関にも評価してもらうことが望ましい。特に子どもは相手によって対応を変えたりすることが多いため、養育者以外に対する行動や態度がどうなのか評価してもらうことは、課題の達成度を検討するうえでの重要な資料になる。

⑤検査や子ども家庭総合評価票などによる評価

どの機能がどの程度回復しているのか、成長発達しているのかなどについて、検査によって測定することは、目標の達成度などを客観的に判断するうえで有効である。

なお、検査結果等はケース支援等に大きな影響を与える可能性があるので、その意味を慎重に検討したうえで活用しなければならない。

⑥児童相談所、フォスタリング機関による総合的な評価

各評価者の評価をとりまとめ、総合的な事後評価を行う。それぞれの評価のずれについても検討することで、より妥当性・信頼性のある評価につながる。組織として評価することになるので、一般的には評価のための会議を開催し、職員による協議で評価を行う。

また、里親には、評価内容と共に評価した理由についても丁寧にフィードバックすることを忘れてはならない。施設養護であれば、施設内で総合的評価を行うため、担当者（ケアワーカー、家庭養護では里親）も評価会議に出席するのが一般的である。このため、評価会議に里親の意見を十分反映すること、その結果について里親にしっかり説明を行うことが求められる。

　ケアプラン（自立支援計画）に基づき、短期・長期目標に近づくことのできた好ましい結果であったのか否か、課題に対して効果が見られたのか、ニーズは満たされたのかなど、評価する際には、次のような観点から検討することが大事である。

なお、「支援」については、①里親による子どもへの支援、②フォスタリング機関による里親に対する支援、それぞれについて検討を行ってもらいたい。

●課題・ニーズに対して、効果が見られた場合

・効果が見られた課題は何か
・どの程度の効果が見られたのか
・それは見せかけの効果ではなく、真に効果があったと判断していいのか
・その課題に対しては、どのような方法やスケジュールに基づき支援をしたのか
・その効果を生み出した要因は何か
・その方法は、他の課題に対して有効なのか否なのか
・次の段階の新たな目標を設定して里親委託を継続していいのか、あるいは家庭復帰などにより里親委託を終結していいのか

●課題・ニーズに対して効果が見られなかった場合

・ケースに対する情報収集に間違い、偏り、不足はなかったか

・ケースに対するアセスメントは的確であったのか

・マッチングに問題はなかったか、適切な里親委託だったのか

・課題や目標の立て方など支援計画は適切であったのか

・長期、短期の目標設定は、子どもや保護者、里親の力量などに見合った適切なものであったのか

・優先順位の設定に問題はなかったのか

・支援方法など技術的な面は適切であったのか

・支援活動が不足してはいなかったか

・支援活動を阻害したものはなかったか

・支援活動を阻害したものはなかったか

●新たに発見され発生した課題・ニーズ

・課題・ニーズは何か

・新たに発見された情報の信憑性はどうか

・再度調査すべきことはないのか

・新たな問題の発生や新たな事実の発見により生じた課題の緊急性、困難性などはどの程度なのか

・問題発生の要因は何か

・支援活動に問題はなかったのか

・全体的なアセスメントや支援計画の見直しが必要か否か

▶▶▶実践上のヒント

　里親委託では、一見表面上は順調に見えるが、里親、委託された子ども、もしくは両者が我慢し続けることで関係性を保っているという場合がある。事後評価ではこうした視点も持ち合わせてもらいたい。

　一方、不調のような状況を呈しながらも、それは、里親子関係を形成するプロセスで一時的に起こる状況（相方の理解不足からくるトラブルや里親の対応を変えることで解決する問題など）で、実は順調に関係が形成されている場合もある。見極めは難しい。里親が養育を継続していくつもりで児童相談所に相談したところ、無理だろうと判断され、委託を解除されたというケースもある。それとは逆に、状況の好転を期待して委託を継続させたことで子どもにとっても里親にとっても深い溝が生じ、結果として委

託解除になったケースもあった（図11-1）。

　里親家庭で展開されている養育をどう評価するか、支援をコーディネートできるかは、里親ソーシャルワークの中でも特に難しい点と思われるが、多角的・重層的・総合的な事後評価（見直し）を確実に行うことで、児童相談所やフォスタリング機関の力量アップにつながると思われる。

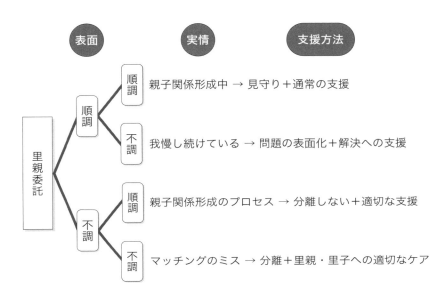

図11-1　里親委託の状況とその実態および支援方法
出所：森和子（2011）より。

4. 事後評価に基づくアセスメント及び計画の見直し

　事後評価の結果は、フォスタリング機関から子どもを措置した児童相談所に報告されるので、援助方針（援助指針）は、総合的な事後評価の結果を踏まえて見直されることになる。

　見直しにあたっては、ケアプラン作成をフォスタリング機関に委託している場合などは、特に、児童相談所も、直接、里親と会って意向を確認するとともに家庭状況の変化にも注意を払う必要がある。委託された子どもや実親が変化するのと同じように里親家庭も変容する。その内容も、家族の就労状況、実子の進学、健康状態、要介護の発生など多岐にわたるが、地域で暮らす一般家庭なのでそれは当然のことである。**アセスメント及び計画見**

直しの際には、必ず、子どもの生活の受け皿となる里親家庭の状況確認を行うことが大切である。

▶▶▶実践上のヒント

　解除後訪問のすすめ：大分県では、委託解除後（概ね1か月程度経過後）に「解除後訪問」を行っている。児童相談所の里親担当が家庭訪問し、里親とともに解除された子どもの委託中の養育全般を振り返る。ケースによっては、子ども担当のケースワーカーや児童心理司も同席する。約10年前から実施しているが、里親からも非常に評判がいい。「自分たちには必要ないと思っていたけれど、児童相談所と一緒に養育を振り返ることで気持ちの整理ができてよかった」「解除後の子どもの様子を知って安心した」などの感想が里親から寄せられている。また、訪問を通じて児童相談所も次の委託に向けて里親の意向を直接確認することができる貴重な機会である。解除後訪問の取り組みが全国に広がることを期待している。

（河野洋子）

▶参考・引用文献

河野洋子（2017）「委託時と委託後初期の支援」宮島清、林浩康、米沢普子編著『子どものための里親委託・養子縁組の支援』明石書店
厚生労働省（2018）「子ども・若者ケアプラン（自立支援計画）ガイドライン」https://www.mhlw.go.jp/stf/seisakunitsuite/bunya/kodomo/kodomo_kosodate/syakaiteki_yougo/index.html
宮島清（2011）「里親ソーシャルワークの意義と内容」庄司順一、鈴木力、宮島清編集『里親養育と里親ソーシャルワーク』福村出版、157〜158頁
森和子（2011）「養育の不調をどう捉えるか」『里親と子ども』編集委員会『里親と子ども Vol.6』明石書店
全国里親委託等推進委員会（2013）「里親・ファミリーホーム養育指針ハンドブック」

第 **12** 章

記　録

Key Word

ケース記録／事実と主観／個人情報の保護／情報共有／子どもの権利

1. ケース記録とは

❶「記録」とは

　一般に「記録」とは、辞書によれば次のように記されている。「①のちのちに伝える必要から、事実を書きしるすこと。また、その文書。特に史料としての日記・部類記の類」、「②競技などの成績・結果。特に、その最高のもの。また、物事の状態・結果などを数値で表したもの。レコード」[1]。例えば、①では、"赤ちゃんの育ちの過程を「記録」として映像に残す"や、"人災・天災の記憶を風化させないため文書に「記録」する"等がある。②では、"新「記録」が出たスポーツ大会"や、"今年の夏は「記録」に残る暑さだった"等の表現があるだろう。私たちの身の回りには、"残したい"、"伝えたい"何らかの記録がある。記録には、何のために何を残し、伝えるのかという、**意義や目的**がある。また、誰に向けてどのように残したり伝えたりするのかという、**対象者と方法**が存在する。

❷ 福祉の現場で用いられるさまざまな「記録」

　社会福祉や介護など、対人援助の現場で用いられる記録には、さまざまなものがある。具体的には、利用者一人ひとりのニーズに基づく支援に関する個別記録（支援計画や評価等の支援過程に関する内容を含む）、支援組織等現場の会議記録（職場内ミーティング、他機関・施設等との連携における会議記録等）、現場の運営・管理に関する記録（運営管理・リスク管理に関する記録や、内部監査の記録等）、第三者評価・自己評価等の社会への説明責任を果たすために用いる記録、研修に関する記録、調査や研究に活かす記録等がある。

❸ ケース記録

　上述した多様な記録の中でも、本章では特に、支援の対象となる個人の記録、すなわちケース記録を取り上げる。家庭養護におけるケース記録とは、子ども一人ひとりのおかれている状況や背景を理解し、ニーズや支援目標を明確にし、日々の生活と成長・発達のプロセスにおける支援方法・計画・内容・評価等を記した個別記録である。

　一口にケース記録といってもさまざまな種類がある。岩間文雄は、支援過程に即して、①フェースシート（基本事項用紙）、②アセスメントシート（事前評価用紙）、③プランニングシート（支援計画用紙）、④プロセスシート（支援過程用紙）、⑤モニタリングシート（経過観察用紙）、⑥エヴァリュエーションシート（事後評価用紙）、⑦クロージングシート（終結時用紙）の7つに整理している。ここでは、その内容を参考にしつつ紹介する（岩間 2006: 28-29）。

①フェースシート

個人の概要に関する記録である。名前、性別、年齢、紹介経路、主訴、家族構成、生活歴（家族歴、職歴、学歴、病歴等）、経済状況、居住環境、日常生活、学校生活、職業生活、家族関係、余暇活動、心身の健康や障がい（身体・精神）、社会的交流、社会資源の活用などの状況等が記される。

フェースシートは、支援過程の最初の段階であるインテーク面接において、クライエントからの情報収集に基づいて記録される。支援過程の中で新たに分かった事実や、記載していた内容の事実が異なったり変化したりすることがある。その場合は、情報を付加したり修正するなどの更新も大切である。

社会的養護におけるフェースシートとは、児童相談所で作成される**児童記録票**を示すほか、子どもに直接支援を行う里親、ファミリーホーム、施設等で作成される**ケース概要票**がある。家庭養護のプロセスの中で得ていた情報が変化した場合には、日付を入れて新たに付加することが望まれる。

②アセスメントシート

アセスメントシートは、クライエントのニーズや支援課題に関するさまざまな情報をまとめたものである。支援過程におけるモニタリングを通して、見直しや修正がなされるので、アセスメントシートも随時その内容が付加、更新される。

③プランニングシート

プランニングシートは、支援計画を記したものである。支援過程において、アセスメントをもとに、支援目標が立てられる。支援目標は、長期・中期・短期の時間軸に即してそれぞれまとめられる。この支援目標とセットで、支援計画が作成される。

家庭養護では、**自立支援計画や家庭復帰計画等の養育プラン**として記録される。

④ プロセスシート

プロセスシートは、支援過程に関する記録であり、ケース記録の中心ともいえる。支援のプロセス、すなわち時間的順序・経過に沿って、主にクライエントと支援者及び環境との交互作用が記録される。支援過程において、支援目標や支援計画のもと、ある特徴的な出来事や場面を取り上げ、掘り下げて記録する場合もある。

家庭養護では、日々の子どもとの生活、**養育・支援の内容**等が記される。

⑤モニタリングシート

モニタリング（monitoring）とは、経過観察という意味である。モニタリングシートは、支援目標、アセスメント、支援計画に関して、実際の支援をふりかえり、その内容を定期的または随時記録する。

⑥エヴァリュエーションシート

エヴァリュエーション（evaluation）とは、評価を意味する。支援過程の最終段階である終結において、支援過程全体をふりかえり、支援目標、アセスメント、支援計画、支援過程、モニタリング等を評価する。

⑦クロージングシート

クロージング（closing）とは、支援の終結であり、どのように支援を終えたのか、その内容や理由等が記録される。終結では、支援過程全体をふりかえるため、クロージングシートは、⑥のエヴァリュエーションシートと一緒にまとめられる場合もある。

子どもが、里親やファミリーホーム、施設等の社会的養護の場を離れ、家庭復帰をしたり、地域でひとり暮らしを始める等、生活の場を移行した後の支援は、喫緊の課題となっている。家庭養護を離れた後の生活困難（衣食住をはじめとする生活基盤の不安定、人間関係・社会関係の不安定、生きづらさ、見通しの持ちにくさ等）を社会の中でどのように支援していくかという課題である。子どもにとって、家庭養護のケアを離れるプロセスがゆるやかな着地となるような工夫と配慮が求められる。具体的には、新たな環境において困った時にすぐに相談したり必要な支援を受けたりすることが可能であり、支援者に見守ってもらえている実感があること（モニタリング）、地域における社会資源や社会制度をどのように活用できるかを知り、そのアクセスの仕方や手続きを支えてもらえること等が必要である。

それらを見据えた記録として、家庭養護では、⑥エヴァリュエーションシートや⑦クロージングシートが、単に支援の終わりを意味するのではなく、支援の継続や移行をどのように行っていくのか、支援過程全体の中での検討が求められる。児童相談所や福祉事務所、保健所、民間団体等の社会資源との連携や、社会制度の利用等について、子どもと相談しながら見通しを持った記録も不可欠である。

▶▶▶実践上のヒント

子どもの写真アルバムや、ビデオ等の映像記録、子どもの描いた絵や日記、作文、手紙、工作等の作品…。これらは子どもの生活と育ちにおけるかけがえのない記録で

ある。子ども一人ひとりの歩む人生の記録を、支援者が共に作成したり、大切に保管
したりすることは、子どもを愛し、育み、その人生を尊重し、肯定し、支えるという、
権利擁護そのものである。本巻第14章のコラムでは、「育てノート」・「育ちアルバム」
について紹介している。

　このほか、記録には、カンファレンス記録や業務に関する資料・報告書、通信文
（子ども、支援者、家族、その他関係者等）がある。

2. ケース記録の目的

❶ なぜ記録を書くのか

　家庭養護において、なぜケース記録を書くのだろうか。ケース記録を書いたり、活用し
たりする意味や重要性はどのような点にあるのだろうか。手がかりとして、ソーシャル
ワークと記録についてみてみよう。岩間は「ソーシャルワークにとって記録が重要なのは、
ソーシャルワーカーがその使命を果たし、より効果的なサービスを提供するための実践が、
記録の作成抜きには成立しないからである。ソーシャルワーカーは、個人や集団、地域と
いった援助対象に接触し、情報を集め、援助計画を立てて介入する。そして、その過程を
記録し、援助チームと共有し、サービス内容を検討するなかでその提供方法を改善し、援
助の質を高めていく」と述べている（岩間 2006:2）。

　このように、社会福祉の現場で記録を作成することは、支援を行っていくうえで欠かせ
ない。家庭養護においてもそれは同様である。

❷ 何のための、誰のための記録か

　それでは、記録の意義や目的はどのようなところにあるのだろう。ここでは、岩間や
ケーグル（Jill Doner Kagle）が述べている内容を参考に、以下の3点をあげる。

①クライエントを理解し、そのニーズと支援過程・支援内容を明確にして、支援に活かす

　ケース記録では、クライエントの人となりや、生い立ち、心身の状況や社会関係を含ん
だその人のおかれている状況と環境、現在の生活課題やニーズ等を明確化する。また、支
援過程の中でどのような支援がなされたのか、上記の「**1.❸** ①〜⑦」のようなシートを
用いて記録される。

　したがって、ケース記録は、ソーシャルワークの支援の展開そのものを視覚化・文書化したものであるといえる。それは、ケース記録が、個人の人権を保障し、ウェルビーイング（well-being）を高め、社会生活をより豊かにしていくことを目指すソーシャルワークの目的の具現化を意味する。

　家庭養護におけるケース記録は、児童福祉法第1条に規定されているように、子どもの権利条約の精神に則り、子どもの最善の利益が優先して考慮されることを最重視する支援に活かすために作成される。

②支援者や支援組織が省察・成長し、その役割や機能を高め、社会的責務を果たす

　社会の中で子どもを養育し、支援を行ううえで、支援者は多様な人とつながり、さまざまな社会資源・組織と連携し協働する。その際、ケース記録は、支援方針や支援内容等、支援に関する情報を共有し、互いの協力や役割分担、引継ぎ等に欠かせない支援の道具（ツール）である。記録は、人や組織を媒介するコミュニケーションの役割を担っているともいえよう。

　また、ケースカンファレンスでは、ケース検討において、ケース記録が活用される。支援者を支援し、その成長を助けるスーパービジョンや、他職種・他領域からの助言等により支援を検討するコンサルテーションにおいても、ケース記録を用いた検討がなされる。専門職として育つ実習生の教育や、支援者が自らをふりかえり、省察し、より専門性を高めるための研修等においてもケース記録は用いられる。

　さらに、支援者・組織が果たすべき社会的使命と職責、運営管理の適切性、法的な手続きにおける根拠等に関しても、ケース記録は役立つ。措置や契約手続きの根拠となる公的資料（公文書）としての性格もある。クライエントからの情報開示や、国・自治体の監査資料等にもケース記録は用いられる。

③実態を分析、明らかにする調査や研究を通して、支援のあり方の検討・向上、社会資源の充実・開発、制度や施策の改善・創設に反映させる

　ケース記録は、個人が特定されない最大限の倫理的配慮をしたうえで（個人情報およびプライバシーの保護、守秘義務については後述する）、データとして調査研究等に用いられる場合がある。

　支援のあり方の検討や向上、必要な財源確保、社会資源の充実や開発、制度・政策の改善や創設等に向けて、現状や実態を分析し、明らかにすることは重要である。それは、クライエントが自身の「データ」の提供を通して、現状を改善したり改革を促すという社会へのはたらきかけ、すなわち社会参画を表すものでもある。

　したがって、支援者や支援組織がこうしたデータの提供を受ける場合には、あらかじめ、クライエントに対して、何を目的とし、どのような手続きと方法で何を用いるのか、個人情報はどのように保護されるのかについて丁寧な説明を行い、本人からの承諾を得ることが前提となる。

　家庭養護の場合、第三者が子どもの記録をもとに調査研究を行うとすれば、倫理的な配慮に関する契約文書を養育者と交わすことや、子どもの年齢や発達に即して、口頭や文書を用いて、子ども自身が理解できるように説明を行い、同意を得ることが重要である。権利擁護として極めて考慮すべきである。

　このような①〜③の内容に通底するのは、すべて、クライエント—家庭養護では、子ども—の権利擁護と最善の利益の保障が目指されることにある。

▶▶▶実践上のヒント

　長年、ソーシャルワーク、社会福祉援助の実践・教育・研究に携わった窪田は、クライエントとの「最初の出会いから、アセスメント、援助課題（内容）の特定、援助計画（緊急、短期、中期、長期）、援助プログラムとエントリー過程、援助期間の設定などを手がかりに、福祉援助の臨床を考えたい。それらはすべて専門援助者の仕事として、かつクライエントの人格を尊重し、クライエントとの共同作業として展開するものであることを、最初に確認しておきたい」と述べている（窪田 2013：37-38）。

　窪田は、援助の最初の段階から、クライエントとの共同作業の営みをどう展開していくかについて具体的に記しており、参考になる。

　家庭養護においても、子どもとの共同作業の営みを意識した記録を考えてみたい。「子どもにとって」という視点で考えながら書き留めたり、子どもと一緒に作成したり、子どもとともにふりかえったり、将来の夢や目標をイメージしたりする記録が日々の暮らしの中で紡がれるということ。そこには、子どもの気持ちが表現されたり、言語化されていない子どもの思いを支援者が想像したり、対話や交流が生まれ、新しい発見や、支援の手がかり、支援者自身の省察・成長の機会を得るきっかけともなる。

3. ケース記録の書き方

❶ 事実と主観を分けて書く

　ケース記録では、事実をできるだけ客観的かつ正確に記すことが求められる。そこでは、書き手にとって、観察する力、表現する力が求められる。その場で起こったことを分析したり、解釈したり、まとめる力も必要である。

　客観的な事実と、支援者の主観的な思いや考え（判断・意見・見解等）を、曖昧に記載したり、混在して記すことは、ケース記録を書くうえで最も留意しなければならない。すなわち、客観的事実と、主観的な考えを分けた記録が大切である。

▶▶▶実践上のヒント

・主観的な考えと客観的事実が混在した例

　「ユウさんは、近づいてきた男性に声をかけられた時、びっくりして怖がっているようだった。」

・主観的な考えと客観的事実を分けた例

　「家の前で縄跳びをしていたユウさんに、男性が近づいてきて「こんにちは」と話しかけた。ユウさんは縄を放り出して、家の中に駆け込んできた。ユウさんは青ざめた表情で、小刻みに震えていた。私はユウさんが脅えて怖い思いをしているように感じた。」

---

❷ 記録の記述文体

　記録の文体には、「叙述体」「説明体」「要約体」等がある。記録の目的や活用方法によって、文体の用い方も異なる。

①叙述体（narrative style）

　叙述体は、事実や生じた出来事を、時間経過に沿って書き取っていく記録である。支援過程や事実の内容を正確に記録することが目指される文体であり、ケース記録にも用いられる。叙述体には、その特性からさらに「逐語体」、「過程叙述体」、「圧縮叙述体」等がある。

　逐語体は、ありのままの事実、観察した内容、クライエントと支援者の発言や表情、その時起こったこと、支援内容等について、可能なかぎりの詳細を正確に再現して記録する。

　過程叙述体は、クライエントと支援者とのやりとりを時間的経過に沿って、行動や感情等も含めて詳細に記録する。ソーシャルワークでは、プロセスレコードともいう。

　圧縮叙述体は、要点をまとめて簡潔に短く記述する。面接記録等で用いられる。

　記録は、繰り返し書いて見直したり、スーパービジョンやカンファレンスの機会などを通して記録の読み手から助言や感想等を得たり、支援者間の実践場面の共有等を通して、書き方のコツがみえてくる。どのような記録がのぞましいか、支援者間で話し合ってみるのもよい。

▶▶▶実践上のヒント

　以下は、叙述体を用いた記録の例である。中学校の卒業式の日の朝、突然泣き始めたマコトさんと支援者の関わりの記録を、「逐語体」、「過程叙述体」、「圧縮叙述体」でそれぞれ表した。

●逐語体の例

　「マコトさんは、朝から落ち着かない様子で何度も洗面所と台所を行ったり来たりしていた。もう8時になるので朝ご飯を食べるように言うが、パジャマのまま着替えもせずに、洗面所と台所を行ったり来たりしている。私が『卒業、おめでとう！』と声をかけても、聞こえているのか聞こえていないのか返事がかえってこない。しばらく様子をみていたが、なにかいつもと違うと思う。冷蔵庫を開けようとしたマコトさんが、私の近くを通ろうとしたその時、そっと肩に手を置いてみる。マコトさんはその場にうずくまってしまった。そっと顔を覗き込むと、『ううう…』と声を押しころして涙ぐんでいる。『どうしたの？』、『何かあった？』と聞いてみるが、マコトさんは首を横に振って黙ったまま、唇をかみしめている。私も一緒にうずくまって、マコトさんの背中をゆっくりさすっていると、肩をふるわせて泣き始めた。何があったのだろう…と思いながら、『そっかー、そっかー』と声をかけた。『そっかー、そっかー』と言いながら、背中をさすっているうちになんだか私も悲しくなってきた。マコトさんは私のエプロンをギュッと握った。その手に私の手をそっと重ねた。マコトさんの背中は温かくなったが、手は冷たいままだった。」

●過程叙述体の例

　「起きてきたマコトさんは顔を洗いに洗面所に行った後、落ち着かない様子で何度も洗面所と台所を行ったり来たりしていた。私はどうしたのかなと思ったが、朝ご飯の支度もあり、気にせずそのままにしていた。

登校時間の8時になっても、朝食も食べずにパジャマを着たまま洗面所を行ったり来たりしている。そわそわとした様子に、やはりいつもと違うと思ったが、敢えて笑顔で『卒業、おめでとう！』と声をかけてみる。マコトさんの返事はない。

20分程様子をみていたが、マコトさんがそばを通った時に、そっと肩に手を置いてみる。マコトさんは、その場にうずくまってしまった。声を押しころして泣いているようである。何かあったのかもしれないと思い、そのまま背中をゆっくりとさする。さすっていた背中が温かくなってきた頃、マコトさんは、私のエプロンをギュッと握っていた。私はその手に自分の手を重ねた。」

●圧縮叙述体の例

「卒業式の朝、マコトさんは落ち着かない様子で、そわそわしている。『卒業おめでとう！』と声をかけるが返事がない。そばを通った時、そっと肩に手をふれると、うずくまって泣き出してしまった。何かあったのだろうかと思いながら背中をさすっていると、私のエプロンをギュッと握りしめてきたので、自分の手を重ねた。」

②要約体（summary style）

要約体では、事実を時間の経過とともに順序を追って記録するというよりも、事実のポイントに焦点をあて、これを整理して記録する。生活歴や長い経過のある事例をカンファレンスで検討する場合等、ケースをまとめ直す場合に用いられる。

③説明体（interpretation style）

説明体は、クライエントの言動や事実に関して、支援者の解釈や説明、意味づけ、見解等を記す文体である。事実をありのままにという記録ではなく、支援者が事実を解釈して説明することに主眼がある。したがって、説明体で記録する場合には、支援者の解釈や見解、意見が分かるように、明記する必要がある。

❸ 記録を書くうえでの留意点

実際にケース記録を書く時には、次のような点に心がける。近年は直筆ではなく、パソコンを用いた記録が多いと思われるが基本的な考え方として示す。

①公的な文書──日記（私文書）ではないことを意識する

・下書きでは、鉛筆を用いても構わないが、清書では黒色ボールペン等の消えない筆記用具で記す。

・書き間違えた時には、原則として、該当箇所に訂正線を（二重線）を入れ、押印する。

・個人情報の保護に十分留意し、適切な記録の保管・管理を行う。記録の目的によって、クライエントの名前の表記を仮名する等、十分な配慮を行う。

②正確性――支援に活用されることを意識する

・誤字・脱字に注意し、記録した後には読み直して点検する。

・主語と述語が一致しているかどうかを確認する。

・文末は、「～である」調で統一し、「です」・「ます」調を用いない。

・読み手を意識し、一文での長文を避け、簡潔に読みやすく明確に記す。

・６W３H――いつ（when）、どこで（where）、だれが（who）、だれに（whom）、何が・何を（what）、何故（why）、どのように・どのくらい（how/how much/how long）――を意識して書く。

❹ 図表を用いた記録

　記録には、文章で書くほかに、記号や図表を用いて分かりやすく視覚化して表示するものもある。これをマッピング（mapping）技法という。活用されている代表的なものに、ジェノグラム（genogram）とエコマップ（eco map）がある。これらの詳細は、本章に続くコラムを参照されたい。

4. ケース記録の実際――「個人情報の保護」と「情報の共有」

❶ 個人情報の保護と守秘義務

　個人情報保護法では、第1条に、「高度情報通信社会の進展に伴い個人情報の利用が著しく拡大していることに鑑み」、個人情報の適正な取扱い、国及び自治体の責務等、事業者の義務、個人情報の有用性の配慮、個人の権利利益の保護を目的とすることが規定されている。また、第2条1項では、「この法律において『個人情報』とは、生存する個人に関する情報であって、次の各号のいずれかに該当するものをいう」とし、続く各号において、「一　当該情報に含まれる氏名、生年月日その他の記述等…（略）」、「特定の個人を識別することができるもの」とある。ケース記録や写真等の画像も、個人情報といえる。

　子どもに関して知り得た情報やケース記録の適切な保管・管理と守秘義務は、家庭養護における支援者にも課せられる。

❷ プライバシーへの最大限の配慮と、支援を目的とした情報共有

　一方、児童福祉法第25条では、要保護児童を発見した場合の通告義務が規定され、児童虐待防止法第6条第3項においても、児童虐待を発見した者が児童相談所に通告することは守秘義務違反に当たらないことが明記されている。また、児童虐待防止法第7条には、通告者の秘密を守る義務が児童相談所に課されている。

　児童相談所の守秘義務に関しては、児童福祉法第61条に「正当な理由なく」秘密を漏らしてはならないことが規定されているが、虐待等により子どもの命や安全が最優先となる場合には、子どもの最善の利益を「正当な理由」として、情報の共有がなされる。

　なお、先に述べたような、記録等のデータを調査研究等において用いる場合には、本人の同意や、匿名性（個人が特定されない）といった倫理的配慮が前提となる。

　ケーグル（Kagle,J.D.）は、ソーシャルワークの記録に関するプライバシー（保護）の基本原則について、守秘義務（confidentiality）、制限、アクセス、匿名性の4つをあげており、以下に、それらを整理しつつ紹介する（ケーグル2006：200-205）。

①守秘義務（秘密保持）

　クライエントが支援者との関係性において明らかにした個人情報を、開示から守ること、プライバシーの保護を意味する。上述のように、虐待対応等の支援目的によっては、クライエントの同意を得ないで外部機関に情報が報告（通告）される場合もある。

　こうした倫理的矛盾があることを支援者は十分自覚しつつ、基本的な人権感覚と法的根拠に基づき、組織内外で記録等の情報の取扱いに関する検討と必要な配慮を行うことが大切である。

②制限

　制限とは、記録に含める情報を、支援に必要な内容に関連したものに限定することである。個人情報の収集、文書化、保持等の制限により、クライエントのプライバシーを配慮・保護する。記録の保管の仕方、保管の期間をどう定めるかも含まれる。

③アクセス

　ケーグルは「クライエントとその家族、および代理人が記録にアクセスすることによって、どのような情報が収集され、文書化されて、機関の中で情報がどのように解釈され、用いられているかを、サービスの受け手が知ることを認めることによって、クライエントのプライバシー（権）を高めている」と述べ、それは「クライエントをエンパワーすることになる」と指摘する。

④匿名性

　クライエントの名前その他の識別情報（本人が特定される情報）を、隠すことによって、プライバシーを保護する。匿名性の原則は、クライエントが識別されることなく、組織の内外で情報が共有される。記録が教育や研究に用いられる場合、クライエントの匿名性を保つことができる。

　子どもの権利条約第13条では、表現の自由の権利が定められ、第16条では、私生活等に対する不法な干渉から保護される権利（プライバシー・通信・名誉の保護の権利）、第17条では、多様な情報源からの情報及び資料を利用する権利（適切な情報へのアクセスの権利）について明記されている。子ども自身が必要性に応じてこれらの権利擁護や権利行使を可能にするような仕組みづくりも重要な課題である。

　同時に、ケース記録を扱う際には、対象となる子どもへの説明責任（accountability）をどのように果たすのかについても考慮されるべきである。

　福祉や介護の現場では、PCソフト等を用いたケース記録のIT化も進んでいる。個人情報保護のためのセキュリティ対策や、管理の仕方等の整備も求められる。

▶▶▶実践上のヒント

　『子どもが見えてくる実践の記録』は、子どもに携わる実践者が記録を書くうえで、大切な視点やさまざまな手がかりを与えてくれる。ろう学校教員の竹沢さんは、「子どもがわかるとは、その子のねがいがわかること」とし、そこに実践記録から迫ると述べている。また、記録を書くことの意義について、「子どもの事実に励まされて、私たちは教師になっていく。そのことを、実践記録をとおして、確かめ合いたいのです」と記している（竹沢 2005：12, 23）。

　なぜ記録を書くのか、どのように記すのか。記録を書く上で参考になる一冊である。

（伊部恭子）

▶注
1　新村出編（2018）『広辞苑［第七版］』岩波書店

▶参考・引用文献
伊部恭子（2019）「記録および自己評価」公益財団法人児童育成協会監修、相澤仁、村井美紀、大

竹智編集（2019）『新 基本保育シリーズ 18 社会的養護Ⅱ』中央法規出版、109 ～ 120 頁

岩間文雄編著（2006）『ソーシャルワーク記録の研究と実際』相川書房

Kagle, Jill Doner（1991）*Social Work Records, 2nd Ed.*, Wavelad Press,Inc.（久保紘章、佐藤豊道監訳（2006）『ソーシャルワーク記録』相川書房）

窪田暁子（2013）『福祉援助の臨床──共感する他者として』誠信書房、37 ～ 38 頁

竹沢清（2005）『子どもが見えてくる実践の記録』全国障害者問題研究会出版部

村田典子（2013）「子どもの養育・支援に関する記録」相澤仁編集代表、犬塚峰子編集『やさしくわかる社会的養護 3　子どもの発達・アセスメントと養育・支援プラン』明石書店、160 ～ 171 頁

ジェノグラム、エコマップの描き方

　ジェノグラムおよびエコマップは、情報を整理し支援のために役立てるアセスメントツールとして利用されているものである。個人情報を扱うため、十分な配慮を必要とする。

ジェノグラム

　ジェノグラムは、家族図（家系図）として、家族療法分野から発展し、対人援助の分野では広く利用されている。用途により異なるが、通常は三世代を中心に記号を用いて描く。家族関係の事実（年齢、婚姻、離婚等）を記入しつつ、家族関係理解を深める材料とする。家族の中で影響を与えているのは誰か、また家族間で暴力連鎖などが発生しているのか、子どもにとって社会資源になりうる親族はいるのかなどを知る手掛かりとする。ジェノグラムの意味を説明をしたうえで、当事者とともに家族図を作成していく過程の中で、当事者自身が自分の家族関係を理解する機会となる場合もある。一度に情報が入るわけではないので、複数回面接の上で作成する場合もある。

〈記号の約束事〉

婚姻関係を表す。いつ婚姻したのかを記す。また生年月日を入れる。
□は男性　　○は女性　　△妊娠　　⊠中絶　　⊗死産

内縁関係を表す。

離婚　　別居を表す。年代も記入しておく。

子どもは男女の下にアンダーラインをひく。子どもの出生月日を入れる。婚姻年月日も記入しておく。婚姻関係のちに出産しているか、出産後に入籍したのかなど、事例により意味を持つ。

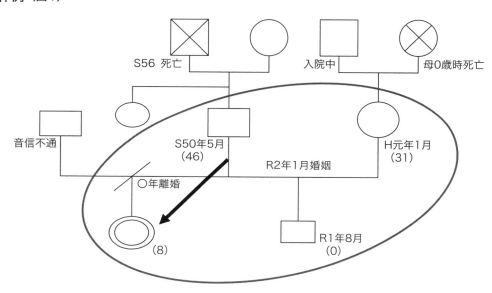

死亡。横に意味がある場合には、何月何日と記入する。

当事者を指す（例：図1では、要保護児童としての8歳の子を指す）

誰が8歳に心理的な圧力をかけているのかを示す。

同居の場合には、そのメンバーを○で囲む。

具体例（図1）

S56 死亡　　　　　　　　　　　　入院中　　　　　　母0歳時死亡

音信不通

S50年5月
（46）　　　　　R2年1月婚姻　　　　H元年1月
（31）

○年離婚

（8）　　　　　R1年8月
（0）

　ジェノグラムを描くことで、それぞれの家族員の位置が分かる。図では8歳女児は母の前夫との間の子どもであること、下の乳児は男児で出産後に婚姻届けが出されている、母方の祖母はすでに母が0歳の時に亡くなっている等である。過去から現在の家族の成り立ちや形態を図で示し、それぞれの家族員との関係性と本児の支援者となるべき親族は誰かなど、ジェノグラムから仮説をたて、支援方針の一助とする。

エコマップ

　エコマップは生態図を意味する。エコマップは、人間はいくつかのシステムとの関わりで生活し、影響しあう存在であるとする理論に基づくアセスメントツールの１つである。家族、個人を取り巻く関係性を図と線で表す。ジェノグラムと組み合わせて記載する場合もある。本稿では、エコマップを単独に利用する場面にそって説明をする。

　エコマップは現時点を書くことで、アセスメントの一助とする。その家族と取り巻く環境との関係を図式化を通し理解する。対象となる家族は個々別、日頃どのような人間関係を築いているのか、どういった機関や社会資源がその家族を支えているのかを把握する。中心の丸は家族あるいは個人を描く。さらにその周りに円を描き、なんらかの影響を与えている機関や人を描く。今後の支援方針を立てるために利用する。また当事者のみならず、関係機関である子どもが所属する学校、保育所などとも連携し、役割を分担を協議する場合に利用することができる。孤立防止と社会資源や社会機関を家族が利用できる工夫や、関係調整など支援方針をたてる一助となる。

〈記号の約束事〉

　家族を中心に〇で囲む、ついで関係する機関や影響を与えている機関、人を〇で囲む。線を使い、つなぐ。互いの関係について関わる方向性について→で表す。

関係が強い	⟵⟶	互いに関係が強いことを示す。
普通	———————	方向性が分からない場合には→は不要。
関係が弱い（疎遠）	··················	
対立関係	—++++—	

具体例（図２から図３へ）

　本児（8）は児童養護施設を退所し家族再統合のもと、新しい父、弟、母と暮らしはじめた。新学期と同時に転居したことから学校にはなじめず、休みがちなことから両親から叱られている。学校は家庭訪問するなど熱心であるが、本児は行き渋りをする。新しい父は、職場とうまくいかず失業中である。本児は「母の作る料理より、施設の食事のほうがおいしい」と言っては、母子で争う結果になっている。母は鬱的な状況で、家事育児の多くは、新しい父にかかっているため、父のイライラが募っている。それを表したのが、**図2**である。**図2**の機能していないところをどのように関係性を変化させ、サービス投入をするのかをアセスメントする際の材料となり、**図3**が、4か月後の変化を示す。

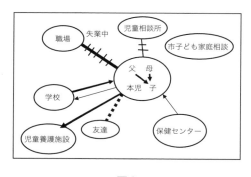

図2

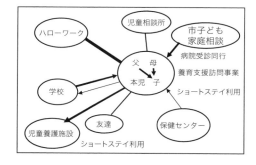

図3 （4か月後）

（図3具体例その後の経過）

　何もかもが新しい生活状況の中で、まず本児には居場所が必要であった。学校が本児に働きかけたことで、行き渋りは減少。本児が落ち着くと、継父のイライラは減少し、暴力で制することはなくなった。うつ状態を訴えた母には、市の家庭相談員が通院に付き添い、その道中、子どもの付き合い方の相談にものっている。育児ストレス解消には、養育支援訪問事業やショートステイも将来利用できるものと考えている。

　エコマップは、関係性が変われば、その時点でのエコマップを作成し、効果評価の一助とする利用する。当事者とのコミュニケーションを高めるためのツールにもなる。

（加藤曜子）

文献

モニカ・マクゴールドリック、ランディ・ガーソン、スエリ・ペトリー著、渋沢田鶴子監修、青木聡他訳（2018）『ジェノグラム──家族のアセスメントと介入』金剛出版

Brigid Daniel, Sally Wassell, Robbie Gilligan（1999）*Child Development for Child Care and Protection Workers*, JKP

第**IV**部

プランに基づく支援

第 13 章

家庭養護における養育プランに基づく養育の実際

Key Word

マッチング／自立支援計画／チーム支援／実親交流支援／自立支援／アフターケア

1. 里親家庭におけるアセスメント・養育プランによる養育の実際

ここでは若年未婚の実母の経済困窮等を理由に里親委託されたＡくん（0歳男児）の事例を通して、家庭養護における養育プランに基づく養育の実際について述べていく（事例は個人が特定されないよう一部を改変している）。

❶ Ａくんの事例概要

Ａくんは、実母が20代前半、未婚で妊婦健診未受診のまま自宅にて出産し、生後2日目に低出生体重児として、実母とともに病院に緊急入院した乳児である。出生後の管理目的で約1か月間、NICU（新生児集中治療室）に入院したが、低体重以外に明らかな異常は認められなかった。

実母は、親族とは絶縁状態で身近な養育支援者が不在であり、かつＡくん出生時は無職で経済困窮の状態であったため、「子どもの養育を自分でできる状況になるまでＡくんを里親にお願いし、定期的に面会や外出等の交流をしたい」との意向であった。

❷ 養育里親への委託の打診及びケース説明

児童相談所では、子どもの養育が困難であるとの相談を受け、社会調査等を経て里親委託が適当との方針を決定した場合、速やかに委託先候補の里親を選定し、里子の受入可否の打診を行う。

まずは電話で、子どもの年齢、性別、養育困難の内容、委託期間のおおよその目途等、概要のみを伝え、里親に受入意思があるか、里親家庭が受入可能な状況であるかを確認する。里親から里子の受入れに前向きな回答があれば、改めて児童相談所職員が里親宅を訪問し、子どもについての詳細な説明を行い、あわせて里親からの具体的な質問にも応じる。里親は詳細な説明を受けた後、受託に向けたマッチング（対象となる子どもとの面会、外出、外泊等の段階的な交流）に臨むかどうか家庭内で話し合い、その結果を児童相談所に回答する。この時、里親家族に不安や疑問が残るのであれば、里親は再度児童相談所に説明を求め児童相談所もそれに応じる等、双方が不安や疑問の解消に可能なかぎり努めることが大切である。

里親からマッチングに臨む旨の回答が得られた後、児童相談所はマッチングのための日

程調整を行う。**マッチングに要する期間や頻度は、その子どもの年齢や子どもの置かれている状況、心身の発達状態、また里親の仕事の都合や実子等同居家族の状況等によりさまざまであるが**、担当ケースワーカー（以下、担当CW）や児童心理司、里親担当職員が子どもと里親、双方の気持ちを丁寧に確認しながら段階的に進め、**最終的に安心してお互いを受け入れる準備が整った時点で正式な里親委託となる。**

表13-1　児童相談所からY里親への説明内容（委託時）

1．児童氏名（Aくん）　　性別（男）　　生年月日（平成X年X月X日生）

2．住所（●●市●●町X-X）

3．保護者氏名、続柄、住所、職業（Bさん、実母、●●市●●町X-X、無職）

4．学校名、学年、担任、連絡先（なし）

5．主訴（母子世帯。当面の養育困難のため子どもを預けたい。）

6．家族状況
  ・実母　Bさん、平成X年X月X日生、23歳、同居
  ・本児　Aくん、平成X年X月X日生、0歳、同居
  ・母方祖父　Cさん、非同居、●●県●●市●●町X-X、病院勤務
  ・母方祖母　Dさん、非同居、●●県●●市●●町X-X、ホテル清掃
  ・母方伯母　Eさん、非同居、●●県●●市●●町X-X
  ・母方伯父　Fさん、非同居、●●県●●市●●町X-X

7．経過
  ・X／18　実母が本児を自宅出産。実母は妊婦健診未受診。
  ・X／20　実母が本児の戸籍取得や経済困窮等について市や病院にメール相談。
  　　　　　市が●●病院産婦人科へ緊急移送し、母子共に入院。
  ・X／21　実母退院。
  　　　　　本児の養育困難を主訴に、市職員とともに児童相談所に来所相談。

  （実母情報）
  ・●●県●●市出身。
  ・高校卒業後、●●市の●●短大●●科に入学するが1か月で中退。
  ・短大中退後、地元の工場に就職するが半年ほどで退職。その後、市内のスナックでアルバイト。客として知り合った男性と交際し本児を妊娠するが、妊娠を伝えた途端に男性とは音信不通に。
  ・母方祖父母とは20歳頃より絶縁状態。頼れるのは●●市の知り合いのみ。

  （本児情報）
  ・実母の最終月経から推測し、XX週X日で出生と判断。
  ・入院時の体重（2,XXXg）を出生時体重と推定。
  ・明らかな感染兆候等なし。体重増加は順調。X＋1／19に1か月健診予定。

  （その他）
  ・健診や予防接種については、●●病院にて実母同席の予定（児童相談所職員も同席）。
  ・母子交流は月1回程度、児童相談所プレイルームにて実施予定。
  ・本児の家庭引取りについては、①実母が、昼間の仕事に就職し、経済的に安定すること、②本児の保育園への入所を条件とすることを実母と児童相談所で確認済。

　Aくんの場合、①乳児のため24時間の見守りが必要、②里親委託後、実母との定期的な交流を児童相談所にて実施することが支援の柱であったため、「乳児の養育経験があり、かつ実母との交流時にAくんを児童相談所まで送迎できる」という条件に適う数組の候補里親に打診し、最終的に受入準備がいち早く整ったY里親（40代後半夫婦、同居実子あり）に委託を決定した（表13-1）。Aくんのように乳児のためその意思を児童相談所が確認することが難しい場合、里親側の受入準備が整い次第、速やかに委託となることも多い。このほか、虐待等で子どもの安全確保の観点から保護の緊急度が高い場合も、十分なマッチング期間を経ずに里親委託になることがある。

❸ 委託初日

　Aくんは、病院での1か月健診を経て退院し、Y里親へ里親委託された。

　委託初日、健診を終えたAくんは実母に見送られ、病院に迎えに来た児童相談所の担当CWと里親担当職員に抱かれてY里親宅に移送された。里母はこの時がAくんと初対面だったが、到着時にはミルクやオムツ、肌着、乳幼児用の布団等養育の準備を整え、慣れた手つきでAくんを抱っこして「よく来たね」と優しく声をかけた。担当CWからはAくんの病院でのミルク量、排便リズム等の情報を伝え、次回の病院受診や実母との面会交流日程等を確認した。

　このほか、委託時にはAくんの母子手帳や健康保険証、里親委託措置通知書や受診券等、Aくんの養育に必要な書類等一式を児童相談所からY里親へ提供した。これらの書類等は個人情報を含むため、破損や紛失を防ぎ、安易に他者の目に触れないようにするなど里親家庭においても保管管理に十分な注意が必要である。またこれらの書類は里親委託解除時に実母や児童相談所に返却するものでもあるため、里親委託時には次に例示する「目録」等を使って、児童相談所と里親双方が一緒に確認し、受け渡すことが重要である（表13-2）。

❹ 児童自立支援計画の提示

　里親委託する場合、児童相談所はその子どもを里親委託する理由、里親委託に関する保護者や子ども本人の意向、またその子どもの成長過程における短期的、中・長期的な課題とその解決に向けた具体的な支援方法等を示した「児童自立支援計画」を作成し、里親に提示する。里親はこの計画に基づき、自身の家庭において里子の養育を行うことが重要である。この計画には次回検証時期も記載され、里子の成長や取り巻く状況の変化に合わせ、随時見直しを行うこととなっている。

　Aくんの児童自立支援計画は次のとおりであった（表13-3）。

表13-2　児童の措置（委託）に伴う添付書類　目録

児　童　氏　名 生　年　月　日	性別	措　置（委託）先 （ 住　所 ）	措置（委託）年 月 日
A 平成Ｘ年Ｘ月Ｘ日	男	Ｙ里親 （●●市●●町Ｘ－Ｘ）	平成Ｘ年Ｘ月Ｘ日
書　類　名	添 付 の 有 無		備　　考
措置通知書（児童の措置について）	ⓐ（ 1枚）・ 無		
援 助 方 針 会 議 結 果	ⓐ（ 1枚）・ 無		
行　　動　　診　　断	有（ 枚）・ ⓝ		
心　　理　　診　　断	有（ 枚）・ ⓝ		
医 学 診 断 記 録	有（ 枚）・ ⓝ		
健　康　診　断　書	有（ 枚）・ ⓝ		
自　立　支　援　計　画	ⓐ（ 1枚）・ 無		
母　　子　　手　　帳	ⓐ（ 1冊）・ 無		
（療 育・身 障・精 神）手 帳	有（ 冊）・ ⓝ		
健　康　保　険　証	有（ 枚）・ ⓝ		
受　　　診　　　券	ⓐ（ 1枚）・ 無		
同意書（予防接種・インフルエンザ）	ⓐ（ 1枚）・ 無		
銀 行 通 帳・印 鑑	有（ 通, 個）・ ⓝ		
転　出　証　明　書	有（ 枚）・ ⓝ		渡しきり書類
在　学　証　明　書	有（ 枚）・ ⓝ		渡しきり書類
教 科 書 等 配 布 証 明 書	有（ 枚）・ ⓝ		渡しきり書類
権 利 ノ ー ト（措置（委託）児童分）	説明済・ⓤ		新生児のため

【委託時】
　　上記の書類を送付します。　　平成Ｘ年Ｘ月１９日　　●●県●●児童相談所　担当　●●
　　上記の書類を受領しました。　平成Ｘ年Ｘ月１９日　　措置（委託)先（Ｙ里親）
【委託解除時】
　　上記の書類を返納します。　　平成　　年　　月　　日　措置（委託）先：（Ｙ里親）
　　上記の書類を受領しました。　平成　　年　　月　　日　●●県●●児童相談所　担当　●●

表13-3　Aくんの児童自立支援計画

●　●　第　Ｘ　－　Ｘ　号

平　成　Ｘ　年　Ｘ　月　Ｘ　日

Ｙ里父母　　　　　殿

●●県中央児童相談所長

児童の自立支援計画は下記のとおりです。

記

児童氏名	A		生年月日	平成Ｘ年Ｘ月Ｘ日	措置年月日	平成Ｘ年Ｘ月Ｘ日

処遇の選択及びその理由

　　妊婦健診未受診のまま自宅出産。本児、生後2日目に母が経済困窮等について、市や病院に匿名の問い合わせをしたことから本児の存在が発覚。市が対応し、緊急入院。
　　母は親族と絶縁状態であり、生保受給は未定。
　　本児を養育するためには母の就職や保育所入所、引っ越し等をする必要があるため、環境が整うまでの間、里親委託が適当と判断した。

保護者、児童等の意向

・保護者の意向　　　同意
・児童の意向
・その他

児童福祉審議会の意見　　　照会の有無　　　無

短期的課題	課題達成のための具体的援助方法 （関係機関との連携のあり方を含む）
・身体的発育 ・母子交流	・食事（ミルク）や睡眠等、安定した生活リズムを獲得させる。 ・定期的な面会や予防接種等の受診同行を通して、実母の本児理解を深めるとともに、養育能力の向上を支援する。
中期的課題　　　次期検証時期　平成Ｘ年Ｘ月 ・情緒面の発達 ・安定した母子交流	**課題達成のための具体的援助方法** **（関係機関との連携のあり方を含む）** ・里親との間に情緒的な交流をもち、アタッチメント形成を促す。 ・発達チェックを定期的に受診し、発達状況を理解する。 ・母との交流方法や時期については児童相談所と協議のうえ実施。内容の充実をはかるとともに、外出や外泊についても検討していく。

家族再統合の方針

　　母の就職や転居、保育所入所など養育環境が整えば家庭引取りを検討する。

担当：●●　●●
TEL：ＸＸＸ－ＸＸＸ－ＸＸＸＸ

❺ 里親委託から家庭引取りまで──支援の実施とポイント

　里親委託されると児童相談所の担当CW、里親担当職員のほか、里親支援機関である乳児院や児童養護施設に配置されている「里親支援専門相談員（以下、里親SW）」等が定期的に里親家庭に電話や訪問をして、里子の養育状況を確認しつつ、里親養育が順調に進むよう適宜相談を受けたり、必要な情報や支援サービスを提供するなど、**必要な支援をチームで計画的に行う。**

　Aくんの里親委託から実母に引き取られるまでの間の里親に対する支援の流れは以下のとおりであった（表13-4：□は里親支援、△は実母支援、◎は児童相談所の会議）。

表13-4　里親に対する支援の流れ

日　時	支援内容等	支援者等
X月X＋1日 （委託翌日）	□里母へ状況確認のため架電。Aくんのミルク量や睡眠時間を聴き取るほか、Aくんに対する里親家族それぞれの反応を確認。	里親担当職員
X月X＋7日	□里親宅を訪問。Aくんの養育状況等を確認し、養育に関する里母からの質問に応じる。 □低体重で出生したAくんの体調管理のため、里母は「地域のかかりつけ医」への受診を希望し、担当CWが医療機関への説明と調整を実施。 ※里親委託後半年間は毎月1回以上、委託後7か月目から2年までは3か月に1回以上の頻度で、里親担当職員、里親SW等が里親宅を訪問し、里親への相談支援を実施。	里親担当職員、里親SW
X＋1月1日	△□里親委託後初の母子交流。実母と里母は初対面。実母はやや緊張した様子だが里母へ感謝の言葉を述べ、里母も丁寧にあいさつを返す。 ※翌月から毎月、児童相談所プレイルームにて2時間程度、母子面会交流を実施。里母はAくんを児童相談所まで送迎し、Aくんが実母と面会している間にはAくんの日頃の養育や里親家庭の状況について児相職員に話をする。回数を重ねるうちに、実母と里母が笑顔でお互いを労ったり、Aくんの成長を喜び合う様子も見られるようになる。 □里母から「自身の病院受診のため、里親レスパイト・ケアを利用したい」との希望あり。具体的な利用方法について里親担当職員から再度説明し、1回目の里親レスパイト・ケアの日程を調整。 □担当CWから里母に実母の近況（就労状況）を報告。	担当CW、里親担当職員
X＋1月20日	□Aくんの発達状況の確認、予防接種等のため●●病院受診。 ※Aくんの健康状態や医師からの助言等を里母、実母が共有するため、以後、病院受診には実母同席。次回から予防接種等はかかりつけ医受診へ。	担当CW、里親担当職員
X＋2月1日	□里母の病院受診日に「里親レスパイト・ケア」を日帰りで実施。レスパイト先は、里母が里親サロンで仲良くなった近隣の里親を利用。 ※以後、随時、レスパイト・ケアを実施。里親委託期間中に全4日利用。	里親担当職員
X＋4月1日	□担当CWから里母に実母の近況（実母が正社員として就職。保育園利用を申し込み、保育園近くのアパートに転居）を報告。 △担当CWが実母の転居先を訪問し、養育環境を確認。	担当CW

X＋4月10日	◎児童相談所の「援助方針会議」で、今後の支援方針について決定。 　会議結果：実母による養育環境の調整及び月1回の母子面会交流は順調。今後は実母宅への外泊交流にステップアップ。 △□担当CWから実母、里親へ会議結果を報告。	担当CW、里親担当職員
X＋4月20日	△児童家庭支援センターを利用し、里親委託後初の母子の宿泊交流実施（1泊2日）。里母がAくんを送迎。児童家庭支援センター職員が宿泊中の母子の様子を見守り、適宜サポートを実施。終了後は児童相談所に母子の様子を報告。 △□宿泊交流後、担当CWは実母と宿泊交流についての振り返りを実施。里親担当職員は里親からAくんの様子を聴き取り、担当CWと次回の宿泊交流について協議。	担当CW、児家セン職員
X＋5月10日	△実母宅にて、2回目の宿泊交流（1泊2日）。担当CWがAくん送迎。 ※以後、宿泊日数を伸ばしながら実母の養育力やAくんとのアタッチメント関係を確認（月2回程度実施）。Aくんへの関わり方に戸惑う実母に対して、里母が具体的なアドバイスをすることもあった。	担当CW
X＋7月1日	◎児童相談所の「援助方針会議」で、今後の支援方針について決定。 　会議結果：母子の外泊交流順調。次回、長期外泊（6泊7日）を行い、養育に問題がなければAくんの保育園利用開始日に合わせて家庭引取りが適当。 △□担当CWから実母、Y里親へ会議結果を報告。	担当CW、里親担当職員
X＋8月30日	△児童相談所にて担当CWから実母へ児童福祉司指導（①子どもの安全確保・健康維持、②就労継続、③今後の児童相談所や市の支援受入れ）し、Aくん家庭引取り。 □Aくんの里親委託を解除。	担当CW、里親担当職員
X＋9月10日	□里親担当職員が里親家庭を訪問し、里父母にAくんの養育に対するお礼と労いを伝える。里父母は「Aくんがいなくなり寂しくなったが、Aくんにとっては実母と一緒に暮らせることが幸せ。私たちも楽しい時間を過ごさせてもらった」と話した。	里親担当職員

　このAくんの事例に見られる里親養育支援の主なポイントは、以下の3点である。

①里親の養育負担の軽減──里親レスパイト・ケアの活用

　Y里母はこれまでに乳児の里親委託を複数回受けており、乳児の対応にも慣れていたが、それでも頻繁な授乳や夜泣きへの対応、急な発熱等の健康面でのケアなど、主な養育者である里母は24時間気が休まらない状態を強いられることが想定された。それ以外でも里子の受入れによって生じる家庭内でのさまざまな変化に対し、里親自身が心身の疲労を感じることは当然のことである。このような場合には、**定期的に里子の養育を一時的に他の里親に委ねる「里親レスパイト・ケア」の利用が有効**であり、Y里母の場合にも児童相談所は里母自身の心身のケアや休息のための活用を積極的に促した。これにより、夫婦でゆっくり食事したり、娘とカフェでお茶をしたりと、Y里母は家族との有意義な時間を通し

て気持ちをリフレッシュさせることができ、余裕をもってAくんの養育を行うことができた。

②身近な地域資源の活用──かかりつけ医の利用

Aくんは、その出生状況から発達に不安があり、主治医からは里親委託後も経過観察等のため、しばらくは同病院への通院を求められていたが、里親宅から病院までは少し距離があった。このため里母から、Aくんの急な体調変化にもすぐに対応できるよう近所のかかりつけ医を利用したい、乳児であるAくんを車に乗せて頻繁に長距離運転することは避けたいとの相談があった。そこで、担当CWは主治医に働きかけ、かかりつけ医や保健センターへの紹介状をもらい、地域の医療機関による支援につなげた。これにより、里母は、これまでも受託中の里子を診察してくれた、**里親制度に理解のある顔見知りの小児科医とつながることで、何かあったらいつでもすぐに相談できる安心感を得ることができた。**

③実親に関する情報や支援方針の共有

里親養育は実親が子どもを養育できるようになるまでの期間限定の「代替養育」と分かってはいても、里親委託解除後の里子の生活や実親の養育状況が気になる里親は多い。時には「あんな実親の元に引き取られるのはかわいそうだ」「実親と会うと、子どもの気持ちが不安定になるのでは」と子どもの行く末を心配するあまり、家庭引取りどころか実親との交流自体に否定的になる里親がいるのも事実である。しかし、**社会的養育を担う里親は、子どもには実親の元で適切に育てられる権利があることを理解し、そのために必要な支援を児童相談所ほかの関係機関と協働して行うことが求められている。**

里親委託の理由にもよるが、近い将来に家庭引取りを目指している場合は、里親委託中であってもできるかぎり実親に養育への関わりを持たせ、家庭引取り時には里親から実親にスムーズに子どもの情報や養育手技が引き継がれることが望ましい。

Aくんの場合、実母には身近な支援者が不在であったため、里母へはAくんの養育に加え、「子育ての先輩」として実母からの育児相談に対する助言者の役割も期待された。また、母子交流時の里母からの実母に対する温かい声かけやさりげない励ましは、実母自身の自己肯定感の回復や親としてのAくんの養育に対する意欲、家庭引取りに向けたモチベーション継続の大きな要因になっていた。一方、里親にとっても、里親委託中から実母と関わりを持ち、その人柄やAくんへの想いを直接見聞きすることで前述した家庭引取りへの不安は和らぎ、むしろ実母とAくんの生活に必要な支援は何かと具体的に考えながらAくんの日々の養育や母子交流に積極的に関与することができた。

里親と実親との関わりや距離の取り方はそれぞれの場合で異なるため、Aくんの事例を

単純に一般化することは難しいが、今後、里親委託においても子どもの最善の利益を考慮して家族再統合を進めていくことからすれば、実親の関与抜きでの里親養育は考えられず、里親と実親との間での子どもの養育に関する情報の共有やスムーズな情報伝達は大切な視点と思われる。

2. ファミリーホームにおけるアセスメント・養育プランによる養育の実際

　家庭養護における養育プランに基づく養育は、基本的には里親とファミリーホームとで大きな違いはないが、ここでは特にファミリーホームの特徴と思われる点について、実父からの身体的虐待を理由にファミリーホーム委託されたSくん（16歳男児）の事例を通して述べていく。

❶ Sくんの事例概要

　Sくんは、小1時に両親が離婚し、実父、2歳下の実妹との父子3人世帯となる。

　以前から家計は苦しく、ネグレクト傾向が見られていたが、離婚を機に実父の飲酒問題が深刻化し、家庭の衛生状態はさらに悪化。酒に酔った実父が些細な理由で暴れ、Sくんや実妹にも暴力を振るうようになったため、Sくんと実妹は一時保護され、共に施設入所となった。しかし、対人関係が苦手なSくんは施設での集団生活になじめず、実父も断酒を約束したため、中学入学時にSくんのみ家庭引取りとなる。

　しかし、Sくんが高校1年の時、再び飲酒を始めていた実父から殴る蹴る等の暴力を受けたため、Sくんは緊急一時保護され、「早く高校への通学を再開したい」「以前入所していた施設には絶対に戻りたくない」「高校卒業後は就職して自立したい」という意向を示した。

❷ ファミリーホームへの委託打診及びケース説明

　Sくんの意向を踏まえ、児童相談所は「高校に通学可能な生活の場の確保」「高校卒業後の自立を見据えた丁寧な生活支援」が必要と考え、同じ市内にあるファミリーホームへの委託を検討した。過去に入所していた施設では担当職員が頻繁に交代し、対人面での不適応感が強かったSくんには、安定した対人関係を築くための家庭養護と高い養育スキル

を持った養育者が必要であると思われたためである。このファミリーホームは、里親としての養育経験が豊富な夫婦が運営しており、これまでにも高校生を受け入れて自立支援を続けてきた実績もあることから、Ｓくんへの適切な支援ができると期待された。

　児童相談所からファミリーホームに児童の養育委託について打診を行う手順は前述の里親委託と概ね同様だが、大きな違いとしてファミリーホームでは管理者（ホーム長）を中心に養育者、補助者と呼ばれる複数のスタッフによる「家庭環境におけるチーム支援」があげられる。チームがより有効に機能するためには、情報共有と役割分担が不可欠であることから、ファミリーホームにおいてはできるだけ多くのスタッフが児童相談所からの打診時のケース説明を受けることが望ましい。

　このファミリーホームの場合は補助者を含むスタッフ全員が集まる場で児相職員からのケース説明を聞き、想定される課題や対応方法などについて、その場で意見交換が行われた。特に対人関係に不安を抱えるＳくんに対して誰がどのように関わるか、他の委託児童への影響はどうかといった内容については具体的な意見が交わされ、マッチング時や受託初期の配慮点についてもスタッフ間で細かい打合せが行われた。

❸ 児童自立支援計画のポイント

　Ｓくんの児童自立支援計画については、紙幅に限りがあるためここでは割愛し、ポイントのみを紹介する。

　高校卒業後の就職自立を希望しているＳくんには、措置解除までの児童自立支援計画に加え、措置解除後2年間の継続支援計画の作成も視野に入れておく必要があった。そこで児童自立支援計画では、当面の課題としては、Ｓくんがファミリーホームに慣れ、スタッフとの信頼関係を基盤に安定した生活を送れるようにすること、中期的課題には、安定した生活を基盤にしながら、自立に向けて必要なスキルの獲得や環境調整を行うこととともに、継続支援計画作成のために児童アフターケアセンターと連携することを明記した。

　自立支援計画において「課題」として示されるものは、決して児童本人の短所や問題点ということではなく、支援者に課せられた課題である。児童にとってはその達成が次のステップのための重要な基礎になる、いわば「成長につながる目標」であることを忘れてはならない。

　この自立支援計画をファミリーホームではスタッフ全員が共有することは当然であるが、加えてＳくんのように年長の児童の場合は、児童本人と支援者との間でもこの計画が共有され、折にふれて共に成長を振り返り次の目標を確認する手立ての1つとなることが望ましい。

❹ ファミリーホームにおける委託から自立までの支援の実施とポイント

　ファミリーホーム委託されると、まずは児童相談所の担当児童福祉司、担当児童心理司、里親担当職員が、通所や訪問で委託後の適応状況等を確認する。大分県の場合は、県内の児童養護施設等の里親支援専門相談員がペアを組んでそれぞれ担当のファミリーホームを受け持ち、毎月定期的な訪問を行っている。訪問時は、里子全員の養育状況を丁寧に確認し、ファミリーホームの運営や養育等が順調に進むよう一緒に考えたり、必要に応じて児童相談所への情報提供や対応依頼等を行ったりしている。また、里親支援専門相談員は毎週実施されている児童相談所との定期連絡会に参加し、それぞれの活動状況について意見交換を行い、児童自立支援計画に基づいた支援方法の確認や情報共有を行っている。

　ファミリーホームにとっても、定期的な里親支援専門相談員の訪問は、ホーム全体の状況や養育を振り返るとともに、養育上の困難や疑問について施設職員の経験を有する里親支援専門相談員と話し合うことができる貴重な機会となっている。

　Sくんについては前述した自立支援計画に沿った養育が行われたが、その中で特にファミリーホームの支援が有効であった点や重要なポイントについていくつか紹介する。

①ホーム内での個別的な関係から地域の多様な関係へ

　ファミリーホームでの支援は、対人関係が苦手なSくんとホーム長との1対1の個別的な関係を作ることから始まった。施設と比べて、同じ空間で生活を共にする専従の養育者が常に身近にいてくれることはファミリーホームの大きな強みである。Sくんは不安や疑問を感じるたびにホーム長に相談し、ホーム長から丁寧に応じてもらえることで安心感を獲得し、徐々に信頼関係を築いていった。この間、ホーム長とSくんの関係作りという目標をファミリーホームのスタッフ全員が共有していたことで、他児への関わりや支援は他のスタッフが分担し、ホーム長がSくんへの支援に注力できるようにサポート体制をとることができた。

　幼い頃からネグレクト傾向の家庭で育ったSくんは日常生活スキルにおいても未熟な面が多く見られたが、この点でもホーム長を中心に一貫した丁寧な生活指導が行われた。また、ホーム長は地区の清掃活動や行事にも積極的にSくんを連れ出し、Sくんが地域の中で生活していることを実感できるよう配慮した。これはファミリーホームが地域に開かれ、ホーム長が生活者として地域に根ざした暮らしをしているからこそ実現できた支援と思われる。委託後1年が経過した頃には、Sくんはホーム長の紹介で近所のコンビニ店でアルバイトを始めた。アルバイトでは給料の管理や職場での対人関係、マナーなど家庭生活とは違ったスキルが必要とされ、特に接客場面ではかなり苦労をしたが、そのつど、ホーム長やアルバイト先の店長から助言や励ましを受けながら、少しずつできることを増やし自

信をつけていった。対人関係が苦手なSくんにとっては、担当変更等のないファミリーホームでのホーム長との安定した関係を支えに、少しずつ地域社会の多様な人間関係に踏み出していけたことは大きな成功体験となり、その後の自立に向けたさまざまなスキル獲得のうえで最も大きな基盤となった。

②家族との交流支援

　実父からの暴力を契機にファミリーホーム委託となったSくんではあったが、当初から「実父が飲酒を止めてくれたら面会したい」と関係改善への期待を口にしていた。そのため、児童相談所は病院などの関係機関と連携しながら実父への支援体制を構築し、Sくんとの定期的な交流が可能になることを支援目標の1つとした。「自立」とはたった1人で誰にも頼らずに生きていくことでは決してなく、他者と支え合い補い合いながら生きていくことであり、Sくんの将来にとって実父とのつながりもまた大きな支えの1つになる可能性が十分あると判断したためである。ファミリーホーム委託にあたり、児童相談所はこの方針をファミリーホームとSくん本人に説明し、父子交流を段階的に進めていく手順について確認した。

　ファミリーホーム委託当初のSくんは、実父との交流に戸惑いや不安を感じていたが、ホーム長との関係に支えられながら少しずつ電話やメール、短時間の面会へと着実に実父との交流を重ねていった。また、ホーム長は面会の前後に実父に対してSくんの近況を伝えるとともに、子育て体験を持つ同世代という立場から実父自身の苦労や思いに丁寧に耳を傾けながらSくんへの適切な関わり方について助言や提案を行った。ホーム長はSくんの学校行事にも実父を積極的に誘い、Sくんはこれまで学校に来たこともなかった実父が高校の進路面談に参加してくれたこと、会うと必ずホーム長と笑顔でSくんの成長を喜び合う姿などを通して、実父に対する態度を次第に変化させていった。実父もSくんの成長を実感することでホーム長やファミリーホームへの信頼感を深め、高校卒業後の進路についてはSくんの希望を尊重することを約束してくれた。

③自立支援に向けて──児童アフターケアセンターとの連携

　家庭支援専門相談員（ファミリーソーシャルワーカー）等が配置された施設とは異なり、里親やファミリーホームの場合、児童が18歳を超えて委託解除された後のフォローを単独で行っていくことは難しい。そのため、児童が自立後も安心して生活できるよう、児童アフターケアセンターとの連携が重要であり、委託中から自立後を見据えた継続支援計画を作成しておくことが不可欠である。

　Sくんの場合は高校3年の夏休みに、児童相談所の担当児童福祉司と児童アフターケア

センターの職員が来訪してくれ、ホーム長と一緒に今後の継続支援計画作成の必要性や作成手順についての説明を受けた。児童相談所はＳくんの家庭状況や高校卒業までの支援方針など児童アフターケアセンターに必要な情報を提供し、児童アフターケアセンターの担当職員は何度もファミリーホームに足を運び、Ｓくんとの関係作りや自立に向けた意向確認のための面接を重ねた。当初、Ｓくんの「自立したい」という希望はやや漠然としたものだったが、面接を繰り返す中で、今後の家族との関係や経済的な見通し、職場や日常生活で予想される困難など具体的な課題が浮かび上がり、それぞれの対処法についても話し合うことができた。Ｓくんも「ちょっとずつ実感が湧いてきた」と話し、疑問点を自ら質問したり、意見を述べたりして計画作成に積極的に取り組んだ。数か月後、児童相談所において支援担当者会議が開催され、Ｓくんとの話し合いをもとに児童アフターケアセンターが作成した継続支援計画案を関係者全員で確認し、後日、児童アフターケアセンターからＳくんに計画内容が説明された。Ｓくんは「自分のことについて、こんなにたくさんの人が話し合ってくれて本当にうれしかった」と丁寧に礼を述べた。

　高卒後Ｓくんは、ファミリーホームと同じ市内の会社に就職し、社員寮で生活することになった。身元保証人確保対策事業を利用してホーム長に身元保証人になってもらい、自動車の運転免許取得には自立支援資金貸付事業を活用した。いずれもＳくんとホーム長から相談を受けた児童相談所が制度を紹介し、申請をサポートした。就職後Ｓくんは、児童アフターケアセンターの職員からの定期的な連絡や訪問、行政手続の際の同行など、その後も必要な支援を受けている。ファミリーホームは委託解除後もスタッフが入れ替わり立ち替わりＳくんに電話やメールで連絡を取り、日常生活の細かい相談に乗ってくれるとともに、週末や休暇の際は帰省先としてＳくんを「おかえり」と温かく迎え入れてくれるため、Ｓくんの心の拠り所となっている。また、年に数回Ｓくんは実父や施設入所中の妹に電話や面会を行うなど、家族との新たな関係を築き始めている。

（飯村久司）

第 14 章

家族アセスメントと
家族支援プラン
（家庭復帰計画）に基づく
家庭支援の実際

Key Word

家族再統合支援／寄り添いスピリット／里親と実親による共同養育／共同養育への支援／
コーディネート

1. 家庭養護における家族アセスメントと家族支援プランに基づく家庭支援の実際

　本章では、初めに乳児院措置を経て養育里親に委託されたＡくんの事例を通して、家族アセスメントと家族支援プランに基づく家庭支援の実際を紹介する。その後、本事例の支援経過の振り返りから得られた知見をもとに、家庭養護における家族再統合支援の展望について論述する。なお、事例の特徴を損なわない範囲で属性や環境などの一部に改変を加えている。

❶ 事例概要

　Ａくん（支援開始時０歳・男児）は、30歳代後半の実父と境界性人格障害の診断を受けている20歳代後半の実母とともに在宅で生活していたが、実父は仕事が多忙なため休日も含めて長時間自宅を留守にすることが多く、実母が乳児院のショートステイを利用しながら事実上単身で養育していた。しかし、ショートステイの利用が頻回・不規則であり、かつ送迎日時を守れないなど、実母の精神面や養育能力の不安定さを危惧した乳児院からの通告により児童相談所が介入した。事実上の単身養育に実母が耐えられないことから、実父母の同意を得て、当該乳児院に措置となった。措置後、Ａくんの家庭復帰支援を行ったが、その後実父母が離婚。実母の精神面の不安定さが増大し、家庭復帰が困難な状態となったため、養育里親への措置変更に至る。当初、実母は、「子どもを他の家庭にとられてしまう」などと述べ、措置変更に難色を示していたが、一定の条件の下に親子交流を保障したことから、最終的には里親委託に同意し、Ａくんの早期家庭復帰を希望した。

❷ 家族アセスメント

　家族アセスメントとは、家族再統合に向けて客観的な評価を行うことであり、家族支援プランを作成するために実施されるものである。Ａくんの家庭復帰を支援するにあたっては、「発達課題を含めたＡくんの状態像」「実母の生活・養育能力」「家庭・社会環境」の各領域について情報を収集し、それぞれの領域における変容と関連性、そこから導かれる必要な家庭支援を明確にする意図で家族アセスメントを実施した。家族アセスメントに必要な調査は、実母やＡくん、里親、その他の関係者などの協力を得て随時行い、その内容や評価については実母や里親らに還元、共有した。

①発達課題を含めたＡくんの状態像

　実母は、Ａくんの出生直後から乳児院のショートステイ利用を開始。利用が頻回かつ不規則・不安定であったことから、在宅養育困難との判断で、Ａくん6か月時には乳児院措置となる。Ａくんに発達検査での所見はなく、保健所での1歳6か月児検診でも異常は認められず。一方で、乳児院の生活では、「表情が乏しく、大人との視線が合わない」「他の子どもに関心を示さない」などの行動が観察されていた。乳児院措置前の家庭でのネグレクトや頻回なショートステイ利用などの不安定な生育環境により、アタッチメント形成が損なわれている可能性が考えられた。早期の家庭復帰が難しいことから、特定の大人との相互作用による安定した発達を支援する目的で、Ａくん2歳時に養育里親に措置変更となった。安全・安心な環境の中で、里親との基本的信頼関係が成立し、生活の中でＡくんの表情は豊かになり、対人関係も円滑に営めるようになってきている。実母との関係において、健全な発達や情緒面の安定を維持できるように、定期的に実母との親子交流を行いつつ、その中でのＡくんの状態像の評価を随時行い、家庭復帰の可能性を検討していく。

②実母の生活・養育能力

　実母は、幼少時からの祖母による虐待の影響で精神面が不安定となり、10歳代後半に精神科クリニックの受診を開始。境界性人格障害の診断を受けて、精神障害者保健福祉手帳2級を取得した。現在に至るまで精神科クリニックの受診を継続、服薬治療を行っている。精神面が不調になった時の状態像として、寝込むことはあっても、攻撃的になったり希死念慮を抱くことはない。

　20歳代前半にアルバイト先の先輩社員であった実父と婚姻。Ａくんを出産したが、実父の養育協力がほとんど得られない中で、乳児院のショートステイを頻回利用しながらの養育も困難であった。乳児院措置後の親子面会における実母のＡくんとの関わり方は、「お気に入りのお人形と遊んでいるような感じ」「携帯ゲームに夢中になり、Ａくんに全く関わろうとしない」との両極端な行動が多く観察される。境界性人格障害の特徴である二分法のスプリット思考に基づく行動の可能性が示唆された。そのため、Ａくんの衣食住の世話や健康面の配慮など、安全・安心を保障する保護者としての基本的な役割を実母のみで一貫して行うことが難しく、境界性人格障害の特性に配慮した継続的支援が不可欠と考えられた。また、実母自身の被虐待経験から、「私は親に可愛がってもらえなかったのに」といった、Ａくんを養育することに対しての葛藤を吐露することもあった。Ａくんの自己肯定感を高められるような受容や共感、ほめるという安定した関わりを維持することが難しい状況が予測された。他方、実父の養育協力がほとんど得られない中で、精神面の不調時に実母自らの判断で乳児院のショートステイ利用を開始したことは、緊急時にはヘルプ

サインを表出できる実母自身の強みと判断することができた。

　児童相談所による介入当初は、実父、Aくんとともにマンションで専業主婦として生活。離婚後は祖父の経済的援助によりアパートに転居。生活費は祖父からの仕送りで捻出している。これまで短期アルバイトの経験はあるが、障害特性から長期就労は困難との主治医意見がある。経済的に裕福な家庭で育ったこともあり、金銭管理や家事は苦手である。

③家庭・社会環境

　実父は、仕事が多忙な中、実母の障害特性に振り回されてきたことや、Aくんを児童相談所に保護されたことなどから実母との関係が不和となり離婚。実母の障害特性に対する理解度は低く、実母の精神面が不調な時も仕事を優先し、Aくんの養育に協力することはほとんどなかった。養育費の送金もなく、養育協力は期待できない。

　祖母は、かつて実母に対する虐待を行っており、現在においても実母に対する攻撃的言動が散見される。児童相談所に対しても実母の養育能力の否定や、過去の異性関係の暴露などを行い、Aくんの家庭復帰を妨害する働きかけがある。一方で、祖父は、実母のことを気にかけており、離婚後はアパート設定や仕送りなどの経済的援助を行っている。実母への援助は祖父母間の対立要因となっており、安定した援助が継続できるか否かは不透明である。

　主治医は、長年実母の診療を行っており、受診時にはカウンセリングも実施。乳児院の家庭支援専門相談員は、措置解除後も実母の相談相手になっている。区役所子育て支援課保健師は、Aくんの家庭復帰に向けた実母の養育能力向上に向けた助言指導を行っている。実母には、友人や近所との付き合いはほとんどなく、地域では孤立している。

　自分の家族関係を振り返り、また、周囲にある活用可能な社会資源に気づいてもらうた

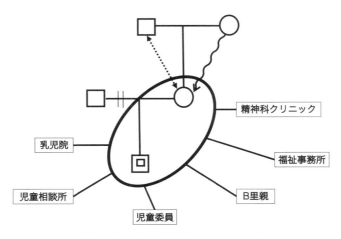

図14-1　ジェノグラム・エコマップ

めに、実母とともにジェノグラムとエコマップの作成を行った（図14-1）。

❸ 家族支援プラン

　　実母の不十分な養育能力というリスク要因の軽減を図りつつ、他方で関係機関などの子どもの育ちに役立つ優れた関わりを活用していく。家族アセスメントを踏まえ、実母や関係者と協議し、次のとおり家族再統合計画を作成した（表14-1）。

表14-1　家族再統合計画書

平成Ｘ年Ｘ月Ｘ日
Ｘ市児童相談所長

児童氏名	Ａ	生年月日	平成Ｘ年Ｘ月Ｘ日	委託年月日	平成Ｘ年Ｘ月Ｘ日

【里親委託の理由】
実母の精神疾患に起因するネグレクトから乳児院措置となり、早期の家庭復帰が困難なことからＢ里親に措置変更となった。

【実母の意向】
Ａと一緒に生活したい。

【支援の方向性】
養育環境を整え、Ａの家庭復帰を目指す。

【児童相談所の支援】
・家族再統合をコーディネートし、Ａ家庭復帰後の支援ネットワークを構築する。
・保健師や保育士の協力を得ながら実母の養育能力向上を支援する。
・福祉事務所などと連携し、実母の生活環境を整える。
・Ａの発達状況、アタッチメント形成、情緒安定を随時確認し、状態像に応じた心理支援を行う。
・里親支援専門相談員とともに里親家庭での養育及び家庭復帰の支援を行う。
・実母、里親、児童福祉司の三者で定期的に話し合う場を設定し、実母と里親のパートナーシップ構築を支援する。

【里親が行うこと】
・Ａの思いを代弁し、好きな食べ物や頑張っていることなどの情報を実母に伝える。
・Ａの実母宅外泊時には弁当もしくは食材、献立などを持たせる。
・Ａの成長を記録し、実母に提供する。
・実母との交流でＡが不安定になることがあれば、児童相談所と対応を協議する。
・Ａの面前で実母のことを悪く言わない。

【実母が行うこと】
・Ａを中心とした行動をとる。
・親子交流日時や児童相談所との約束事を厳守する。
・経済的な基盤と住環境を整える。
・病状安定のため、受診と服薬を継続する。
・Ａの面前で里親のことを悪く言わない。

【留意事項】
・実母、里親間で直接のやり取りはせず、必ず児童福祉司を介して行う。
・関係機関と支援の方向性を随時共有する。
・定期的に家族再統合の支援経過を評価し、必要に応じて本計画の見直しを行う。
・状況によっては本計画の中止や延期の判断を行う。

担当：児童福祉司 ＸＸ ＸＸ
電話：ＸＸＸ－ＸＸＸ－ＸＸＸＸ

❹ 家族支援プランに基づく支援経過

　ここでは、支援経過に沿いながら家族再統合支援の実際とそのポイントを述べていく。なお、（　）内は対応した支援者などを示している。

20XX年3月：

- 実母の精神面不調により、Aくんの早期家庭復帰が困難な状態になったため、児童相談所の所内会議において、乳児院から里親への措置変更を決定した。
- 実母所内面接（児童福祉司）。里親委託を説明。実母は、「子どもを他の家庭にとられてしまう」などと述べて難色を示したが、一定の条件下での親子交流を保障したことから、里親委託に同意する。

20XX年4月：

- B里親宅訪問（児童福祉司・児童相談所里親担当・里親支援専門相談員）。Aくんの受入体制が整っていたことから、マッチングを経て委託を決定。家庭復帰を前提とした支援方針を説明した。B里親は登録5年目の養育里親で、里父、里母ともに50歳代後半である。実子は成人し、自立している。これまで2名の里親養育実績があるが、実親と関わった経験はない。
- Aくん面接（児童心理司）。「お母さんはAくんのことを大切に思っているが、病気のため今は一緒に生活ができない」「B里親はAくんとお母さんを応援してくれる親戚のようなもの」と、実母の思いに配慮した形で里親委託を説明した。
- Aくん乳児院措置解除。B里親委託。
- 実母宅訪問（児童福祉司）。親子分離が継続したことで実母の養育を否定されたと感じ、自信を喪失していたため、里親委託は親子がより良い形でこれから生きていくためのプロセスのひとつであることを説明した。

20XX年5月：

- B里親宅訪問（児童福祉司・児童心理司・里親支援専門相談員）。AくんのB里親宅での生活を観察。これまで生活環境の変化が激しかったことから、不安そうな表情が見られた。
- 実母宅訪問（児童福祉司）。Aくんとの生活で感じていた負担感を傾聴。実母のこれまでの人生の頑張りや苦労を支持。児童福祉司が親子を分離する敵ではなく、家族再統合をナビゲーションする安全基地として認識してもらえるよう、信頼関係の醸成を図りながら、実母をエンパワーした。実母からは早期面会開始の希望あり。今後の見通しが持てるよう、家族再統合計画の内容を実母に説明。可能な範囲で実母の意見も取り入れて修正を加え、方向性を共有した。家族再統合計画に実母の意見を反映したことで、実母自身も能動的にやるべきことを理解し、Aくんの家庭復帰に対する不安や焦りを軽減することができた。その他、家族再統合はあくまでもAくんが中心であるため、親子交流を

通じてAくんが不安定になるなどの悪影響がでたり、実母が約束を守れないことなどでAくんが傷つくようならば、家族再統合計画の中止や延期の判断があり得ることについても十分説明した。

20XX年6月：

・B里親宅訪問（児童福祉司・児童心理司・児童相談所里親担当・里親支援専門相談員）。B里親宅での生活にも慣れてきたようで、Aくんの表情は良好であった。B里親のレスパイト・ケアを調整。

・B里親の近所に住むC里親宅でのレスパイト・ケア利用開始。以後年に数回程度利用。

・ケース会議実施（B里親・児童福祉司・児童心理司・里親支援専門相談員）。実母とAくん、それぞれの生活の安定を確認。親子交流開始について協議し、面会日時を守ること、支援者の同席などを条件に面会を開始する方向で合意した。

・児童相談所の所内会議に諮り、面会開始の承認を得た。

・実母宅訪問（児童福祉司・児童心理司）。月2回の面会開始と面会時の約束事を説明。児童福祉司同席のもと、児童相談所において面会を開始。

20XX年10月：

・実母所内面接（児童福祉司）。Aくんとの面会後は毎回実母と振り返りを実施。乳児院措置時の担当保育士にも協力を求め、面会中の実地による養育指導も行った。助言や指導の際には、一貫した支持的態度で、「分かりやすく具体的であること」「できたところを評価すること」を意識して行った。

・B里親宅訪問（児童福祉司・児童心理司・里親支援専門相談員）。面会の状況を報告し、面会前後のAくんの様子を聞き取り。特に不安定になることはないとのこと。

・Aくん面接（児童心理司）。実母との面会について聞き取り。お母さんと会えてうれしいとのこと。表情も良好。

20XX＋1年4月：

・実母所内面接（児童福祉司・児童心理司）。実母、「面会が継続できていることや、Aくんとの関わり方が分かるようになってきたことなどが自信になった」と話す。外出に挑戦したいとの希望がでる。

・B里親宅訪問（児童福祉司・児童心理司・里親支援専門相談員）。面会時の実母の約束事の順守と精神面の安定、Aくんの状態像安定などの認識を共有。外出のステップに進む方向で合意した。

・Aくん面接（児童心理司）。実母との外出を説明。不安は感じられず。

・児童相談所の所内会議において支援経過を報告。外出開始の承認を得た。

・実母宅訪問（児童福祉司）。面会を月1回に変更し、月1回外出開始を説明。あわせて、

外出時の約束事を説明した。

20XX＋1年5月：

・実母とAくんの外出開始。初回は児童福祉司が同行する。

20XX＋1年8月：

・B里親宅訪問（児童福祉司・児童心理司・里親支援専門相談員）。外出の状況を報告し、外出前後のAくんの様子を聞き取り。B里親からは、「外出時に好きな食べ物をたくさん食べさせたり、おもちゃをたくさん買ってもらったりしており、里親養育に差し障る」との意見がでる。

・Aくん面接（児童心理司）。実母について聞き取り。「お母さんは何でも好きなものを買ってくれるが、B里親は買ってくれない」と話す。

・実母所内面接（児童福祉司）。親子交流の目的は食べ物やおもちゃを買い与えることではなく、これから一緒に生活していくためのステップのひとつであることを再確認した。次回外出以降、実母宅での食事提供の練習などを取り入れることとなる。

20XX＋1年12月：

・ケース会議実施（B里親・児童福祉司・児童心理司・里親支援専門相談員・乳児院措置時の担当保育士）。面会と外出が継続できており、実母の養育能力も向上してきていることを確認。次のステップである外泊に挑戦する方向で合意した。

・Aくん面接（児童心理司）。実母宅での外泊を説明。あわせて、外泊時に困ったことが起きた場合の対応方法を説明した。

・児童相談所の所内会議において支援経過を報告。外泊開始の承認を得た。

・実母宅訪問（児童福祉司）。月1回面会は継続し、外出に代わり月1回週末1泊外泊開始を説明。あわせて、外泊時の約束事を説明した。

20XX＋2年1月：

・Aくん実母宅1泊外泊を開始。

・実母所内面接（児童福祉司）。実母のストレングス発見とその還元を目的として、養育に関するスケーリング・クエスチョンを取り入れた外泊後面接を開始。面接で実母が回答した点数が高得点の場合は不足している点数の意識化に重点を置き、逆に低得点の場合はリフレーミングを行い、自信を持たせる働きかけを行った。

20XX＋2年4月：

・「外泊後にAくんから『夕食を食べなかった』との訴えがあった」とB里親から報告あり。

・実母所内面接（児童福祉司）。実母に上記状況を確認。「精神面の不調から寝込んでしまい、食事の準備ができなかった」と話す。Aくんに何を食べさせたらよいのか分からず、調理も負担であったとのこと。また、このことを児童福祉司に話すと、親子交流を止められる

かもしれないとの不安から言い出せなかったという。ここで児童福祉司が体験した困難さは実母自身の生きづらさを再現したものであると理解に努め、実母の心情を受け止めた。

・B里親宅訪問（児童福祉司・里親支援専門相談員）。外泊時の問題を共有。B里親がAくんの養育だけでも多大な労力を要していることを理解したうえで、実母への支援を依頼。どうすればより良い親子交流ができるかともに考えた。「実母の不調に備え、外泊時には弁当もしくは食材、献立などを持たせること」「Aくんの思いを代弁し、好きな食べ物やテレビ番組、ゲーム、最近頑張っていることなどの情報をメモで実母に伝えること」をB里親が行うこととなった。B里親は、「児童福祉司が実母を否定せず、実母の頑張りを分かりやすく伝えてくれたから応援しようという気持ちになった」と話す。

20XX＋2年7月：

・B里親の支援もあり、外泊時にAくんが食事をとれないことはなくなった。また、実母、B里親からのメモを参考にAくんの嗜好や生活を理解して関わることができていた。一方で、外泊時には遊園地外出や買い物など、限られた時間でAくんを楽しませたいとの気持ちから、ご機嫌取りなどの表面的関わりが再び多くなる。

・ケース会議実施（B里親・児童福祉司・児童心理司・里親支援専門相談員）。実母の表面的な関わりが増加する中で、B里親からは、「毎日の食事や叱ったりすることなどの大変な役目は里親が担っているのに、実母はおいしいところばかり持っていく」などの葛藤が吐露される。B里親の心情や疲労感を傾聴したうえで、絶対的な視点ではなく、相対的な視点で実母の頑張りを認められるように働きかけた。

・実母所内面接（児童福祉司）。外泊の振り返りを実施。上記状況を踏まえ、Aくんの家庭復帰をイメージした関わりを持つよう助言した。

20XX＋2年10月：

・精神科クリニック訪問（児童福祉司）。実母の病状調査実施。境界性人格障害は症状に波があるため、実母がAくんの養育を行うためには、実母の精神面不調時に円滑に介入できる支援ネットワークが必要とのこと。また、実母の病状を踏まえれば、Aくんの家庭復帰は就学以降が適当ではないかとの意見。

20XX＋3年1月：

・この段階まで、2回ほど実母の体調不良で外泊が延期となっていたが、Aくんに不自然な様子や行動は観察されなかった。

・実母生活環境調整（児童福祉司）。Aくんの家庭復帰に向けた環境調整を開始。区役所障害福祉課とともに実母に対する精神障害福祉サービスの導入を調整。週2回ヘルパーの利用を開始し、家事を円滑に行える環境を整えた。この頃、祖母の反対により、祖父か

らの仕送りが停止。生活が困窮したため、生活保護の申請に同行し、経済面での安定を図った。

20XX＋3年4月：

・福祉事務所訪問（児童福祉司）。社会保障生計調査（家計調査）の対象者に実母を選出してもらうよう生活保護ケースワーカーに依頼。同調査に伴う家計簿作成を通して、実母の金銭管理指導を依頼した。

20XX＋3年8月：

・祖父母宅訪問（児童福祉司・児童心理司）。児童相談所に対して、実母の養育能力を否定し、Aくんの家庭復帰を妨害するような祖母の働きかけが複数回あったことから、祖父母宅訪問。実母の頑張りや養育能力の向上、それに伴うAくんの安定した状態像などについて説明。養育環境を整えるため、距離を置いた見守りに留めるよう依頼した。

20XX＋3年10月：

・B里親所内面接（児童福祉司・里親支援専門相談員）。ここまで、児童福祉司を介して、B里親から実母に対してAくんの生活状況のメモを、実母からB里親に対して外泊時の状況のメモを交換していたが、メモ内容から互いの信頼関係が醸成しつつあることが読み取れたため、定期的に実母とB里親、児童福祉司の三者で対面での話し合いを行う場を設定することを提案。実母とB里親が共同でAくんを養育するというパートナーシップを醸成し、かつAくんの成長を一緒に喜び、共有できる体制を整えたい旨説明。B里親の了解を得る。

・実母所内面接（児童福祉司）。実母とB里親、児童福祉司の三者で対面での話し合いの場を設定したい旨説明。実母、是非お願いしたいとのこと。

20XX＋3年11月：

・実母とB里親、児童福祉司の三者協議開始。実母は、「B里親から母親として否定されるのではないかという不安があった」と話していたが、対面でB里親に受容されたことで、母親としてAくんを大切にしたい気持ちや養育をしたいという意思を表出する。互いの顔を見られたことでAくんの養育に対するそれぞれの思いを共有することができた。

20XX＋4年1月：

・実母とB里親、児童福祉司の三者協議実施。親子交流時の実母の関わりで良かったことやあまり良くなかったこと、また、B里親にやってほしいことについて三者で話し合う。実母とB里親の共同養育者としての連帯感と家族再統合に向けたチーム意識の構築を図った。

・ケース会議実施（B里親・児童福祉司・児童心理司・里親支援専門相談員・生活保護ケースワーカー）。実母の生活の安定を確認。金銭管理も問題なく行えているとのこと。実母とB里

親のパートナーシップも醸成されてきたことから、実母によるＢ里親への危害などのリスクが低いとの認識を共有。Ａくんの家庭復帰後も、実母とＢ里親による共同養育が可能な環境を整えていく方向で合意した。

20XX＋4年3月：

・実母生活環境調整（児童福祉司）。現住居は単身者用のアパートであるため、今後の養育に適した住環境を整える目的で二間のアパートへの転居を支援。あわせて、家庭復帰後のＡくんとＢ里親との交流やＢ里親による実母への養育フォローに配慮し、共同養育のパートナーでもあるＢ里親宅と同学区内にある物件への転居を支援した。

・福祉事務所訪問（児童福祉司）。生活保護制度の転居基準には該当しないため、Ａくんの家庭復帰方向や、その後の養育に身近な支援者の存在が必要なことを生活保護ケースワーカーと査察指導員に説明。福祉事務所の診断会議に諮ってもらい、二間のアパート設定と転居費用の支給が決定された。

20XX＋4年4月：

・実母、Ｂ里親と同学区内の二間アパートに転居。住環境が整ったことから、月1回面会を終了し、外泊回数を月2回に増加。

・実母宅訪問（児童福祉司・児童委員）。地域の中に理解者を増やすため、生活保護制度の協力機関でもある児童委員と同行訪問。児童委員に実母を紹介し、見守りを依頼した。

20XX＋4年8月・10月・12月：

・長期外泊を実施（8月3泊4日・10月5泊6日・12月7泊8日）。

・長期外泊時実母宅訪問（児童福祉司・区役所子育て支援課保健師・児童委員）。養育スキルやＡくんへの対応を実際の養育場面で確認、指導した。

20XX＋5年1月：

・Ａくんの家庭復帰が見込まれたため、Ｂ里親委託中ではあったが要保護児童対策地域協議会に該当ケースとして提出。関係機関で情報と支援経過を共有。Ｂ里親宅で行われた養育と家庭復帰後の在宅支援の切れ目がないように配慮した。

・ケース会議実施（Ｂ里親・児童福祉司・児童心理司・区役所子育て支援課保健師・生活保護ケースワーカー・小学校校長・児童委員・ヘルパー）。家庭復帰後に里親家庭で顕在化していなかった課題が表出する可能性も考慮し、変化を見落とさないためにセーフティ・ネットワークを構築。モニタリング体制を整え、長期的な安全を担保した。

20XX＋5年3月：

・児童相談所の家族再統合会議において、これまでの家族再統合支援の経過を振り返る。「家庭復帰の適否を判断するためのチェックリスト」を用い、家族再統合に向けて見守り体制の存在と子どもの安全・安心についての確認を組織的に行った。

・児童相談所の所内会議において支援経過を報告。Aくんの家庭復帰の承認を得た。

・Aくん家庭復帰。B里親措置停止とし、実母の精神面や環境的な変化が著しい場合、その他何かあればすぐにB里親宅に戻れる体制を組んだ。

・実母宅訪問（児童福祉司・生活保護ケースワーカー・児童委員）。アポイントなしで訪問し、養育状況を含めた生活の安定を確認した。

20XX＋5年4月：

・Aくん小学校入学式出席（実母・B里親・児童福祉司）。

・児童相談所の家族再統合会議において、措置停止中の養育状況を評価。安定を確認した。

・児童相談所の所内会議において支援経過を報告。B里親委託解除の承認を得た。

・B里親委託解除。児童福祉司指導。実母に対して、Aくんの安全・安心を担保するため家庭訪問などによるモニタリングを約束し、再び虐待が発生した場合や、リスクが高じた時には危機介入の可能性があることを説明した。

・実母のレスパイト・ケアとAくんの行動観察を目的に、月1回B里親宅の週末里親を利用。B里親、「家庭復帰後のAくんの様子を確認できて嬉しい」と話す。家庭復帰後も定期的に実母宅の訪問調査と家族アセスメントを継続して行った。

20XX＋5年10月：

・要保護児童対策地域協議会において、Aくんの登校状況を含めた生活の安定を関係者で確認、共有した。

・児童相談所の所内会議において支援経過を報告。児童福祉司指導解除の承認を得た。

・児童福祉司指導解除。継続指導。

　家庭養護における家族再統合支援は、上記支援経過で示したように家族アセスメントで明らかになった課題をひとつひとつ解決しながら進められていく。支援者は**各ステップにおける子どもと実親、里親のそれぞれの揺らぎを受け止め、寄り添いスピリットを持ってサポート**していかなければならない。

　現在Aくんは小学校高学年になり、B里親との交流や年に数回程度B里親宅でのレスパイト・ケア、学童保育などを利用しながら、実母との生活を継続できている。

2. 家庭養護における家族再統合支援の展望
——「里親による代替養育」から「里親と実親による共同養育」へ

　里親に委託された子どもの委託時における保護者の状況をみると、「両親又は一人親」が78.4％であるが、その中の70.3％が「家族との交流なし」となっている。また、子どもの今後の見通しについても、「保護者のもとへ復帰」は10.2％に留まっている（厚生労働省2020）。一方で、「新しい社会的養育ビジョン」（厚生労働省2017）では、「愛着形成に最も重要な時期である3歳未満については概ね5年以内に、それ以外の就学前の子どもについては概ね7年以内に里親委託率75％以上を実現し、学童期以降は概ね10年以内を目途に里親委託率50％以上を実現する」と示されており、里親委託率の増加に伴い、今後家庭復帰が見込まれる子どもが里親に委託されるケースが増加していくことが予測される。

　園井（2013）は、里親養育について、里親は里子の「社会化を担う存在」としての役割を果たすことのみではなく、「将来にわたり里子を援助する存在」「実親を支える存在」として機能することが必要であると指摘している。Aくんの実母のように、「子どもを他の家庭にとられてしまう」という誤った認識から、里親養育に否定的な考えを抱くことがある実親と、「一方で子どもとの間の愛着関係、親子関係の形成に努めるとともに、他方では実親の方へ結局は戻すという、そういう綱渡りのようなことをやっていかなければならない」（中川 2005）里親の共同養育者たる関係構築が求められている。そして、共同養育者としての関係は里親委託中に留まらない。

　里親宅から家庭に復帰することは、子どもにとっては慣れ親しんできた里親を含めた人間関係、生活環境から離脱することになる。子どもにとってのみではなく、実親にとっても不安は大きい。だからこそ、里親委託解除と同時に、これまで子どもを養育していた里親との関わりを切断することは避けることが望ましい。子どもにとって里親は家族ともいえる存在であり、信頼できる大人である。可能であるならば、子どもが家庭に復帰してからも見守ってくれる存在として関係を維持していきたい。また、里親は実親の養育の苦労を共感できる存在でもあり、実親にとっても子どもの養育経験を共有できる里親からのサポートは重要な位置を占める。子どもが家庭に復帰した後も在宅支援の一環として里親宅でのレスパイト・ケアを行うなど、里親と実親による共同養育の体制を整えることは実親と子ども双方にとって重要な意味を持つ。

　宮島（2011）は、「里親委託とは、子どもへの支援、実親への支援、里親への支援の3つ

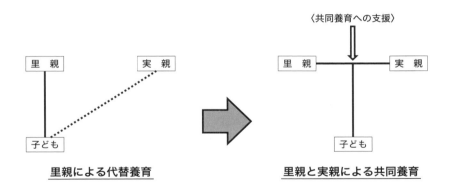

図14-2　家庭養護における養育関係の転換

　の支援を統合したものである」と述べているが、家庭復帰を前提とした里親委託の増加が見込まれるこれからの時代には、Aくんの事例のように、**里親と実親をつなげる「共同養育への支援」という4つ目の支援が必要であろう**（図14-2）。実親の置かれている状況や里親委託理由はさまざまであるため、Aくんの事例を一般化することができないのは当然である。しかし、**十分な家族アセスメントを通じて、里親と実親による共同養育の可能性を探る視点を持ちながら、「家族再統合のコーディネート」**（音山2019）**をしていくことが大切である。**

（音山裕宣）

▶参考・引用文献

音山裕宣（2019）「児童福祉司・里親の養育支援に対する意識とその課題」『社会福祉学』60（3）、76～89頁

厚生労働省（2017）「新しい社会的養育ビジョン」

厚生労働省（2020）「児童養護施設入所児童等調査の概要（平成30年2月1日現在）」

園井ゆり（2013）『里親制度の家族社会学』ミネルヴァ書房

中川良延（2005）「里親の法的位置について――『国際比較』の示唆するもの」『養子と里親を考える会』46、養子と里親を考える会、77～87頁

宮島清（2011）「里親ソーシャルワークの意義と内容」庄司順一編『里親養育と里親ソーシャルワーク』福村出版、154～167頁

継続支援計画とは

継続支援計画とは

　継続支援計画とは、社会的養護自立支援事業実施要項によると、対象者の心身の状況や生活状況、保護者の状況など家庭環境、学校若しくは就労先の環境など必要な情報を収集しアセスメントを行い、社会的自立に向けて、支援上の課題、課題解決のための支援目標、目標達成のための具体的な支援内容・方法（居住に関する支援や生活費の支給の必要性やその方法、生活相談の実施・就労相談の実施の方法等）などを定め、退所後の生活を考慮した計画を作成すること。また、継続支援計画は施設等において作成されていた自立支援計画と一貫した内容となるよう十分考慮して作成すること。」と定められている。

　まとめると、継続支援計画には対象の退所後の自立に向けて
①対象者の情報を正確に収集し、アセスメントすること
②課題・課題解決のための目標を立てること
③具体的な支援内容・方法を定めること
を計画に盛り込み、対象にとって自立した生活を実現することが重要である。

　これらを策定するには、①支援上の課題、②課題解決のための支援目標、③目標達成のための具体的な支援内容・方法、④評価の４つの項目を検討しその内容を記載する必要があるだろう。

計画策定の流れ

　計画策定には以下の段階を踏む（18歳到達後の継続支援計画策定における支援者向けガイドラインより引用）。
①対象の青年本人、関係者等からの情報収集
　・都道府県等（児童相談所）や事業の委託先の支援コーディネーターが、アセスメントに必要な情報を把握する。
　・対象青年との面接に加え、観察、関係者からの聞き取りや既存情報の活用等、多様な情報を把握する。

②自立支援に向けたアセスメントの実施

・①で収集した情報等から、本人の自立支援における課題、強み、必要な支援等をアセスメントする。

・適切なアセスメント及びそのための情報収集を行うため、本ガイドラインでは「子ども家庭総合評価票青年後期（18歳到達以降）」を作成、掲載しているので、こちらも活用する。

③継続支援計画（案）の策定

・②のアセスメント情報により、支援コーディネーターが継続支援計画案を策定。

・計画案の策定段階で、原則本人に参加してもらうことが望ましい。これにより、本人が、自分の支援体制・目標がどのように設定されているか理解し、これに向けた主体な活動が期待されるとともに、関係者の支援の方向性に齟齬が生じることを避ける。

④関係者間の協議（計画記載内容の検討、役割分担の明確化等）

・③で策定した継続支援計画案とともに、関係者間で計画内容について協議を行い、計画案の修正を必要に応じ行ったうえで、計画を完成させる。

・ここでの「関係者」としては、事業実施要項において「対象者、児童相談所の子ども担当職員、里親、施設職員など対象者の支援に携わってきた者等」により会議を開催し、継続支援計画を策定することとされているため、原則これらの者との協議を行いつつ、必要に応じこれ以外の関係者にも協力を依頼することが必要である。また、決定までの経過の中で、本人にも計画内容を理解してもらう。

・協議内容を踏まえ、計画に記載すべき内容を決めるほか、関係者が対象者支援をどのような役割で行うか、明確化する。

⑤継続支援計画の進捗状況の確認、見直し

・目標達成の状況については、支援コーディネーターが関係者と定期的な協議の場を設けるなどして、関係者が情報を持ち寄り、共有することが重要である。必要があると認められた場合は計画を適宜見直す。

・特に、就職（転職・離職）、就学（退学・卒業）、家族構成の変化等があった際は、これに伴う対象者の経済状況、居住場所、支援体制の変化等を踏まえ、計画の見直しについて検討する。

　継続支援計画は里親家庭や児童福祉施設などで暮らす子どもたちを対象に、社会に出る前の段階から社会に出た後に向けて立てられる。相手が生身の人間でありそれぞれの人生があるからこそ、計画を立てたところでその通りになることはない。例えば仕事や結婚などのライフイベントでの地域移動や、新たなパートナーとの生活等、対象の青年の置かれる状況によって計画が変わることが予想される。対象やその家族が健やかな生活が営めるよう、対象を見守り、必要に応じて変更していく必要がある。

（爪田瑠璃）

「育てノート」「育ちアルバム」

　社会的養育ビジョンでは、子どもの出自を知る権利の保障と記録の在り方の中で「子ども一人ひとりのつながりのある育ちを保障するため、「育てノート」を活用するなどして、胎児期からの生活の記録を取り、保存すべきである。」と提言している。

　この「育てノート」については、つながりのある育ち・育ての保障を実現するために、国立武蔵野学院に設置した『社会的養護における「育ち」「育て」を考える研究会』が、「『育ちアルバム』作成の手引き」とともに作成したものである（国立武蔵野学院ホームページ：https://www.mhlw.go.jp/sisetu/musashino/study-group.html#c01）。

養育者が作成する育ての記録「育てノート」

　施設や里親等の養育者が作成する児童記録や養育記録は子どもの発達上の課題など、ネガティブな内容が多くなりがちであるが、子どもを養育する場合には子どものストレングスを発見できるようなポジティブな記録が必要となる。このようなポジティブな内容も記録し、措置変更等があっても、養育者から養育者に引き継いでいくものが「育てノート」である（図1）。

　「育てノート」には、養育記録や生活記録だけではなく、その子どもの成育の過程での重要なエピソードやイベント、その子にとって大切な人・物・場所・思い出、その子らしさ、あるいは養育者の思いや願いなどのメッセージを盛り込んだ、養育者や子ども自身がその生い立ちを理解できる、つながりのあるライフヒストリーをつづる。

子どもが主体となって作成する育ちの記録「育ちアルバム」

　養育者が作成し、次の養育者につなげていく育ての記録である「育てノート」に対し、「育ちアルバム」は子どもが主体となって養育者とともに作成し、子どもに渡す育ちの記録（歴史）である。

　「育ちアルバム」は単に写真を貼り付けるものではなく、歩んできた道すじを子ども自身が実感できるよう、子どもの記憶にはない乳児期の成長の記録や、子どもの心に残って

図1　育てノート

図2　育ちアルバム（サンプル）

いる思い出やできごと、大切な人（家族、その他の大人、友達など）、家族や周囲の人からのメッセージなどを子どもが主体となって養育者とともに作成するものである（**図2**）。

　「育てノート」と「育ちアルバム」とも子どもが生きてきた歩みをつなげ、生い立ちの整理をする時に、「自分らしさ」を肯定的に実感するための大切なツールとなることを目的としており、子どもの前向きな未来につないでいけるよう、活用されることを期待している。

「育てノート」「育ちアルバム」作成による「振り返りシート」の活用

　「振り返りシート」は、「育てノート」「育ちアルバム」の作成した際に、作成した子どもの育ちや養育者としての育ち・育てについてフィードバックするためのものである。日常的に過ぎていく生活の中で、ふと足をとめて子どもの育ちや養育者による育てを振り返ってみると、普段は発見できなかった子どもの新たなニーズや思い、あるいは養育者自身の新たな学びや課題について改めて気づかされることがある。また、継続的に作成していた育てノートなどの記録を読み返すと、子どもの成長を認識する機会になるのである。

　子どものつながりのある育ち・育てを実現するため、養育者自身の自己研さんのために、このシートを活用し、養育者としての資質を向上させることが大切なのである。

（相澤　仁）

付 録

児童福祉司が行う
家族アセスメントと
家族支援プランについて

はじめに

私のキャリアは、児童相談所の児童福祉司としてのそれが最も長く、今回は児童福祉司としての立場から考察を行う。本論は、児童相談所職員、特に児童福祉司が行う家族アセスメントと家族支援プランはどうあるべきかを公表されている死亡事例検証を基にして考察する。

児童福祉や児童虐待防止にかかわる人たちが誰でも一度は口にしたことがあるはずの、「アセスメントは大事である」という台詞。だが現場ではアセスメントが機能しているとは限らず、最悪の事態（虐待死による死亡事例）に至ってしまう事例が繰り返されている。

2018年3月に香川県と東京都目黒区の間で起こった結愛ちゃん事例、2019年1月に千葉県野田市で起こった心愛ちゃん事例は、まだ我々の記憶にも新しく、公表されている検証報告書を読み返してみると、アセスメントの大事さと、なぜそれが機能しないのかという現実の厳しさを痛感させられる。2つの事例に共通する課題を抽出し、実務者の教訓として活かしていきたい。

一方で、イングランドで公表されたムンロー・レビューで知られるE. Munroは、児童虐待問題に取り組む者たちの後知恵の誤り（Hindsight error）を指摘する。痛ましい虐待死が起こった時に、事後的に問題点を次々として指摘し、そのプロセスにかかわっていた関係者を非難する傾向に陥りがちであると言う。それは、児童保護にかかわるソーシャルワーカーたちを萎縮させてしまうとも述べている。

その意味では、本論も後知恵の誤りを犯しているのかもしれない。しかし、私は実務者として、この2つの事例を今後の実務に活かすために分析し、本論で指摘する課題が自分たちにも起こり得る事態であるということを自覚し、日々の実務の中でその課題に取り組んでいくことが必要だと考える。

これらの事例にかかわった方々を個人的・組織的に非難する意図はないことを予めお断りしておきたい。

- -

1. 結愛ちゃん事例におけるアセスメント

- -

❶ 事例の概要

厚生労働省による検証報告書においては、本事例の概要は次のように整理されている。

　平成30年3月2日、養父からの119番通報で、5歳の女児（以下「本児」という。）は医療機関に救急搬送され、その後死亡が確認された。同年3月3日に養父は傷害容疑で逮捕され、同年6月6日に、養父及び実母が保護責任者遺棄致死容疑で逮捕された。なお、本児は同年1月下旬にA自治体からB自治体へ転居しており、両自治体の児童相談所等の関与があった中で発生した事例である。

　（厚生労働省社会保障審議会児童部会児童虐待等保護事例の検証に関する専門委員会［2019: 3]）

　平成30年（2018）6月に本児が書いたとされる手紙がマスコミ等で報道され、世論が一気にヒートアップしたことは記憶に新しい。しかし、本児の母の手記によれば、本児が書いたとされていた手紙は、母の添削が入っていたという事実はあまり知られていない（船戸［2020: 227-228]）。

　嵐のような非難の世論の中で、各自治体が設置している児童相談所の対応が厳しく批判され、厚生労働省だけではなく、A自治体（香川県）、B自治体（東京都）においても事例の検証が行われることとなった。個別の事例について3つの組織（厚生労働省、香川県、東京都）が一斉に検証を実施するという前例のない事態となった。

❷ 本事例におけるアセスメント

　転居前のA自治体におけるアセスメントはどのようなものだったのか。厚生労働省の報告書は、大きなポイントを3つ指摘している。

　①児童福祉法28条による申し立てを検討すべき状況であったにもかかわらず、医療や司法との連携を行わず、在宅での指導を決定してしまったこと。

　②家庭復帰の際に、児童相談所が想定する家庭復帰の条件が父から拒否されたにもかかわらず、家庭復帰後の支援体勢が不十分であっただけではなく、要保護児童対策地域協議会で本事例について支援のあり方について検討されないまま、家庭復帰となったこと。

　③家庭復帰後に、新たな虐待を疑わせるエピソードを把握したにもかかわらず、必要な介入を行わなかったこと。

　（厚生労働省社会保障審議会児童部会児童虐待等保護事例の検証に関する専門委員会［2019: 6]）

　さらに「リスクアセスメントシートなどの客観的な情報となる記録が残されていなかった」と指摘している。児童相談所が行政機関であり、行政機関として公的な記録が残っていないというのは重大な問題ではあるが、子ども虐待の専門機関としてさらに重大な課題

は、それぞれの局面において保護者（虐待者）の意向に児童相談所が沿う形でケースワークが進行していることではないか。

　本論では、行政機関としての記録を残すという次元のアセスメントと、子どもを守るための実質的なアセスメントの2つに分けてみる。これは平成31（2019）年1月に千葉県野田市で起こる事例においても認められる傾向である。

2. 心愛ちゃん事例におけるアセスメント

❶ 事例の概要

　本事案においては、本事例に関与した4つの自治体（沖縄県糸満市、沖縄県、千葉県、野田市）それぞれが検証報告書を公表している。特に野田市の報告書は、詳細な経過報告が記されており、研修や再発防止のための資料として積極的に活用されるべき内容になっている。貴重なドキュメントとなっており、関係者必読の資料である。

　本事案の概要は通りである。母の公判概要では次のように整理されている。

> 　平成31年1月24日に本児は自宅浴室で死亡。父と母は傷害容疑で2度にわたり逮捕。平成31年3月6日、父は傷害致死と傷害の罪で、母は傷害ほう助で起訴。母の公判において、本児は飢餓状態及び強度のストレス状態に起因する全治期間不詳の「ケトアシード」などの症状に陥り、ショック若しくは致死性不整脈又は溺死により死亡した。
>
> （野田市児童虐待死亡事例検証委員［2020: 4］）

　本事例も児童相談所が一時保護を行い、その後家庭復帰をさせていた事例である。児童相談所が関与していたにもかかわらず、虐待死に至ってしまったことによってさらに激しく批判され、その後の児童福祉法の改正までつながった事例である。

❷ 本事例におけるアセスメントの現実

　千葉県の検証報告書においては、アセスメントの現状は次のように指摘されている。少し長くなるが、引用する。

> 　全体を通じてアセスメントが不十分（リスクアセスメントシートの活用方法を含む）

　本事例では、X県Y市から転入してきた段階で、すでに転入経過の不自然さやDVが疑われる情報が得られていたが、家族の関係性やDVに着目した支援がほとんど意識されていなかった。その背景として、

①本家族の歴史・関係性・個々の構成員の特徴等に着目し、検討する姿勢が不十分であった。

②DVに対する理解が、児童相談所、A市関係機関ともに不十分であった。

③以後の支援の際、DVに対する理解が、DVが疑われる家族関係に十分な注意が向けられていなかった。

④基本ツールであるジェノグラムなどの有効活用がされていなかった。

⑤上記②とも関係して、DVの家庭の事案が複数見られる過去の県の検証報告が浸透していなかった。

などをあげることができる。

　支援の過程で、アセスメントシートが用いられていたが、面接や訪問等で得た内容をシートでチェックする際に、適切な判断がなされていない例も見られた。例えば、一時保護解除を決めた際のリスクアセスメントシートでは、「保護者は引き取りを希望し、問題解決に取り組む準備をしている」「児童虐待に対する認知に改善が見られる」などの項目が「ない」となっているが、父が一貫して虐待を否定していた点とは矛盾する。また、一時保護解除後、保護者の態度が一変してしまったことを踏まえると、上記判断は皮相的なものであったと考えられる。こうした背景には、

①既に決めた方向性に沿うよう判断が甘くなった。

②シートに記入することで、アセスメントが終わってしまった。

などの可能性が考えられる。

　など、アセスメントは、本来は調査、診断結果を踏まえて、個々の家族や子どもの特徴を見立てるものであり、アセスメントシートはそれらを確認し、あるいは漏れがないかをチェックするために必要とされる。その点に留意したシートの積極的活用が求められていることを付記しておきたい。

（千葉県社会福祉審議会［2019: 43-44］）

　本事例においては、アセスメントシートは記録としては残っていたが、それが子どもを守るための実質的なアセスメントにはなっておらず、この事例においても主たる虐待者である父親の意向がケースワークの進行に強く影響をしており、そして最悪の事態に陥ることになった。児童相談所が主たる虐待者の世界に巻き込まれ、虐待行為を激化させてしま

ったとさえ言えるかもしれない。私たちが2つの少女の死や報告書から学ばなくてはならないのは、その対応した個人の問題ではなく、支援者がそういう流れに容易に巻き込まれてしまうというどこにでも起こり得る現実があり、その現実に抗するためには何が必要かを考えることである。

3. 児童相談所における2つのアセスメント

　アセスメントとは何か。直訳をすれば、評価とか査定という意味である。児童虐待の現場では、アセスメントは大事と言われるけれども、その場合のアセスメントとは実際には何を指しているのだろうか。特に児童相談所における実質的なアセスメントは2つに分けられる。

　1つは、家族を構成する個人や、それぞれの個人が家族という結び付きの中でどのような存在であるのかを見定める家族全体へのアセスメントである。家族を構成する個人それぞれが持っている特性（精神医学的、社会学的、教育学的、経済的特性）がどのようなもので、それが家族という結び付きの中で、どのような相互作用を引き起こし、子どもを保護・養育するという家族としての機能をどのように弱めているのか。さらに、その機能が破綻し、家族の中で最も弱いポジションにある子どもに被害が出ているのかを評価することである。さらに、家族の周りにある親族関係や、社会的状況、経済的状況も家族という結び付きに大きな影響を与えていることも踏まえなくてはならない。それらを総合的に診断することが、ケースワークの祖リッチモンドが言った「社会診断」である。次に述べるもう1つのアセスメントの土台となるのが、この社会診断である。

　もう1つのアセスメントとは、児童相談所として子どもの最善の利益に適う判断を行うためのアセスメントである。例えば、心愛ちゃん事例のように、一時保護中に保護者が虐待を認めず、さらに深刻な医学的所見があり、家庭復帰のための条件が歪められるなどの事態があれば、保護者は子どもの最善の利益を実現できないというアセスメントをしなくてはならない。児童相談所においては、一時保護決定時、在宅指導とするか施設入所とするか（一時保護解除時）、里親委託中・施設入所中から家庭復帰させるかどうかが、具体的な判断の場面となる。児童相談所が専門機関であると言われることの内実は、この2つのアセスメントを的確に行うことができるということである。

　今回扱っている2つの事例は、この2つのアセスメントともに不十分であったために、

最悪の事態に至ってしまい、専門機関としての社会的な期待に応えることができなかったために、社会から厳しい批判を浴びることになったのである。

4. アセスメントはなぜ機能しないのか

　今回の2つの事例の報告書に共通している点として、実質的なアセスメントが適切に機能しないことが、虐待死の「原因」として強調されている。それは適切な指摘であるけれど、そこからもう一歩思考を進めていくことも必要である。現場においてはアセスメントが機能しないのは、諸力の「結果」であるかもしれないという思考である。児童虐待が、個人や家族、社会環境等が複雑に絡み合って起こる現象であるのと同じように、児童虐待のアセスメントも複雑な環境の中で機能不全に陥っているかもしれないと考えてみる必要がある。

　例えば、イギリスの虐待死の構造的な分析を行ったピーター・レイダー・シルヴィア・ダンカンは、アセスメントを阻害する要因を次のように指摘している。

> トレーニングと経験のギャップや組織の再編成、ストレスに満ちた労働状況、ケースワーカーが担当している事例数の過剰さ、特定の家族あるいは子ども虐待の一般的な特性に関する固定概念などが挙げられる。
>
> 　　　　　　　　　　　　（ピーター・レイダー・シルヴィア・ダンカン［2005: 141］）

　児童虐待という現象への適切なアセスメントが機能するためには、実務者のスキルアップだけではなく、実務者が安心して学ぶことができるような環境もまた大事であると指摘しておきたい。虐待者に虐待はダメであると説論をしても、虐待がなくならないのと同じように、実務者にアセスメントをやれといくら説教したとしても、それはおそらく機能しない。実務者が虐待を生み出してしまった家族に寄り添うように働きかけ、粘り強く付き合っていく中で、再発を防いでいると同じように、実務者に寄り添いながら、適切にアセスメントができるように導いていくことが必要である。そういう地道な取り組みを続ける以外に、専門性の向上はあり得ないだろう。

5. 一人ひとりが取り組むべきこと

この本の読者の多くは、実務者であったり、これから児童福祉の領域で実践をすることを希望している方々であったりするだろうから、個人一人ひとりが何をしていけばいいのかを提言しておきたい。

まずは、家族の固有性を共感的に理解することである。

その家族は、児童虐待という形で家族のニーズ（困難さ）を表出している。その家族はどのように生まれたのか。その家族の中で虐待者となってしまう男性（父）／女性（母）は、どのような家族の元で生まれ、どのような子ども時代を生きて、社会人となり、母となる女性（父となる男性）とどのような家族を営もうと思ったのか。そして、それはいつまでうまく進み、どこからうまくいかなくなり、結果的にそれが児童虐待という不適切な行為につながってしまったのかを共感的に聞き取ってみる。そして、その家族の一員になったような共感性を持ちながらその家族をイメージする。その時に感じる怒りや悲しみは、おそらくその当該の家族を情緒的に理解するのに役に立つはずだし、その怒りや悲しみは、被害を受けた子ども自身のそれであるかもしれない。生育歴や家族歴を聴き取ることは、それ自体が目的なのではなく、上記のことを行うための手段である。

今回取り上げている2つの事例の検証報告書を読むかぎり、父とのやりとりは少なく、虐待を認めるか認めないかというやりとりはあるが、2つの家族を上記のように理解しようとした記述はない。

6. 結愛ちゃん事例における家庭支援プラン（家庭復帰計画）

❶ 子どもを守るソーシャルワークとは何か

次に家庭支援プラン（家庭復帰計画）について取り上げる。今回取り上げている2つの死亡事例は共に一時保護後に家庭復帰となっている点でも同じである。

2つの事例の家庭復帰計画がどのようなものであったのかについて検証報告書から確認する。

家庭復帰を決定した自治体の検証報告書を確認しても、厚生労働省の報告書を確認して

も、家庭復帰の条件についての記述はあるものの、家庭復帰計画についての記述はない。児童相談所と保護者の間で明示的に共有された家庭支援プランを確認することはできない。他方、本児の母の手記には次のような記載がある。

　　結愛の2回目の保護の時、施設の方に「もう4ヶ月保護しているので。一般的には2ヶ月くらいなんです。早めに家に戻せるように」と言われました。香川の児相には「一般的には」「普通の家庭は」と他と比べられて、何かマニュアル通りに進められている気がしました。

（船戸［2020: 174］）

　一方的な記憶に基づくものなので、発言の真偽を厳密に確定することはできないが、一時保護された母の心情と記憶を無視することもできない。私たちは、児童相談所からの働きかけが当該の家族に対して支援として認識されていなかったということを深く受け止めなくてはならない。

　さらに、親子分離をした後の家庭支援プランは、児童相談所だけでは成立はしない。地域の関係機関との連携や協働が不可欠である。

　　平成29年5月、2回目の一時保護解除後の家庭引取りに当たっては、要保護児童対策地域協議会において、幼稚園に通園させることや本児が祖父母との関わりを継続することなどが必要とされた。しかしながら、D児童相談所の児童福祉司指導では、養父がその条件を拒否したことによって、これらは、家庭引取りの際の条件に設定されなかった。さらに、その後、D児童相談所は、こうした変更を要保護児童対策地域協議会で議論せず、条件変更に伴う再アセスメントを十分に行わないまま在宅での指導措置とした。

（厚生労働省社会保障審議会児童部会児童虐待等保護事例の検証に関する専門委員会［2019: 6］）

　児童相談所が一時保護後に家庭復帰させるということは、保護した事態がもう二度起きないよう、もしくは起きる前に支援を求められるような環境設定ができるということを意味する。その環境設定の中には、児童相談所が絶対に譲ってはいけない条件と父母との間で調整可能な条件の2つがある。

　結愛ちゃん事案の場合は、自宅以外に本児が在籍する社会的な機関での在籍が不可欠であった。彼女の当時の年齢であれば、幼稚園や保育園に在籍し、平日についてはこれらの場所で、日々の様子を確認する必要があった。ここは絶対に譲ってはいけない条件であった。この点を保護者が了解できないのであれば、施設入所（児童福祉法28条申し立てを含む）

を検討するという判断が必要ではなかったか。保護者がその条件を受け入れない場合には、子どもの命と安全を守るために保護者と対峙しなくてはならない。それが子どもを守るソーシャルワークではないだろうか。

❷ 関係機関との連携で子どもと家族を守る

　次に、保護者と児童相談所が話し合った結果が、地域の機関で共有されていなかったことも問題であった。時系列で並べてみると、2回目の一時保護となったのが平成29（2017）年3月19日、同年5月26日に要保護児童対策地域協議会による個別ケース検討会議開催、同年7月30日一時保護解除、児童福祉司指導措置となっている。本来であれば、一時保護を解除する前に、個別ケース検討会議が開かれるべきであるが、解除の2ヶ月も前に個別ケース検討会議が開かれ、その会議で共有された条件は、その後に保護者と児童相談所の二者によって変更されていき、そのことが関係機関に共有されないまま、家庭復帰となってしまっている。さらに、児童相談所は、主たる虐待者である父親に、家庭復帰後にはほとんど接触ができておらず、報告書からは、主たる虐待者に対する児童相談所の指導やかかわりを確認することはできない。

　次に述べる心愛ちゃん事案にも共通していることであるが、主たる虐待者による家族への虐待行為を物理的に止めることが児童相談所による一時保護の機能である。その期間に、暴力の事実はどのようなものであったのか、なぜそのような暴力が起こってしまったのか、主たる虐待者はそのことをどのように認識し、暴力を受けた家族に対してどのような思いを持っているのか、再発防止のためにはどのようなことが必要であるのかについて話し合いが必要である。一時保護の解除は、その話し合いの結果であって、一時保護解除は目的ではないはずである。主たる虐待者は一時保護の解除のために児童相談所との交渉を続けているかもしれないが、児童福祉司側は上記のような話し合いのプロセスが進んでいるかどうかを見極めなくてはならないだろう。

- -

7. 心愛ちゃん事例における家庭支援プラン（家庭復帰計画）

- -

❶ 安全プランをどう見極めるのか

　心愛ちゃん事案の場合も、一時保護後に家庭復帰となっている。経過によると、一時保護中の平成29（2017）年11月30日、同年12月11日、12月20日に家庭復帰に向けた話し

合いが行われている。12月11日の面接では次のようなことが話し合われた。

> 父母からの具体的なプランを聞く。今後、市と児相とで本家庭のフォローを行なっていくことを伝える。父母から以下のプラン提示がある。
> ・本児の養育について、父が行なってきたものを母が担うこと。
> ・保健師等市のサポートを得ていくこと。
> ・本児が気持ちを表出できるよう母と本児とで交換ノートのようなものを始めること。
> 父母は児相がフォローしていくことについて、了承する。
>
> （千葉県社会福祉審議会［2019: 10］）

　しかし、この話し合いの後に、児童相談所内で医学診断が行われ、「被虐待児、PTSD」との所見を得ている。さらにその後12月20日にもう一度父母と児童相談所で話し合いが行われ、父子での生活は困難という前提で、父母に今後のプランについて改めて語らせている。父母からは、家庭復帰先として父方祖父母宅が提示され、父方祖父母宅への家庭引取りとなっている。本事案については、父母との協働関係を構築しようとするために、父母にプランを語らせて、支援プランを作り上げようとしている。

　しかし、ここでも立ち止まって考えてみる必要があるのは、児童相談所がどのような判断することが、子どもの最善の福祉に適うのかという点である。医学診断において、被虐待児やPTSDとの所見があり、性的虐待の疑いも確認されている事例において、保護者が出してくる意向（プラン）は、子どもを守ることができる質を伴ったものであるのかを精査される必要があったのではないか。主たる虐待者を育てた祖父母と、主たる虐待者とのつながりはどの程度のものなのか、そして、本件の一時保護解除の適否が議論されていたのだろうか。

　本件については、家庭復帰後にすぐに本児は、主たる虐待者の住む自宅に戻ることになり、児童相談所は本児とのかかわりの接点を持てなくなっており、一時保護解除の判断はとても重要であると言わざるを得ない。

❷ 家庭養護における家庭支援プラン

　今回は一時保護から家庭復帰したケースを中心に取り上げたが、社会的養護下にいる子どもたちの家族支援プランについても言及しておきたい。

　今後は里親委託が増加し、里親宅で家庭養護を受けながら、原家族と交流をしていく子どもたちも増えていくことになるだろう。措置を受けている子どもの原家族、里父母、児童相談所が協力をして、進めていくことが何よりも大事である。原家族が、里父母に不信

感を持っていたり、反対に、里父母が原家族に偏見を持っていたりするような関係であれば、家族との交流は決してうまくいかないだろう。児童相談所はその間で扇の要のような存在として、調整を行っていく必要がある。

　子どもにとって、わずかな時間であってもかつて一緒に過ごした原家族も、現在育ててくれている里父母もどちらも大事な存在である。その2つの存在が不穏であれば、子どもはそれを当然感じ取ることになり、子どもを苦しめることになってしまうかもしれない。そういう環境にならないように調整していくのが、児童相談所の役割となる。家庭支援プランは、上記のような認識を土台として、丁寧に行われるべきである。

❸ 明日からどうすればよいのか

　私は現場で日々実務を行なっている者であり、ここで文章を閉める訳にはいかない。読者である皆さんと同じで、明日から現場でどうすればよいのかを具体的に考えなくてはいけない。明日からの実務のために具体的な提言をしておきたい。

　児童相談所でかかわることになる家族はそれぞれがユニークであり、唯一無二の存在である。その家族の固有性を理解することが何よりも大事である。その固有性を踏まえ、子どもを保護し、育てていくにあたり、どこの点が強くて、弱いのかを把握していくことが何よりも大事となる。適切なアセスメントを行うために必要なマインドセットを、サインズ・オブ・セイフティの提唱者アンドリュー・ターネルとスティーブ・エドワーズは次のように提案している。これらを心に留めるだけで、落ち着いた対応ができるはずである。

・通告をどうみているかに関する家族からの情報を十分取り入れながら、危険と危害を吟味するための児童保護機関の通常の手順（プロトコル）に基づいた調査を行うこと。
・リスクの吟味には、安全のサインを統合すること。安全のサインには、過去と現在の保護能力、家族の強さや資源、安全を高めるための家族自身による計画が含まれる。
・調査が家庭内にもたらす不安に関して、感受性と共感性を持つこと。
・児童保護機関が有している法律上の役割と権威について、はっきり示すこと。
・通告に関して率直な態度を取ること。
・面接調査はゆっくりと、臨機応変に行うこと。
・一度ですべてのことが達成されなくてもよいと認め、小さなステップに焦点を合わせること。また、各ステップが理解されていることを確かめること。
・家族ができるだけ情報をもたらすような選択肢や機会を用意しておくこと。
・解決策よりも情報について聴き取ること。ワーカーは、すぐに判断や計画にたどりつこうとするよりも最善の情報を収集しようと活動することで、プレッシャーを取り去

ることができる。解決策を見つけることは、ケースワークの後のほうに残しておくのがよい。

（アンドリュー・ターネル、スティーブ・エドワーズ［2004: 129］）

　子どもの安全と最善の利益を守る最後の砦としての児童福祉司として譲ってはいけない一線と、その家族の固有性を尊重することは決して矛盾しない。日々児童相談所の現場では、優れた実務者たちが、この矛盾を乗り越えながら子どもとその家族を守っている。一見矛盾するような論点（子どもの安心安全と家族の固有性の尊重）を子どもたちの最善の利益のためにまとめあげていくのが児童福祉司の仕事の醍醐味である。

おわりに

　フランスの哲学者、J・P・サルトルは次のように言う。

　　怒りとは、あまりにも複雑な状況を単純化するための、手あたり次第の魔術的な試みでしかない。

（J・P・サルトル［1966: 45］）

　どんな人も、家族を築き、子どもを養育していこうとする積極的な意思を持っている。しかし、現実には、それがうまく実現しないことがある。その後に虐待者と呼ばれるかもしれないその人たちは生来的にモンスターであったわけではない。それは、その人たちが、その家族をめぐる複雑な状況（家族や親族の力動や社会的状況）に絡め取られ、家族の保護機能を奪われ、子どもを安全かつ安心に養育していく力が弱められていることに拠っている。
　そこに上記のサルトルの言葉を重ねてみたい。その絡め取られた状況に対して怒りを感じ、それを暴力的な力で解決しようとするのが、家庭内暴力であり、それが子どもに向かえば、児童虐待と呼ばれる現象となる。もちろん怒りや暴力では、家庭内の問題は解決しない。サルトルは次のように続ける。

　　怒りとは、少しも遺伝子的呪いでも宿命でもなく単に、あまりにもこみいった問題に対する不器用な反応であることを、また、問題が変われば、機嫌も変わるだろうということを理解するであろう。

（J・P・サルトル［1966: 45］）

家庭内で起こる怒りや、その具体化された暴力がなぜ起こるのかを考えることが児童虐

待問題に向き合うソーシャルワーカーに求められることである。自分の怒りと向き合うことができない保護者（虐待者）は、再発の可能性が高いと言わざるを得ないと判断するべきである。保護者の不器用な（不適切な）反応（言動）を指摘し、改善を促し、もう一度子どもが安心して生活できるように働きかけるのが、子どもを守るソーシャルワークの本質である。

そして、家族のリスクアセスメントとは、子どもを保護し、養育する家族の力を弱める要因が何かを探ることである。一般的には、家庭内のリスクとは、虐待を引き起こすトリガー（引き金）のように考えられているが、それは、家族の機能を弱めている要因のことを指すというのが、本論の立場である。

本論は、ケースワークの祖と言われるリッチモンドが述べた「全体としての家族（family as a whole）の凝集力」という概念にインスパイアされており、ケースワークの立場で、児童虐待問題に立ち向かいたいと考えながら紡がれている。全体としての家族の凝集性がなぜ弱まってしまう要因を探っていくことが家族へのアセスメントということになるだろう。

児童虐待の現場で日々困難な事例と向き合っている私たちは、児童虐待が発生してしまった家族の固有性を尊重しながら、子どもの安全と安心を最優先にした子どもを守るソーシャルワークを、子どもとその家族と共に追求していきたい。

（佐藤　剛）

▶参考・引用文献

千葉県社会福祉審議会（2019）「児童虐待死亡事例検証報告書（第5次）」

船戸優里（2020）『結愛へ　目黒区虐待死事件母の獄中手記』小学館

糸満市要保護児童対策地域協議会（2020）「児童虐待死事案の糸満市における検証報告」

香川県児童虐待死亡事例等検証委員会（2018）「香川県児童虐待死亡事例等検証委員会検証報告書（平成29年度発生事案）」

小松源助他（1979）『リッチモンド　ソーシャル・ケースワーク「社会的診断論」を中心に』有斐閣新書

厚生労働省社会保障審議会児童部会児童虐待等保護事例の検証に関する専門委員会（2018）「子ども虐待による死亡事例等の検証結果等について」

見田宗介（2008）『まなざしの地獄』河出書房新社

Munro, Eileen（2020）*Effective child protection 3rd edition*, SAGE

日本子ども虐待医学会（2019）「子ども虐待死亡事例検証委員会　検証報告書【平成30年3月2日5歳女児虐待死事件】」

野田市児童虐待死亡事例検証委員（2020）「野田市児童虐待死亡事例検証報告書（公開版）」

沖縄県社会福祉審議会児童福祉専門分科会審査部会（2020）「児童虐待死亡事例検証報告書（平成31年1月千葉県野田市10歳児死亡事例）」

レイダー，ピーター、ダンカン，シルヴィア著、小林美智子、西澤哲監訳（2005）『子どもが虐待

で死ぬとき──虐待死亡事例の分析』、明石書店

サルトル，Ｊ・Ｐ（1966）『サルトル全集　第三十四巻　聖ジュネ』人文書院

ターネル，アンドリュー、エドワーズ，スティーブ著、白木孝二、井上薫、井上直美監訳（2004）『安全のサインを求めて──子ども虐待防止のためのサインズ・オブ・セイフティ・アプローチ』金剛出版

東京都児童福祉審議会（2018）「児童虐待防止ゼロを目指した支援のあり方について──平成30年度東京都児童福祉審議会児童虐待死亡事例等検証部会報告書（平成30年3月発生事例）」

資　料

⊙子ども・若者ケアプラン（自立支援計画）ガイドライン

（「平成 29 年度子ども・子育て支援推進調査研究事業　社会的養護対象の 0 歳児〜
18 歳到達後で 18 歳到達後で引き続き支援を受けようとする者に対する効果的な自
立支援を提供するための調査研究（総合アセスメント及び自立支援計画・継続支援
計画ガイドラインの作成）報告書（別冊 2）」みずほ情報総研株式会社、平成 30 年
3 月）

https://www.mhlw.go.jp/content/000348460.pdf
https://www.mhlw.go.jp/content/000348508.pdf
https://www.mhlw.go.jp/content/000348510.pdf
https://www.mhlw.go.jp/content/000348511.pdf
https://www.mhlw.go.jp/content/000348513.pdf

❶別紙６　（記入例）ケース概要票（見立て）
❷別紙８　（記入例）ケアプラン（自立支援計画）（○年○月○日作成）
❸別紙10　（記入例）継続支援計画

子ども氏名　Ｆ　Ｋ　（男・女）生年月日　Ｘ年９月15日　　入所年月日　Ｘ年10月３日
保護者氏名　Ｈ　Ｋ　　　　　　住所　Ｓ市Ｍ区　　　　主訴　万引き・窃盗・不登校
措置機関　Ｓ市児童相談所　作成者　児相○○福祉司、施設　△△FSW　作成年月日　Ｘ＋１年１月10日

○　家族について

・ジェノグラム

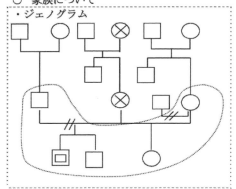

・入所までの経緯
　現在14歳（中２）。窃盗（万引き）容疑で警察に補導された。これまで、万引きでの補導が複数回あり、本人が家に帰りたがらず、家族と連絡を取るも協力的でなかったことから、児童相談所に身柄付き通告がなされた。児童相談所においても、本児が家に帰りたがらず、家で虐待を受けていたことが語られたことから、保護の必要性があると判断された。家に連絡を取ったところ、継母が「困り果てており、養育に自信がない」との発言があり、父親にも連絡し、親の同意での一時保護となった。本児の非行歴や補導後の混乱から、友達宅への逃げ帰りや他児への暴言・暴力の可能性が考えられ、閉鎖的な空間での生活を開始したが、そのような行動は見られず、２日後には開放的空間での養育とした。

　35日間の一時保護中に、本児に対しては児童福祉司、心理士の合同面接２回、心理士のみの面接・心理検査が３回行われた、継母のみとの３回の面接、実父・継母との１回の面接、父方祖母への面接を行った。実母の父へは電話で連絡するも、現在関係がないことを理由に面接は拒否、電話での聞き取りとした。継母の両親に関しては、継母が拒否したため、面接を行わなかった。

　本児は、声変わり直後の思春期男児である。知的な遅れは感じられないが、社会的知識は乏しい傾向がみられた。最初は生活内でも面接でもふてくされた様子で「別に」という答えが多かったが、生活場面では徐々に笑顔が増え、職員や他児、特に年齢の低い子どもと関わりを持つようになった。コミュニケーションに問題は見られない。初期には睡眠覚醒や食事もリズムが取れず、ムラも見られたが、徐々に保護所の生活に慣れ、寝起きもよくなった。２回目の面接からは心理士に少しずつ自分の気持ちを打ち明けることが出来、心理検査にも素直に応じた。本児は、「継母は嫌い」とのこと。家にいても継母から怒鳴られ、家に入れてもらえず、食事が与えられないこともあったとのことだが、いつから始まったかは覚えていない。実父に関しては「好きだが怖い存在。遊んでくれるが、大声で怒ったり手を出す、近寄りがたい存在」と評し、父に何か御願いするときは面と向かって直接話ができず、手紙を書いて置くなどの方法を用いていたとのことである。父方祖母に関しては「普通」父方祖父のことは「怖い」と答えている。しかし、実母や実母の両親については、複雑な表情で「忘れた」と答え、話したがらず、就学前の記憶も「ない」と答えている。

　学校に関しては、小１の頃は居場所がないと感じていたが、小３〜４の頃は友達もおり、楽しかったとのこと。しかし、小５の担任とうまくいかず、自分でもわからない苛立ちがつのり、友達の家から金品を盗んだり、万引きを行うようになる。中学に入って１学期は頑張ろうとしたが、２学期から不良グループとの付き合いが始まる。継母の虐待行為が更に激しくなり、中１終わりから家に帰らないことが多くなったとのこと。なお、盗んだり、万引きしたものを友達に与えていたとのことであり、友達に注目されたかったと語っている。

　継母によると、結婚した当初は良い母親になろうと、養子縁組もし、一生懸命優しくしたが、本児はなついてくれず暴言や悪態が多く、実子である妹が生まれて行動が改善するかと思ったが、返って反抗は悪化し、妹の世話もしないため、自分も苛立って手を出すようになった。本児の行動の問題に対して、厳しくしつけなければと思って、家に入れない、食事を抜くなどを行ったが、問題がエスカレートして対応できない状態になったとのことであった。実父の話では、実母がうつ状態になった４歳以前は問題なかったが、弟が生まれて実母がうつ状態になってから反抗的になり、腹痛等を訴えるようになったとのことである。また、実父自身は、本児の養育は継母に任せていたが、小５の頃から万引きなどが始まり、中学になると家に帰ってこないことも多くなった。自分も時々叱っていたが、本児は改善せず、諦めていたとのことであった。

　以上のことから、継母や父は本児の行動をコントロールできず、虐待に至って悪循環を生じていること、本児も家に自分の居場所がないと感じていること、行動の問題が悪化し年上の不良仲間の家に泊まったりしている状態が続いていたことなどから、本児を保護して、両親と本児の距離を置くことが必要と考えられ、本児を児童養護施設に入所させ、両親への支援を行っていくこととした。

・家族メンバー
現在５人家族（実父35歳、継母38歳、本児14歳　弟10歳　異母妹５歳）
　父方祖父：父方祖父母は本児宅から徒歩数分の距離に居住。祖父は塗装工だった。父方祖母によると、性格的には社交的だが家父長制の中で育ち亭主関白で、祖母（妻）に対して上から要求することが多いとのこと。本児のことは好きで遊ぶが、養育はあまりしない。現在は糖尿病が悪化し加療中とのこと。

　父方祖母：本人及び実父の話では、世話好きで温厚だが、神経質で細かいところに気がつく傾向がある。実父によると、実母には姑として口うるさかったが、実母が本児4歳の時にうつ病になってからは、本児の面倒をよく見てくれた。保育園の送り迎えをし、絵本を読み聞かせたり、散歩に連れて行くなど、かわいがっていたとのこと。祖母本人は、祖父の糖尿病悪化により介護に忙しく現在は本児の養育は出来ないという。

　母方祖父：住居は同じ市内だが車で10分ぐらい。実母方祖母が死亡後、実母の兄とその家族と同居。実父の話では、おだやかな人であるが、神経質で心配性で、気になり出すと確認しないと不安でしょうがない性格という。祖父自身の電話での話では、経理関係の事務的な仕事をしていたが定年後は家でのんびり生活している。実母死亡後は実父や本児らとの交流なく、現在は無関係であることが強調され、実母は父方祖母によって追い詰められてうつ病で死に至ったという無念から、本児の家族とは関わりたくない気持ちが強い様子。

　母方祖母：実母方祖父の電話の話では、地方の農家で育ち、やさしい性格で、人に頼まれるといやといえず、その人のために動くような人であり、夫婦関係も良好で、子ども（実母）に対してもあまり叱るようなこともなく、養育してきたとのこと。しかし、本児が4歳のころから病気になり、実母がうつ病の時も本児の面倒を見ることはできなかった。本児が5歳のとき死亡。

　実父：長男できょうだいはいない。継母の話では、子ども時代は甘やかして育てられたようで、内弁慶で、だらしなく部屋を片付けることなど苦手で、亭主関白、自分のやりたいことだけやり、いやなことは自分から取り組むようなことはしないとのこと。高卒後建築会社に勤務。実父自身の話では、実母とは友人の紹介で知り合い1年交際後結婚。実父との面接では基本的には子ども好きで、可愛がって育る気持ちはあり、休日には遊んだりするものの、土木作業員（月収手取りで25〜35万）で忙しく、子どもとの関係は十分にとれていない現状が語られた。実母方祖父の話では、実父はやりたくないことは、実母がやるまでやらずに放置するような態度で生活しており、実母から父方祖母との関係について相談されても、真剣に聞かず、表面的な対応をくりかえしていたため、関係が希薄になり悪化。更に、実母がうつ病になってからは、実父からのことばによる暴力も増え、時には手を出すこともあり病状も悪化し、実母が子どもの養育ができなくなり、本児が7歳の時に実母が自死したとのこと。実父の話では、本児には病死と伝えられており、自死であったことは隠されている。なお、実母死亡後、継母と結婚するまで、実父が本児と弟を育てていた。

　実父母の話では、本児が8歳の時、行きつけのスナックに勤務していた継母と交際し再婚。養育は継母に任せ、継母が虐待を始めても注意することはなかった。逆に本児の行動の問題がエスカレートしてきたころから、責任を感じて係わるようになり、怒鳴ったり、時には手を挙げるようになった。

　実母：実母方祖父および実父の話では、2人きょうだい（2歳上の兄）の長女として生まれ、子ども時代は両親にかわいがられ、特に大きな問題もなく過ごしたとのこと。女子高卒業後、飲食店に勤務。実父と知り合い結婚。結婚後は、性格的に気が弱く争うことを嫌い、基本的には自分の考え方を述べることせずに、実父の意見に従って生活していたようである。また、姑である父方祖母からの指摘に対しても出来る限り応えようと努めていた。本児4歳の時に弟を出産した頃から、うつ状態になり、布団にふさぎ込むような状態が続くようになる。少し良くなると、動こうと努力するといった対応が悪循環になる。実母方祖父の話ではその頃、父から母への暴言暴力があったという。この点は実父も認めている。なお、母方祖母が病気になり死亡するといった出来事もあり、病状が悪化したため、本児が6歳の時には入院する。病状があまりよくならず回復しないこともあって、治療後母方実家に戻る。本児7歳児に自死。ただし本児には病死と告げられている。

　継母：2人きょうだい（姉）の次女として生まれ、生保家庭で養育された。継母自身の話では、幼少期に継母方祖父からの怒ると殴る蹴る、食事を与えられないといった身体的虐待を受けていた。高校卒業後、工場勤務。一度結婚するものの夫からのDVにより離婚。その後、スナック勤めを始め、そこで知り合った実父と交際し再婚。再婚後、コンビニで働いている。子どもが欲しかったため、養子縁組もして、本児や弟に対して優しくし、母親として認められようとしていたが、特に本児は反抗的で自分を受け入れてくれなかった。異母妹出産後も本児の態度は変わらず悪化したほどで、苛立ちが強くなり、本児や弟にあたることが多くなり、手が出たり、悪態をついたりするようになってしまったと泣きながら話した。何とか問題行動を止めようと、家に入れない、食事を与えないなどの罰を与えたが、行動は悪化したとのこと。なお、実父との関係に関しては、実父の態度に苛立つことも多く、喧嘩が絶えないという。また、本児の話では、昼まで寝ていることもあり、本児や弟は朝食抜きで学校に行くことも多く、夕食がコンビニ弁当であることも少なくないという。

　弟：現在小学校4年生。実父の話では、性格的には実母に似ておとなしく、気の弱い性格で、おどおどした面が見られるとのこと。家の中では異母妹の面倒を見たり、家事を手伝ったり、継母の言うことについては素直に聞いて生活しているため、本児に対するような虐待はない。学校では問題なく生活できているとのこと。

　異母妹：5歳。1歳の時から保育園に通っている。1歳半・3歳児健診とも異常は認められず育っている。本児の弟との関係は良好。本児と異母妹とで遊んでいる時に異母妹が泣きだしたりすると、本児は継母に折檻を受けるのだが、本児は異母妹のことはかわいいと言っていた。

・家族機能　該当項目（　大　5個　中12個）　＊留意の必要度（　⑨　中　小　）
　　経済的には困窮していないものの、夫婦関係は良いとは言えない。実父は問題が生じても解決することなく放置する傾向にあり、継母が一人で育児を担っている。しかし、継母の生活能力には限界があり、本児の話では生活リズムが乱れており、三食がしっかりとれていないこともある。本児にとって、家庭が居場所となっていない。

・家庭の養育力　該当項目（　大　8個　中12個）　＊留意の必要度（　⑨　中　小　）
　　実父は基本的に放任で、継母の養育能力には限界があり、子どもへの基本的ケアが不足していると考えられる。そのため、本児を含めた子どもたちの行動の枠組みができておらず、基本的生活習慣も獲得されていない。また、本児や弟に対する温かない関わりができておらず、両親とも、特に本児には怒鳴ったり、叩いたり、拒否したりといった不適切な養育を行い、本児の行動の問題が悪化し、更に虐待がエスカレートするという悪循環を繰り返している。

○　子どもについて

・虐待的養育の可能性　該当項目（　大　7個　中　8個）　＊留意の必要度（　⑨　中　小　）
　　継母は、異母妹誕生後から、本児に対して、言うことを聞かないときや親の期待に添えないときには叩く、ののしるような態度で接し、家に入れない、食事を与えないなどもあった。弟にも、本児に対する程ではないが、異母妹との差別的な対応を取るようになる。実父も本児に対しては体罰を加えていた。

・心身の発達状況　該当項目（　大　3個　中　6個）　＊留意の必要度（　高　⊕　小　）
　　正常範囲の身体発育で、思春期スパートが始まっている。スポーツが好きで特に野球など球技を得意にしている。また、何かに失敗したときなどに、自分をコントロールしながら考えて対処する機能は十分獲得しておらず、自分に自信がないこともありすぐに諦めてしまう傾向にある。母子手帳では言葉がやや遅れていた時期があるが、現在は知的な発達に関しては年齢相応の能力を有しているが学力は遅れている。起床就寝など基本的生活習慣が不規則で身に付いていない面もあるが、あいさつなどはしっかりできる。

・心身の健康状態　該当項目（　大　4個　中　8個）　＊留意の必要度（　高　⊕　小　）
　　未処置う歯があるので治療が必要。アレルギーはないが偏食ぎみで食事にむらがある。注意力の問題や多動傾向はあるものの、児童相談所医師の所見では注意欠如多動性障害の診断がつくまでではない。

・行動上の留意点　該当項目（　大　2個　中11個）　＊留意の必要度（　高　⊕　小　）
　　友達の家から金品を盗む、万引きをするなど反社会的行動傾向がみられるものの、手口などの技術面から判断しても衝動的な段階である。盗んだり万引きしたものは友達に与えており、注目を浴びたかったという面もある。一方で、被害者への共感性は低く、相手に対して心からの謝罪ができない。小学校5年生の頃から不登校傾向が見られ、中学になっては、家に帰って来なくなり友人宅への外泊が増えている。

・人間関係上の問題　該当項目（　大　1個　中　9個）　＊留意の必要度（　⑨　中　小　）
　　継母に対する怒りや拒否感が強い。実父には受け入れて欲しいという気持ちはあるが、怒鳴られることから恐怖感もある。きょうだいにかんしては、怒りを向けることは少なく、かわいいと思うと答えているが、継母への怒りからか、実際に養育を手伝うことはない。実母に対しては「忘れた」と語れない状況にあり、実母を喪失した状態への適応、つまり喪の作業ができていないものと考えられる。それまで問題なく育っていた本児に、弟が出生して実母がうつ状態になったころから問題行動がみられており、それまで独占できていた実母を失った怒りが強くなっていたと考えられる。その怒りの対象である実母が死亡し、こころの整理がつかないままに継母が家に入り、継母に対する拒否感や怒りが強かったと考えられるが、継母はそれを理解できず、何とか良い母として認めてほしいという気持ちが裏切られ、本児への虐待行動に至ったものと考えられる。本児は喪失体験や被虐待体験により、自己肯定感が低く、人間関係の問題が生じると、解決する前に自分から切ってしまう傾向がある。したがって、友人はいるものの少ない。中学生になってからは、居場所を求めて不良グループとのつきあいが多くなり、不登校でそのグループの友達宅に泊まることもあり、他の友達は距離を置くようになっている。

○　生育歴

年齢	子ども自身	家庭生活（家族関係）	地域社会（学校など）	既往歴・特記事項
0歳	自然分娩2980gで出生 出生時特に問題なし	両親・親族とも本児の出生を喜ぶ 嫁姑問題が悪化していくが、実父は無関心		
1歳	乳幼児健診指摘なし		母は専業主婦で保育園にはいかず、4歳時から幼稚園に入れる予定であった	
3歳	3歳児健診、語彙が少なく、会話がやや未熟であるが大きな指摘事項はなし			
4歳	弟出生後、下痢・腹痛などの身体化症状および苛立ち・反抗が多くなる	弟が生まれる。実母がうつになる。その頃から実父から実母への暴言暴力が出現 実母がうつ病で病院に入院	母うつ状態のため本児と弟は保育園入園。家では反抗的でも保育園では問題なし。	
6歳	家からの金品持ち出し 小学校入学 学校欠席しがち	実母死亡。自死。本児には病死と伝えた。 実父、継母と再婚。		
7歳	学校欠席しがち			
8歳	学校の欠席は減少		担任や友達関係が良く学校に登校するようになる	
9歳	学校では問題なし	異母妹生まれる。 本児対する継母からの虐待 実父からの体罰が増える		
10歳	友人宅より金品を盗む 学校を休みがちになる	継母・実父からの虐待悪化	担任が変わり、学校を休みがちになる。	
11歳	万引きをして補導 学校は引き続き休みがち			
12歳	中学校入学		野球部顧問が熱心に指導する	
13歳	中1の2学期より不良グループとの付き合いが始まる 中1の終わりから仲間の家に泊まる等で家に帰らないようになり、万引き・窃盗がエスカレート	帰宅すると継母から虐待と考えられる罰が与えられ、父が帰ると激しく怒鳴られたり暴力を受けた。		
14歳	警察よりの身柄付き通告 一時保護 児童養護施設入所			

・生育歴上の問題　該当項目（　大　2個　中　2個）　＊留意の必要度（　高　㊥　小　）

胎児期：実母妊娠中は、姑との関係で精神的にストレスはあるものの、胎児に影響を及ぼすようなものはなく、順調に育つ。

乳児期：自然分娩、体重2980gで出生。両親・親族とも本児の出生を喜ぶ。母子手帳でも実父の報告でも乳幼児健診では指摘事項は特になかった。実父は仕事の関係で家を空けることも多かったとのこと。

幼児期：3歳児健診においても特に指摘事項はなかった。母子手帳では語彙数が少ないなどことばの発達が未熟という記載がある。4歳時に弟が生まれてからは実母がうつになり、本児の養育は父方祖母が中心になる。この頃から夫婦関係が悪化する。そのころから下痢や腹痛の症状が時々見られ、反抗が多くなる。6歳の時に実母がうつ病で病院に入院してからは、下痢や腹痛の症状や夜尿が増え、家からの金品の持ち出しもこの頃から見られるようになる。

学童期：小学校に通学するようになってからも、下痢や腹痛の症状や夜尿が続き、学校を欠席することが多かった。欠席したときには家にひとりで寝ていた。そのため学校の勉強にはついていくことができず、また忘れ物も多く、他児とのトラブルがあり、さらに学校を休みがちになった。

小学校1年生の時に実母死亡。自死であったが、本児は病死と伝えられている。

小学校2年生の時に実父・継母と再婚。継母は本児や弟を可愛がるが、本児は継母になつかなかった。異母妹誕生後から本児に対して、言うことを聞かないときや親の期待に添えないときには叩く、ののしるような態度で接するようになった。弟にはそのような虐待はないが、異母妹との差別的な対応を取るようになる。この頃から本児は友人宅からお金を盗むようになった。

思春期：小学校5年生の3学期に、スーパーで万引きしていたところ警察官に補導される。継母の虐待は更にエスカレートし、本児の問題行動も悪化していった。学校に登校しない日もあった。中学校に入学してからは、不良グループとのつきあいもするようになり、友人宅に外泊するようになり家に帰ってこなくなる。学校にも登校していない。万引きなどが増え、万引きした金品を友人に与え、ゲームセンターなどで遊ぶようになる。学校の野球部顧問は、本児に対して熱心に指導するが、改善は見られない。

一方、このような本児に対して、継母と実父はさらに厳しく体罰を加えるようになる。家庭での身体的虐待、ネグレクトがさらに重度化し、本児の行動上の問題はさらにエスカレートし、万引きで警察に補導され、身柄付き通告後、保護の必要性があり一時保護となり、本児と保護者と話し合い、保護者の同意のもと、児童養護施設に入所となる。

○地域について

・居住環境　該当項目（　大　　個　中　6個）　＊留意の必要度（　高　中　㊙　）

　民間アパート（2DK）での生活。継母と子どもたち全員が8畳の部屋に寝ており、6畳の部屋に実父が寝る。実父の部屋にはタンスなどがあり、一人が寝るのがやっとである。室内はやや汚れている。本児や弟が勉強をするのは食堂である。一人になれる空間はない。

・地域の養育力　該当項（　大　　個　中　7個）目　＊留意の必要度（　高　㊥　小　）

　近隣とのトラブルはないもののつきあいはやや乏しい。比較的安全な地域であり、育成環境や自然環境も悪くはない。学校も教育熱心であり、本児に対して丁寧に指導している。ただし、中学内に不良グループがあり、他の学校の生徒や高校生ともつながっている。本児も中学に入って間もないころからそのグループと付き合うようになり、そのグループの友達の家に泊まったり、ゲームセンターに入り浸ったりしている。そのせいか、親の学校に対しての信頼感は乏しい。

・社会的資源　該当項目（　大　　個　中　5個）　＊留意の必要度（　高　中　㊙　）

　学校はもとより、虐待防止ネットワークも積極的に活動しており社会資源として活用できる。子育て関連事業としては、育児支援家庭訪問事業や地域子育て支援センター事業などがある。

総合的所見：本児は３歳までは順調に育っていたが、４歳時に弟が生まれ実母がうつで養育がままならなくなった時から身体症状を訴え、反抗的になっている。それまで常に優しく自分１人を守ってくれた実母の喪失体験となり、また、父も母に暴言暴力が始まり、母に対する怒りや家族全体の混乱が本児の行動の問題の背景にあると考えられる。その解決ができないまま、実母が入院した６歳の時に家からの金銭持ち出しが始まった。怒りの対象である実母に直接怒りをぶつけることができないまま、７歳時に実母が死亡。更に怒りを表現する機会を失うことになった。と同時に、亡き実母にエネルギーが向かい、現実生活にエネルギーを失い、生活の現実感が失われていったと考えられる。

　実父も自己の喪失感もあり、子どもを放任する状態であったが、その時期の本児は返って実母との経験のある家に一人でいる心地よさから学校に行かない時期もあったものと考えられる。小学２年時に実父が再婚し、継母が同居した。実母を失った環境への適応（喪の作業）ができない本児にとって、継母は実母と暮らした空間への侵入者であり、拒否感が強かったと推測できる。継母の話でも、良い母親として受け入れてもらえるように優しく対応したが、本児が心を開かず、反抗的で暴言悪態があったと語っている。

　継母の異父妹出産は本児にとって実母の弟出産の再現となり、本児の継母への怒りは更に大きくなり、それに対して、継母も裏切られた感情になって耐えられなくなり、本児の行動を修正するという理由で、自分が過去にされていた虐待行動を本児にも行うようになった。その結果、反抗は更に悪化し、実父も本児に対して虐待行動をとるようになり、本児にとって家は居場所ではなくなっていった。ただ、本児にとって小学校３〜４年の頃は学校での先生や友達との環境が良く、学校が居場所となっていた可能性がある。しかし、５年生になって担任が変わりそれまでのような受容的対応でなくなったことから、学校も居場所ではなくなり、不登校気味になり、万引きなどを行うようになった。万引きで得たものは友達に与えており、自分に関心を持って欲しかった可能性もある。

　子どもにとって親の喪失は自己評価を低下させるが、加えて、日常的に繰り返される虐待や担任からの評価の低さは自己評価を著しく低下させた。それが、自暴自棄な行動、問題に対処することなく諦める、強いものと関係を結びたがるなどの傾向に結びつき、行動の問題が悪化していったと考えられる。

　本児にとって最も大切なことは、自分が受け入れられて大切にされる居場所が与えられることであり、そこでの大人との信頼関係の中で、実母に対する喪の作業への支援を受けて、実母喪失に伴う怒りの感情を認識して処理し、新たな人間関係を形成していくことが必要である。加えて、虐待を受けたことによるトラウマ反応に関する心理教育およびトラウマ処理を行う必要もある。喪失体験とトラウマ体験が別々に存在し、そのいずれもからの回復を図らなければならないことを考えると、専門的な心理治療は欠かせない。また、それらの体験から、初期にはケアワーカーに怒りをぶつける可能性もある。それを受けながら受容的な養育をしていくためには、ケアワーカー自身も本児の怒りや悲しみを理解することが必要であるし、担当ケアワーカーをチームで支えていかなければならない。

　一方で、支援者は継母の初期の努力を認め、実父にもその努力を評価してもらうとともにそれが報われなかった悲しみと怒りに共感することが大切である。実父の実母喪失に伴う自己の悲嘆反応を認識してもらい、実父と継母に、本児の実母喪失による混乱や怒りを理解することを支援しなければならない。また、背景の心理的流れは受容するものの、結果として起きた虐待行動がもたらす問題の大きさを認識してもらう必要がある。そのような支援の中で、虐待養育環境で育った上に本児の養育がうまくいかず自己肯定感が著しく低下している継母の自己肯定感を高めていかなければならない。そのためには、地域の民生委員が寄り添って、継母の思いを受け入れ、その努力を誉めながら、妹や弟の養育を支えるとともに、市の心理職員が継母の思いを聴き、本児の喪失に対する思いを理解してもらう支援を行う必要がある。

　本児の喪の作業が進み、トラウマ体験の叙述も含めた処理ができた段階、および実父・継母が本児の喪失やトラウマを理解できた段階で、本児から両親への怒りを両親に受け止めてもらう和解のプロセスが必要となる。それ以前は再びの傷付きが起きる危険があるため、本児と両親との再接触は児童相談所職員の立会いの下とし、電話やメール・SNSでの接触は禁止とすべきである。

　本児は３歳までに成立するアタッチメント行動は形成されていると考えられ、基礎ができているにもかかわらず、その基盤である母親の喪失とその後の家族関係の破綻は本児の家族観に大きな影響を与えている。今後、本児が自立して家族を形成することを考えると、本児には継続的な安定した新たな家庭が必須である。家庭復帰支援に最大限の努力を１〜1.5年行っても、家族が本児を理解しようとしない、本児を受け入れるモチベーションがない、自分の行動を変えようとしない、支援を受け入れない、などの状況であれば、家庭復帰を諦め、里親経由、もしくは直接の養子縁組を考えるべきである。ただし、本児が新しい家庭に適応するには十分な支援が必要である。本児と里親や養親への十分な支援は欠かせない。

（　「未来を開こう！『子ども育ち・育てプラン』ガイドＶｅｒ．１」のケース概要票をもとに改変　）

作成チーム

〇〇児童相談所　　　　　　　〇〇福祉司　〇〇心理士
□□児童養護施設　　　　　　□□担当ケアワーカー、□□FSW、□□心理士
△△市子ども家庭総合支援拠点　　△△相談員、△△心理師

子ども氏名	〇〇　　〇男	性別	⑨男 女	〇年　〇月　〇日生まれ（14歳）
親権者氏名	〇〇　　△雄	続柄	実父	〇年　〇月　〇日生まれ（35歳）
親権者氏名	〇〇　　□子	続柄	継母	〇年　〇月　〇日生まれ（38歳）
キーパーソンと なりえる人の氏名			連絡先	

養育・支援計画	
本児の意向 （計画作成時までの 本人面接による）	一時保護中に児童相談所福祉司のみ1回、施設職員とともに1回、入所の説明と意向聴取を行った。また、施設入所直後3日かけて、生活の説明、権利教育、心理教育を行い、そのつど、本児の意向を聞き取った。更に、その翌日、学校担任に来てもらい、学校の説明をして本児の意向を聞いた。 【児童相談所での説明と聞き取り】児童相談所は一時保護中の本人に、今後の居所に関する思いを聞き取った。弟や妹と離れるのは嫌だが、継母との生活は苦痛であり、現在は家に帰りたくない。ただ、継母がいなければ帰りたいとのこと。里親および施設に関して説明したが、里親ではまた継母と同じことになる不安を表現した。福祉司も本児と同じ意見であり、施設入所となった。福祉司は入所理由として、現状では①自宅に戻ったら継母からの虐待の危険があること、②本児が犯罪等で他者を、引いては自分を傷つけることになることから守りたいこと、③本児のこれまでの人生を整理し、一方で両親にも代わってもらい、良い家族生活になる手伝いをしたいこと、を説明した時は表情は少ないものの、目の光はあり、関心は持ったようであった。施設職員が出向いて、地域小規模施設について説明したが、本児はあまり表情なく聞いており、施設生活に関する本児の意向を聞いても、答えがなかった。 【入所直後面接】施設入所直後に、職員を紹介し、基本的な生活（食事時間や門限等）や他児を傷つけない等の約束事を説明した。無表情で聞いていた。生活上での希望は「ない」とのことで、嫌いなものとして「野菜」と答えた。 【権利教育面接】子どもの権利について説明し、希望があれば第三者の面接、児童福祉司や児相弁護士との面接もできることを説明した。前日の面接時よりは関心を持って聞いていたが、質問や意見はなかった。 【心理教育】虐待を受けて来た子どもが当然持つ症状や状態について説明した。最初は表情なく聞いていたが、理解したかどうかを聞くと説明が可能であり、当てはまることとして、自分が何をしていたかわからなくなることがあること、自分を傷つけたくなることがあることを話した。 【学校に関して】担任とともに話したが、学校に関しては自信はないものの、短時間からの登校は拒否し、最初から全日登校を希望した。施設での学習の個別支援は希望した。部活は時間をかけて考えたいとのことであった。 【将来の希望】まだ、長期的展望は持てないようであり、高校には行きたいと言うのみで、その他の希望は出てこなかった。
保護者の意向	両親は表面的には、本児の万引きなどの行動上の問題の改善を希望し、改善すれば再び同居したいと児相SWには話している。そのためにも、将来の再統合を見据えても、両親が支援を受け、養育方法を改善し、虐待のない養育が行えることが重要であると話したが、現状では渋々受け入れるような形であり、一方で養育を放棄したいという思いも少なからずあると思われる。
児童相談所意見 及び協議内容	本児の行動の問題は弟の出産と実母のうつから始まっており、実母を喪失した悲嘆の感情を表現して受け入れてもらい、喪失後の環境への適応を促進してほしい。しかし、その支援を行うには、本人が居場所と感じられる安全で安定した場（場所と人間関係）があり、その中の信頼関係が構築されることが必要である。地域小規模施設において、少人数で密な人間関係の中で受け入れられる体験が欠かせない。その居場所で受け入れられることで、著しく低下している自尊感情を高める支援も行ってほしい。一方、本児には心理士による、喪失とトラウマへの治療が欠かせないと考える。また、喪失及び被害体験があり、被害者への共感性が低下しているが、全ての共感性の低下ではなく、被害に対して自己を無感情にしているために他者に共感できない状態であり、その改善にも被害体験による傷つきからの回復がなされる必要がある。
入所後の状況 （入所2週間時）	入所後はトラブルを起こすことは少なく、登校もしている。表情は少なく活気がない。自己表現は少なく、些細なことでも難しいことは避ける傾向がある。ただ、時折、職員や他児と楽しそうに会話することもあり、そのような場合、心からの笑顔が見られることもある。肩こりが著明で、男性職員が揉むと力が抜けて嬉しそうにする。ただ、職員によって異なり、ある若い女性職員に対しては、口調も激しく、近づこうとすると、鋭い怒りの表情を見せることもある。1対1の時に、心理教育面接で本児が語っていた「覚えていないことがある」「自分を傷つけたくなる」について聞いたところ、本人は否定した。しかし、若い女性職員に暴言を吐いた後でゆっくりとその話をすると、その時の感情は「覚えていない。頭が真っ白になった感じ」と答えた。

支　援　方　針

【養育上の支援方針】本児は4歳時に自分を守ってくれていた実母に弟が出来、実母自身がが変わってしまうという喪失体験があり、その反応が続いたまま、実母が死亡している。そのような体験をすれば、失った母親へエネルギーが向かい、現実世界への適応するエネルギーを失い、生活に現実感を失うことが多い。加えて継母からの虐待で感情麻痺をきたしていることから更に現実感が乏しくなっている。本児はコミュニケーションは取れるものの、真の本児を見出せない感覚を持つのはそのせいであると考えられる。従って、生活内では、本児の感情を丁寧にナレーションするようにフレームを与え、自己の感情を認識してもらうことから始めなければならない。このような場合、共通の日課を強要することは、非現実的な自分のまま行動することを促進することになるため避けることが重要である。また、本児の現実的自己は4歳で止まっているため、年齢相応の行動を要求しすぎることも避ける必要がある。本児のニーズに合わせなければならない。

更に、ケアワーカーと良い関係ができると、その時期（4歳）までの退行があることは予想しておかなければならない。また、実母喪失にともなう怒りは本児の中で大きな位置を占めており、ケアを担当する相手に怒りを向けてくる可能性もある。従って、ケアワーカーはそのことを意識し、本児の怒りや甘えに対して驚かないで、受け入れる必要がある。怒りに対しては、「何かに怒っているみたいね」と怒りの感情であるというフレームを与え、その感情のコントロールを促し、いずれはその対象を意識できるようなかかわりが必要である。退行や甘えに対しては、思春期男児であることを考えると、物理的接触はマッサージや肩もみといった形に収め、心理的に包み込むことを意識しなければならない。そのようなケアを行い、定期的に本児の状況をチームでアセスメントして、その時期の本児のニーズに対応するよう、生活を組み立て、ケアを行っていく必要がある。

【学習上の支援方針】本児は不登校が続いていたこともあり、学習に関する支援は重要である。本児に対する個別のプログラムを作成し、本児が得意としている科目で解ける問題を多く解いてもらい、成功体験を積むことが大切である。部活動に関しては、現在は野球を希望しているが、虐待体験があることから、再体験となりがちな叱責はできるだけ避け、褒めることを重視することが必要である。本児は叱責を受けると感情を麻痺させることから、周囲からはあまり感じていないように思われるが、本児の心理的回復を阻害することになる危険を学校に理解してもらう。

【心理治療の方針】心理士は本児の心理的状況を把握して、ケアワーカーにその内容を伝え、ともに、生活内での支援方針を考えていく必要がある。一方、本児は喪失体験や虐待によるトラウマがあることから、1対1の心理療法も行う必要がある。失った実母を想起し、突然変わった実母に対する怒りや悲嘆感情を表現して受け入れ、実母との思い出を整理し、ストーリー化していくプロセスとなるであろう。うつ病に関しての理解を促すことも重要である。必要に応じて、児童相談所に依頼し、実母の写真を入手するといったことが必要になることも想定しておく。更に、父親とともに、実母の思い出を共有することができれば、治療の助けとなる。また、真の死因（自死）を父親から告げてもらう機会を設けることも必要になる。その際には、ケアワーカーとともに、本児を支えていくプランを立てる必要がある。　そのような治療によって、自己に現実感が伴い、継母との関係に対して心理的に扱うことが可能になるであろう。ただし、継母からの虐待によるトラウマ反応としての感情麻痺があり、自己の感情を回復することは喪の作業にとっても大切なことになる。本児の場合、実母の記憶や就学前の記憶を相当に抑圧していることから、継母によるトラウマに関して先に取り扱い、そこから一定の回復をしたところで、実母の喪失を取り扱う方が良いと思われる。トラウマ反応に関する心理教育を行い、感情の認識を高め、感情のコントロールを促進し、トラウマの叙述に至る治療を行う。その過程で、実母のことが想起されてくること想定される。その時には実母の喪失体験を扱うことになる。そのため、トラウマの治療と実母の喪失に対する治療は相互に関係しあう可能性も高い。そのためには、本児の恐怖や悲嘆感情を複雑さを含めて扱わなければならないため、初期には週2回、安定してきたら週1回の心理療法とする。トラウマや喪失に関する治療が進んで来たら、実父、継母、実母を奪った存在である弟、その再現となった異母妹等に対する感情を整理していく必要がある。

長　期　目　標

【約6か月後の目標】　本児の生活の中での感情表現、感情認知が増加し、生活の現実感が出てきて、心からの喜び、悲しみを示すことが出来るようになること。その上で、自己の怒りの感情を認識し、「怒っている」ことを言語化できるようになること。

【約12か月後の目標】　生活の中でも実母のことを自己の悲しみや怒りの感情を表現しながら語れるようになり、その感情が認識できるようになること。虐待体験に関しても支援者に語ることが出来、それを乗り越える自己像が形成される。その結果として、他者との問題が生じても、避けずに解決に向き合えるようになる。

	支援上の課題（問題）	支　援　目　標	支援内容・方法	評価（内容・期日）		
短期目標（優先的重点的課題）	これまで本児が自分を受け入れてくれる居場所と感じられる場がないことが問題であり、、それを作ることが課題	本児が自分を受け入れてくれる現実感を持った居場所と感じられる場を提供する	日課の強要は避け、本児のニーズを見極めて個別の対応を行う	年	月	日
	感情の麻痺・未分化、現実感の低下が問題であり、そこからの回復が課題	本児が感情の認識を高め、感情に深みを持ち、表現が豊かになる。怒りの感情を言語化でき、コントロールできる	感情の表現を促し、周囲からも「嬉しいね」と言った声掛けを多くして、本児が自己の感情の認識を高めるよう支援する	年	月	日
	自己評価の顕著な低下が問題であり、自己評価を高めて困難も避けずに取り組めるようになることが課題	生活内や学習の場等において、小さな困難は避けずに取り組むことができる	叱責ではなく褒める　成功体験を多く経験する機会を作る	年	月	日

家庭復帰支援計画

支 援 方 針 ・ 再 接 触 計 画

【家庭への支援方針】　継母に対しては結婚後の思いや努力を評価し認めて受け入れ、その気持ちを父親にも認めてもらう。また、継母が虐待環境を生き抜いてきたことに敬意をもっていることを伝える。その上で、実母を喪失した本児が継母を拒否する感情を理解してもらう。更に、虐待行動が本児の行動変容には繋がらないことを理解してもらい、他の養育方法のトレーニングを受けてもらう。父親に対しては、実母を失った悲しみや怒りについて自覚してもらい、そこから逃げなくても処理ができることを理解してもらい、本児の心理についても理解してもらう。暴力は行動を良くするためには逆効果であることを伝え、褒め方等を学んでもらう。
夫婦間のコミュニケーションの問題を解決するためのカップルカウンセリングが必要である。
弟と異母妹に関しては、兄への暴力を目撃してきていることから、心理的なアセスメントを行い、必要に応じた支援を行う。

【家族と本児の再接触計画】　本児は入所時面接では、弟や異母妹には会いたいと言うが、継母には会いたくないと話していた。父親に関しては、「どっちでも」と言うが、会話の中で、会いたいけど怖いという複雑な心理が伺えた。継母の方も殊更に会いたいというわけではなく、父親も「会いたいけど忙しくて会うのが難しい」と会うために努力をしようとする態度は余りみられない。しかし、父親は衝動的な側面もあり、本児をコントロールしたい、言うことを聞かせたいという思いが強いため、父が突然に電話で本児を傷つける危険性は少なくない。従って再接触は、児童相談所がコントロールして構造化した形で行う必要がある。突然の電話は禁止とし、最初の2か月は、週1回のカードのやり取りとし、その後、施設のFSW立ち合いの下での面接を行っていくこととした。本人の希望もあり、父が休みの日に子ども達を連れてくることから始め、子ども同士の遊びを支援していくこととする。本児の心理的回復や両親の認識の改善の状況を判断しながら、1～2か月毎に再接触計画を更新していく。どこかの段階で、父親と実母に関して話す機会が必要となる。その際には、死因を含めて実母のことを本児に語るよう、父親を支援しなければならない。最終的には両親が虐待に関して本児に謝罪し、現在は変化したことを伝え、双方が理解しあう和解のプロセスができることが望ましい。家庭復帰が可能かどうかはその状況を見て判断する。

地 域 の 社 会 資 源 と そ の 役 割

【地域の資源とそれぞれの役割】　継母は現在、児相には抵抗感があり、△市の相談員に心を打ち明けることができている。しかし、生活全般を支援するためには、更に密な関係が必要と考えられ、近くに住んでいる民生委員に寄り添い支援をお願いしているが、継母にうまく受け入れてもらえるような紹介が必要である。△市相談員と心理師は伴に、上記の支援方針に従って、継母の自尊感情を高め、本児を理解し、暴力に頼らない育児を身につける支援を行う。△市の隣の市にNPO団体が行っているペアレントトレーニングがあるので、そこに通ってもらう。本児の養育を想定することは困難であり、弟の育児を対象に行う。継母が拒否的な場合は児童相談所から通う必要があることを告げてもらう。
児童相談所は月1回家族全員と面接を行う。初期には父親、継母、子どもたち別々に面接し、上記父親への支援方針に沿って父親の実母喪失への感情の整理と本児の理解の促進を行う。その後、父と継母のコミュニケーションの問題に関して、カップルカウンセリングを行う。同時に、継母の△市支援による変化を評価するとともに、本児の家庭復帰のためには△市の支援を受ける必要性があることを明確に告げて、支援を受けさせる役割を負う。従って、△市の支援に拒否が出て来た時には、定期面接でなくても、児童相談所が適宜連絡を入れて、枠組みを再構成する。

長 期 目 標

【約6か月後の目標】　継母が受け入れられたと感じて支援を望むようになり、弟の養育に関してのペアレントトレーニングを受けて弟への養育が改善する。父親が継母を評価していることを伝える。また、父親が実母の死に関して語る。父親が実母のことや喪失による悲嘆感情を語ることができる。
【約12か月後の目標】　父親と継母が実母を喪失した本児の心理に関して理解し、虐待行動が本児を傷つけたことを理解する。父親が本児と実母のことについて語り、死因についても真実を告げる。

	支援上の課題（問題）	支　援　目　標	支援内容・方法	評　価　（　内　容　・　期　日　）		
【短期目標（優先的重点的課題）】	継母の母親としての自信のなさが問題であり、自信を高め、養育能力を高めることが課題	継母の母親としての自信と養育能力を高める	民生委員が頻回に訪問し、相談に乗り、寄り添い方支援 △市相談員・心理師が継母の心理的支援 NPO法人が弟の養育を対象としたペアレントトレーニングを提供する	年	月	日
	実母の喪失に関して、父親がその事実を避け、本児と共有することがなく、そのために本児の喪の作業が進まず、怒りが継母に向かうことが問題であり、父と本児が実母の死の現実を共有し、両親が本児の心理を理解することが課題	父親の実母喪失に関する感情整理	児童相談所が父親の面接支援を行い、父親の実母に対する感情を確認して整理し、同時に継母の心理の理解を促す。	年	月	日
	父親が問題を避ける傾向にあり、支援が中断する危険があるのが問題で継続することが課題	両親が支援を受け続ける	児童相談所が、支援を受けなければ家庭復帰がなく養子縁組を考えなければならないことを告げ、継続して支援を受けてもらう枠組みを作る	年	月	日

里親名 ○○ ○○			作成者名				
フリガナ 子ども氏名	○○	○男	性別	ⓜ男 女	生年月日	○年 ○月 ○日（18歳）	
キーパーソンと なりえる人の氏名	□□		年齢	30歳	連絡先	○○ ○○ ○○	

主たる問題	自立して社会生活を送るだけの生活力の不足
本人の意向	将来の進路として児童福祉の勉強をして福祉関係の仕事につきたい。現家庭との関係は改善してコミュニケーションは取れるが、過去の経験から自分も継母も同居は非常に不安であり、引き取りは不可能である。里親とも慣れており、できれば、里親宅から通学したい。
保護者の意向	実父が病気療養中であり、経済的にも余裕がなく、継母との関係も十分に修復されておらず、また弟が思春期になり行動の問題が出てきて、家庭に本児を受け入れ養育することは難しい。里親さんに大学卒業まで養育してもらいたい。
市町村・保育所・学校・職場 などの意見	高校生活においては、野球部に所属し仲間とともに活動に打ち込み活躍していたし、学習面においても真面目に取り組んでいた。大学進学については賛成である。里親にもなじんでおり、里親も面倒を見たいと言っている。
児童相談所の意見 及び協議内容	大学進学後も高校生活同様に、大学生活も送れるよう支援する。里親宅での日常生活においては、自分で弁当をつくるなど自立に向けて準備をしているものの、部屋の清掃や洗濯物の整理など基本的な生活スキルについては身についておらず、アルバイトなどの経験もなく経済的な自立への準備もできていない。困ったときに人に相談して解決を図るといった問題解決スキルなどが獲得できておらず、大学・施設での生活などを通して、自立生活に必要な生活スキルなどを獲得できるよう支援する。

【支援方針】大学生活への適応を図りつつ、交友関係において社会性の高い仲間との親密な関係の構築を図る。日常生活を通して自立生活に必要な生活スキル、問題解決スキルなどを獲得を図る。またアルバイト経験などを通して経済的な自立に向けた準備をする。さらに選挙での投票やボランティア活動などを通して市民的な自立を図る。親子関係の修復においては、肯定的な関係を保持できる最適な距離での交流を継続しながら、相互に受け入れあう可能な関係の構築を目指す。

第○回 支援計画の策定及び評価	次期検討時期：	年	月

子 ど も 本 人

【長期目標】 大学生活への適応を図りつつ、社会性の高い仲間との親密な関係の構築を図る。日常生活を通して自立生活に必要な生活スキル、問題解決スキルなどの獲得を目指す。

【その理由・背景】 新しい社会的な環境である大学生活に適応できるよう支援する必要がある。特に交友関係においては、自分の遺志を継げることができずに振り回される傾向があることを踏まえ、社会性の高い仲間との親密な関係が構築できるようサポートする必要がある。また、卒業後に自立生活を送るために必要な生活スキルなどを身についていないため習得する必要がある。

	支援上の課題（問題）	支 援 目 標	支援内容・方法	評価（内容・期日）		
【短期目標（優先的重点的課題）】	大学生活への適応ができるかどうか、授業についていけるか強い不安感を持っているのでその支援が課題である	新しい社会的な環境である大学生活への適応を図る。	日々の生活において、学生生活の状況を話しやすくし、サポートする。必要に応じて、保護者として学校とのコミュニケーションも取る	年	月	日
	自立生活に必要な生活スキルなどが未熟であるのが問題でその発達が課題	日常生活を通して、自立生活に必要な生活スキルなどを習得する。	豊かな大学生活を送るため、日常生活における決まりごとや段取りを説明し、それに基づき生活を送るよう支援する。	年	月	日
				年	月	日

家　庭　（養　育　者　・　家　族）

【長期目標】　家族と肯定的な関係を保持できる最適な距離での交流を継続しながら、相互に受け入れあうことのできる関係の構築を目指す。地域における家庭支援を続け、いずれ本児が独り立ちした時に実家としての機能が果たせるような家族を目指す

【その理由・背景】　施設入所後から、父親との実母の死亡の共有などの支援により、一時期は怒りが強くなったものの、徐々に落ち着き、生活にも現実感が出てきた。継母も地域支援を受け入れ、弟や異母妹への養育は改善されてきた。本児への拒否感もやや改善し、会えば普通にコミュニケーションは取れるようになったが、長期間一緒にいると拒否感が激しくなり、叫びたくなる状態となるため、同居は不可能であった。しかし、実父との関係が改善しており、本児も養子縁組は望まず、高校1年生の終わりに里親委託となった。高校3年生の初めに実父の難病が発症し、本児にとっては辛い体験となったが、帰宅時に実父の面倒を見ることで、会話が多くなり、実父との関係は返って良好となっている。1泊なら継母も本児を受け入れることができ、ある程度の距離をとった形での関係性の改善が望める状態になある。

	支　援　上　の　課　題　（問題）	支　　援　　目　　標	支　援　内　容　・　方　法	評　価　（　内　容　・　期　日　）
短期目標（優先的重点的課題）	本児と継母との関係において、相互に否定的な感情や拒否的な態度が見られることが問題で、その逓減が課題である	肯定的な関係を保持できる最適な距離での交流を継続しながら、親子関係の再構築を図る。	毎月1回週末の帰宅と、そのことを支援者と振り返る時間を確保し、関係調整を図る。	年　　　　月　　　　日
				年　　　　月　　　　日
				年　　　　月　　　　日

地　域　（学　校　・　職　場　等）

【長期目標】　BBS活動（友だち活動）などのボランティア団体や当事者団体を活用して、里親宅からの自立後も視野に入れて、本児の学生生活に対するサポート体制を確保する。

【その理由・背景】　新しい環境の中では、何かトラブルがあった時や悩んだ際に、適切に対処する力が未だに不足していると考えられる。また、友達に好かれたいという思いが強く、仲間に引きずられる傾向があり、同世代の良き相談者が必要と考えられる。

	支　援　上　の　課　題　（問題）	支　　援　　目　　標	支　援　内　容　・　方　法	評　価　（　内　容　・　期　日　）
短期目標	困ったときに、人に相談して解決を図るといった問題解決力や検討して自己判断・自己決定する力が習得できているとはいえない。危険回避が課題。	学生生活で困った場合に、ピアな関係で気軽に相談できるサポート体制を確保する。	BBS活動を活用して、定期的（月2回程度）に本児との交流を深め、相談できる関係や学生生活へのサポートを受ける。	年　　　　月　　　　日
				年　　　　月　　　　日

そ　の　他

【特記事項】

おわりに

　本シリーズの対象は里親家庭やファミリーホームで生活する子どもと関わる養育者やそれを支援する人となっておりますが、本書の編集にあたっては、特に直接子どもと関わる養育者の方を念頭におきました。というのも、本書は支援の中で最も子どもに近い領域をカバーする巻だからです。そこでは、知識や仕組みももちろん大切ですが、関わる人がどのような思いで、どのように子どもを見て、どのような姿勢で関わるかがさらに大切なことになってきます。

　子どもに関する情報は生育歴であれ、能力であれ、それのみではバラバラな情報にすぎません。それを子どもの理解につなげるのがアセスメントになりますが、そのためには発達心理学などの知識が必要になります。「おとなはみんな、はじめは子どもだった（しかし、彼らのほとんどはそのことを覚えていない）。」ですし、覚えていても、ひとつひとつの時期を意識して大きくなった人はいないでしょうから。本書がそこからスタートしたのはそのためです。そして出来上がったアセスメントをもとに養育プラン、家庭復帰プランが立てられ、現実的な支援が作られていく道筋それぞれが具体例を交えながら紹介されていきます。

　ひとつ注意を喚起したいのが、子どもや家庭の課題を中心にプランが立てられていくと、しばしば子どもの思いが抜けてしまうことも起こり得ます。間違いなく子どもを中心とした支援なのに、子どもが不在であるような印象を受けることもあるのです。子どもが安心して自分の思いを伝えることができるように、アドボカシーに関するさまざまな仕組みが整理されてきた背景にはこのことが実際、容易ではないということなのです。

　こうして、将来完璧なアセスメントツールができることがあっても、子どもの思いを丁寧に聞く仕組みが整っても、使う人に子どもへの誠実な関心がなくなれば、それは子どもの養育に役立てることができないのだろうと思います。理解したいという気持ちがなければ、共感につながらないからです。

　マザーテレサの言葉にあるように愛の反対が無関心であるなら、相手のことを理解しようとして、誠実な関心を寄せることが相手を大切にすることの始まりになります。アセスメントはその理解ための方法であり、伴に寄り添うことの延長上に養育プラン・家庭復帰プランが作られていきます。

　幸い執筆いただいた方々は、実際に悩みながら子どもと関わってきた経験をお持ちだと思います。具体的なケースに言及しながら執筆していただいたおかげで、関わったお子さ

んへの誠実な関心を行間から読み取っていただけるのではないかと期待します。そしてそのことがこのおわりにで強調したいことでした。

　最後になりますが、ご執筆いただいた方々、明石書店の深澤孝之様、辛島悠様に心よりお礼申し上げます。

2021年7月

舟 橋 敬 一

■編集代表

相澤 仁（あいざわ・まさし）

1956 年埼玉県生まれ。

立教大学大学院文学研究科教育学専攻博士課程後期課程満期退学。

国立武蔵野学院長を経て、2016 年 4 月より、大分大学福祉健康科学部教授。

日本子ども家庭福祉学会会長、日本子ども虐待防止学会理事。

『子どもを健やかに養育するために』（共編、2003 年、日本児童福祉協会）、『児童生活臨床と社会的養護』（分担執筆、2012 年、金剛出版）、『やさしくわかる社会的養護シリーズ全 7 巻』（編集代表、2012 〜 2014 年、明石書店）

■編集

酒井 厚（さかい・あつし）

1973 年千葉県生まれ。

早稲田大学大学院人間科学研究科満期退学、博士（人間科学）。

国立精神・神経センター精神保健研究所、山梨大学を経て、2015 年 4 月より、東京都立大学人文社会学部（前首都大学東京都市教養学部）准教授。専門は発達心理学、発達精神病理学。日本パーソナリティ心理学会賞、日本子ども学会優秀発表賞受賞。

『対人的信頼感の発達：児童期から青年期へ』（2005 年、川島書店）、『ダニーディン 子どもの健康と発達に関する長期追跡研究——ニュージーランドの 1000 人・20 年にわたる調査から』（翻訳、2010 年、明石書店）

舟橋敬一（ふなはし・けいいち）

1966 年岡山県生まれ。

東京大学医学部医学科卒業、小児科医。

2011 年 4 月より埼玉県立小児医療センターに勤務し、2016 年 4 月より精神科科長。

『やさしくわかる社会的養護シリーズ（4） 生活の中の養育・支援の実際』（分担執筆、2013 年、明石書店）『子どものトラウマ アセスメント・診断・治療』（分担執筆、2019 年、金剛出版）『新 子どもの腎炎・ネフローゼ——正しい理解が希望をはぐくむ』（分担執筆、2018 年、東京医学社）

■執筆者一覧〈執筆順、（　）は担当個所〉

菅原ますみ　白百合女子大学人間総合学部教授（第1章、コラム）

酒井　　厚　東京都立大学人文社会学部准教授（第2章、コラム）

舟橋　敬一　埼玉県立小児医療センター精神科科長（第3章）

増沢　　高　子どもの虹情報研修センター研究部長（第4章）

川松　　亮　明星大学人文学部常勤教授（第5章）

松本　聡子　お茶の水女子大学人間発達教育科学研究所特任アソシエイトフェロー（第6章、コラム）

眞榮城和美　白百合女子大学人間総合学部准教授（第7章、コラム）

中垣　真通　子どもの虹情報研修センター研修部長（第8章）

大原　天青　国立武蔵野学院・厚生労働技官（第9章）

飯田　法子　大分大学福祉健康科学部准教授（第10章）

河野　洋子　大分県福祉保健部参事監（兼）こども・家庭支援課長（第11章）

伊部　恭子　佛教大学社会福祉学部教授（第12章）

飯村　久司　大分県中央児童相談所里親推進担当（第13章）

音山　裕宣　川崎市高津区役所保護課（高津福祉事務所）ケースワーカー／元児童相談所児童福祉司（第14章）

佐藤　　剛　東京都品川児童相談所児童福祉司／元厚生労働省児童福祉専門官（付録）

則武　直美　児童養護施設 岡山聖園子供の家施設長（コラム）

加藤　曜子　流通科学大学名誉教授（コラム）

爪田　瑠璃　浄照保育園副園長（コラム）

相澤　　仁　大分大学福祉健康科学部教授（コラム）

[シリーズ] **みんなで育てる家庭養護** 里親・ファミリーホーム・養子縁組 **③**

アセスメントと養育・家庭復帰プランニング

2021年7月30日　初版第1刷発行

編集代表　　相　澤　　仁
編　　集　　酒　井　　厚
　　　　　　舟　橋　敬　一
発 行 者　　大　江　道　雅
発 行 所　　株式会社　明石書店
〒 101-0021　東京都千代田区外神田 6-9-5
　　　　　　電　話　03 (5818) 1171
　　　　　　Ｆ Ａ Ｘ　03 (5818) 1174
　　　　　　振　替　00100-7-24505
　　　　　　http://www.akashi.co.jp
　　　　装丁　　　　　谷川のりこ
　　　　印刷・製本　モリモト印刷株式会社

(定価はカバーに表示してあります)　　　　　ISBN978-4-7503-5236-7

子どものための里親委託・養子縁組の支援

宮島清、林浩康、米沢普子 編著

A5判／並製／244頁 ◎2400円

2016年の児童福祉法改正と養子縁組あっせん法の成立、2017年の新しい社会的養育ビジョンを経て、日本の家庭養護は大きな転換期を迎えている。それを受け本書では、子どもの最善の利益を図る里親制度、養子縁組とは何かを改めて議論するためのプラットホームを提供する。

里親と子ども

『里親と子ども』編集委員会 編

A5判／並製 ◎各1500円

『里親制度・里親養育とその関連領域』に関する専門誌。里親のみならず、施設関係者、保健医療関係者（教育・保育など幅広い領域の方々に向けて）、学術的な内容をわかりやすい形で提供していく。

〈価格は本体価格です〉

実践に活かせる専門性が身につく！

やさしくわかる【全7巻】社会的養護シリーズ

編集代表 相澤 仁（大分大学）　　A5判／並製／各巻2400円

- 社会的養護全般について学べる総括的な養成・研修テキスト。
- 「里親等養育指針・施設運営指針」「社会的養護関係施設第三者評価基準」（平成24年3月）、「社会的養護の課題と将来像」（平成23年7月）の内容に準拠。
- 現場で役立つ臨床的視点を取り入れた具体的な実践論を中心に解説。
- 執筆陣は、わが国の児童福祉研究者の総力をあげるとともに、第一線で活躍する現場職員が多数参加。

1 子どもの養育・支援の原理──社会的養護総論
柏女霊峰（淑徳大学）・澁谷昌史（関東学院大学）編

2 子どもの権利擁護と里親家庭・施設づくり
松原康雄（明治学院大学）編

3 子どもの発達・アセスメントと養育・支援プラン
犬塚峰子（大正大学）編

4 生活の中の養育・支援の実際
奥山眞紀子（国立成育医療研究センター）編

5 家族支援と子育て支援──ファミリーソーシャルワークの方法と実践
宮島 清（日本社会事業大学専門職大学院）編

6 児童相談所・関係機関や地域との連携・協働
川﨑二三彦（子どもの虹情報研修センター）編

7 施設における子どもの非行臨床──児童自立支援事業概論
野田正人（立命館大学）編

〈価格は本体価格です〉